新西方论

For a New West

Karl Polanyi

［匈牙利］卡尔·波兰尼 / 著

潘一禾，刘岩 / 译

海天出版社（中国·深圳）

图书在版编目(CIP)数据

新西方论 / (匈) 卡尔·波兰尼 (Karl Polanyi) 著；
潘一禾，刘岩译. —深圳：海天出版社，2017.1
(大家译丛)
ISBN 978-7-5507-1679-7

Ⅰ.①新… Ⅱ.①卡… ②潘… ③刘… Ⅲ.①经济发
展—研究—西方国家②社会发展—研究—西方国家 Ⅳ.
①F113.4②D569

中国版本图书馆CIP数据核字(2016)第157485号

新西方论
XIN XIFANG LUN

出 品 人　聂雄前
责任编辑　林凌珠　岑诗楠
责任校对　万妮霞
责任技编　蔡梅琴
封面设计　知行格致

出版发行　海天出版社
地　　址　深圳市彩田南路海天综合大厦　(518033)
网　　址　www.htph.com.cn
订购电话　0755-83460202(批发)　83460293(邮购)
设计制作　深圳市龙墨文化传播有限公司 (电话：0755-83461000)
印　　刷　深圳市华信图文印刷有限公司
开　　本　787mm×1092mm　1/16
印　　张　20
字　　数　205千
版　　次　2017年1月第1版
印　　次　2017年1月第1次
定　　价　48.00元

编者的话

收集在这个论文集中的文章都源自位于蒙特利尔的加拿大康考迪亚大学，取自那里的卡尔·波兰尼政治经济学研究所保存的原始手稿档案。这些原始手稿有许多是难以辨认的，因为上面或者布满了作者手写的评论和修正，或者纸张已经有些残破。我们努力让自己的编辑工作完全忠实于原始呈现的文本和作者本人的意思，如果有较大疑问之处也都写入了注释。为了便于阅读，我们修正了一些打字和语法上的失误。按通常做法，我们用黑体来标明作者原来强调的部分。每篇文章在波兰尼档案的具体出处和写作时间，我们已尽力标注在每一篇文章中。

编者想向卡尔·波兰尼·莱维特（Karl Polanyi Levitt）表达最深切的谢意，感谢她一直以来的支持和鼓励，并许可我们出版她父亲的作品。我们也要真诚感谢玛格丽特·门德尔和安娜·戈麦斯（Marguerite

Mendell and Ana Gomez），她们热心地帮助我们，
获得波兰尼档案中的第一手资料，并协助我们对手
稿进行整理和翻译。我们还要衷心感谢米歇尔·甘
贾尼和大卫·拉曼蒂（Michele Cangiani and David
Lametti），他们为本书的编辑提供了富有思想的意
见和建议。最后要感谢曼努埃拉·特库珊（Manuela
Tecusan），在她的宝贵意见和帮助下，我们才完成
了这本书的英文版。通常免责声明在此适用。

注:
此为意大利文版编者的话。

意大利文版序

卡尔·波兰尼·莱维特

　　近年来，对卡尔·波兰尼著作的研究兴趣明显回升，《大转型》已经被译成十五种语言，包括中文、韩文和阿拉伯语。关于波兰尼的知识遗产已经出版了不少专刊或专辑，他对资本主义发展的独到分析，已经越来越多地在具有影响力的政治论坛中被引用，包括2012年最近的这次"达沃斯论坛"。据报道，卡尔·波兰尼的灵魂游荡在这个全球精英出席的会议上。仍未解决的世界性经济危机再次引发了人们对"经济在社会中地位"之根本问题的深思——这是我父亲所有作品的中心议题。要想真正理解20世纪30年代以来我们民主制度所面临的最严重危机或者说最重大挑战，我们需要重新审视历史。为了这个目的，乔治·雷斯塔（Giorgio Resta）和玛丽娅维多利亚·卡坦扎瑞蒂（Mariavittoria Catanzariti）为我们整理出了一批卡尔·波兰尼生前尚未发表的演讲的意大利文翻译版本，包括他从1920年早期到1964年去世这个时期的一批手稿。这个吸引人的论文集让我们重回两次世界大战年代，重新审视那时欧洲自由经济秩序的崩溃和民主制的让位。今天民主制度遭遇的新风险，无论是因为资本无法有效监管和控制的危险，还是由于信奉市场原教旨主义的新自由主义意识形态，都建议我们要认真地重读这样一本书。

为了更好地理解这本论文集，我简要向大家介绍一下波兰尼的生活和他的社会哲学，以及我本人对《大转型》一书的最新反思。

我的父亲是一个满腔热情的人。他坚定地认为：知识分子必须担当社会责任。在他早期的文章和在匈牙利的演讲中，他都认为自己和他那一代人（他称"我们这一代"），对于1914年出现的灾难和第一次世界大战造成的蹂躏负有一种道德责任。对他来说，自由与责任是分不开的。我相信他对市场化社会的批判是出于对日常生活商业化的厌恶，更概括地讲，是出于对社会关系非人格化的反感。在他看来，任何形式的社会主义都必须确保人们对生活在其中的社区、社会和民主政体的责任。由于这些原因，他不信任高度统一的计划经济，同样不信任内含其中的政治中央集权。在20世纪20年代的维也纳，在德语区最重要的社会科学杂志上，他与经济自由主义的主要倡导者路德维希·冯·米塞斯（Ludwig Von Mises）就社会主义经济的可行性展开了公开争论。波兰尼为社会主义经济提出了一个"功能主义社团"的概念，个人作为劳动者、消费者和公民，他们的利益可以通过组织和代表之间的谈判模式来协商和调解。这与科尔（G.D.H.Cole）倡导的费边社会主义和奥托·鲍威尔（Otto Bauer）所说的奥地利马克思主义

（Austro-Marxism）有明显相似之处。

在那个年代，我父亲一直通过当记者来让自己拥有他认可的心安理得的生活。我不想涉及过多的家庭逸事，但他的母亲，也就是我的祖母，对她的每一个孩子的职业选择确实都有明确意向的。她认为我的父亲应该成为一名律师，我的叔叔迈克尔应该成为一名医生，而大哥阿道夫是要跟随他的父亲做一名工程师和企业家。然而，阿道夫根本不听从指令，并在很小的时候就比当时的任何人都离家出走得更远——他一直去了日本。后来他移居意大利，在那里他因触犯墨索里尼的法律而再次移民巴西的圣保罗。他在圣保罗生活了很多年后客死他乡。接着是我的父亲。他虽然签约了叔叔家事业兴旺的律师事务所，但却决定从指定所属的资产阶级世界出走，成为一个被其他家庭成员描述为"辍学生"的人。我认为他是一个杰出的记者和政治分析家。我已阅读了他写给德国《明镜周刊》的全部文章，《明镜周刊》是当时欧洲领先的德语金融和经济周刊，仿照的是伦敦的《经济学家》。他曾是《明镜周刊》之《奥地利经济学家》国际事务版的资深编辑。随着1933年希特勒的入阁，法西斯主义的影子蹑手蹑脚进入了奥地利。杂志主编和出版商都遗憾地表示，已无法让波兰尼这么一个知名社会主义学者再当编委。他们建议我父亲前往英国另找一份工作。在这之后的几年里，他在英国找到了一份"工人教育协会"的讲师工作，该协会是牛津大学和伦敦大学合办的成人教育高校。他被要求讲课的内容是当代国际关系，这对他当然是太熟悉了，另一门课为英国社会和经济史，这对他来说是全新的课题。他在肯特郡和苏塞克斯省城公共图书馆承担了夜校的课程，这两门课的讲稿后来就成了《大转型》的基本框架。在这个时期，他还上了一门题为"现代社会中的冲突哲学"的课程，本书的这部分内容是第一次对外发表。

就像马克思一样，我父亲认为英格兰是工业资本主义的源头——尤其是在 1815 年到 1845 年这 30 年中，劳动力和土地市场中的立法和基础性设施已经建立起来。当然，金钱的自由市场已经过时，可以追溯到禁止高利贷等法律的废除这件事，从基督教教义的角度来看，这是罪恶的。总之，劳动力、土地和金钱市场具有将经济从市场中剥离的功能。经济承担了它自己的生活，社会被改造去服务经济的需要。这样的状态是史无前例的，很奇特，然而，却为经济发展释放了无限的能量。

我父亲的思想脉络，我认为可从卡尔·马克思延伸到马克斯·韦伯、斐迪南·滕尼斯，还有两名研习古代经济（现在称"经济人类学"）的学生：德国的图恩瓦尔德（Thurnwald）和维也纳的马林诺夫斯基（Malinowski）。我提醒这点与当代关于社会权利和经济危机关系的辩论有关，因为人类历史上（记录或未记录）没有任何一个时代，所有的个人或独立家庭被允许全都陷入赤贫或由于饥饿而死，除非整个社会跌入了困难时期。在原始社会，没有收成确实可能带来粮食的严重短缺，但是当其他成员都被提供食物时，不可能存在一个家庭缺少基本生活必需品的情况。在最近的历史发展中，即 19 世纪早期以来，恐惧饥饿、热衷致富成为经济生活中的主要动机。仅仅因为这些原因，先不考虑以后的发展，我可以说，单单作为一种公民权利的社会产品共享，就已经赢得了卡尔·波兰尼的全力支持，无论是作为去商品化地获得经济谋生的手段，还是作为道德正义的理由。

考虑到社会权利和全球公共产品的当代争议，我认为有三个不同的原因可以解释为什么我父亲会支持普遍的基本收入概念：第一是经济、第二是社会、第三（并不是最不重要的）是政治原因。我父亲的经济观点已经是众所周知的，曾被多次重申。你并不需要成为一个凯恩斯主义者就可以明白，有需要的人会把自己的基本收入花在消费品上，从而为生产商创造市场机会。此外，不断加速的技术创新必然会让越来越少的劳动力投入到工业活动中去，从采矿业到制造业、从交通到商业，都一样。全球范围内也是如此。在这样的前提条件下，将雇佣工资收入视为获得应得社会产品的唯一权利——甚至是主要权利——不再合理。鉴于现代劳动力市场的本质越来越不确定，基本收入的设定，就为社会大众提供了一个开展经济活动的平台，这使得人们在辛苦谋生的年代获得了一些慰藉。

社会争议就是公正的一部分。哪个社会出现不公正，哪个社会就不会有凝聚力。在社会不公且缺乏凝聚力的条件下，国家在所谓充满争议的社会产品分配的谈判中将是无效的。这样的社会在推进经济发展方面肯定是缺乏效能的。人们现在认识到一个更平等、更少触目惊心的不公正现象的社会，就能更成功地实现经济增长和发展。作为一个经济学家，我相信最有效的经济发展动力，最终取决于社会凝聚力的程度和社会正义观念的拥有，只有充满希望和信念的人民所释放的能量，他们的牺牲和努力，才会最终引导人们公正和公平地分享社会化的产品。

我父亲支持全体人类要保证有最低收入的第三个政治性的原因，涉及技术极大进步后他对社会中人的自由问题的关注，也是他在《大转型》最后一章所写的内容。20世纪50年代，他任教于哥伦比亚大学并在纽约市和加拿大之间频繁走动，他变得越来越多地关心社会逐渐走向统一的趋势。警惕"一致性"或他所说的"平均主义"（averagism）是他在当时的潮流中不太愿意表达得太多的异议。这是20世纪50年代的美国，他发现一个高度发达的科技社会已经播下了它的极权主义种子。我要提醒的是，他写下这些想法的时候，媒体的作用还远没有现在这样明显，媒体对社会的总控制权还远没有今天这样变得如此超级强大，当然这也是在我们目睹2001年9月11日事件之前。"9·11"之后，发表与美国官方观点不同政见的成本已经变得如此之高，几乎令所有人望而却步。

我父亲认为，对自由的保护，会对非一致性有一种制度化的要求。他认为这是一种英国古典自由主义美德。但那些古典自由主义只提供给特权上层阶级，让他们在19世纪末和20世纪初作为食利者从自由中获益。顺便说一下，当年这些上层人士的很多收入来自英国和法国众多的殖民地和海外投资。这是英国、法国、维也纳的"美好年代"（belle époque），西欧更是如此。虽然这种英国古典自由主义美德产生过伟大的文化成就，但这类自由被限制在有限的人口之中。我的父亲很熟悉古典希腊文学，特别推崇亚里士多德。他相信亚氏的观点，即发现经济是社会生活中的独特领域。但是希腊的民主是建立在劳工奴隶基础上的。在一个资产阶级社会中，我父亲的家庭是一个受益者，资产者的文化表达会有效地限制在一个特权阶层。

波兰尼认为，创意是人类的基本属性和需要，作为一种可以行使的能力，应在整个人类群体中被允许和保护。在他看来，大众文化（popular culture）体现的是集体的智慧、知识、传统和普通人的常识。这与所谓的流行文化（pop culture）无关；而这意味着不同的社会肯定会产生不同的民主国家，民主根植于独特的大众文化和集体意识。这个观点发展为一篇题为《让－雅克·卢梭：自由是可能吗？》的文章，写于1953年，若干年前被翻译成了意大利文。[1] 这篇精彩的文章探讨了启蒙时代之自由与平等关系这一经典问题。我父亲发现他的论点得到了卢梭思想的支持，即最终，政府必须依靠大众文化和集体意识中的智慧、知识、传统及常识来运作一切。在他去世前几天，他在一张纸条上写道："封建国家的关键是特权；资产阶级国家的关键是财产；社会主义国家的关键是人民，是享受义化共同体（a community of culture）的集体存在。我自己还从来没有生活在这样的一个社会中。"

如前所说，我想对《大转型》与我们的时代的关联提供几点自己的看法。应当理解的是，在波兰尼的著作《大转型》中提到的大转型，是指从19世纪的自由主义秩序（在1914年倒塌了）到各国为了保障经济民生而采取措施的转型，或者是通过国家法西斯主义、苏联国家计划经济，或者通过美国式"新政"。

在欧洲大陆，工业界与由拥护社会主义多数统治的议会之间的冲突之激烈，曾使得原有的民主政治进程几乎瘫痪。但在写于1932 年题为《经济与民主》[2] 的文章中，我父亲注意到了以工业资本家为代表的经济利益与以议会多数为代表的民主之间的冲突。凡是在工业界利益占了主导、议会多数代表的社会主义观点处于下风的时候，最后的结果总是民主的悬置和法西斯主义的出现。反之，凡是当冲突朝着有利于用政治民主，同时也是用经济民主的方式解决问题时，其结果必然是社会主义。20 世纪 60 年代和70 年代，在南美洲出现的搁置民主、转向军事独裁，其证明自己的理由也是保证国家的经济稳定。而 20 多年后南美洲出现的回归民主制，也是因为在多年面对大众的政治动员中，领导人强调的是一定要抵制根深蒂固的既得利益集团。

众所周知，《大转型》最后的两章写得十分匆忙，甚至留给同事去从笔记中进行编辑。在 1943 年的时候，我父亲已经急不可耐地从美国前往英格兰，那时他已经知道纳粹肯定已经在斯大林格勒被打败，那是世界大战的转折之战。他希望参加关于战后世界如何重建的讨论。他的乐观预见反映在倒数第二章中。他写道：劳动力、土地和金钱将不再是商品，国家将可以自由地采取适当的国内经济体制。对生活必需品和主食的价格，国家可以用固定的方式来防范市场的不确定影响。在 1945 年题为《通用资本主义或区域经济规划》的文章中，[3] 他表示目前只有美国人相信普遍的资本主义，而 19 世纪放任自由的市场资本主义已经成为历史。我们现在知道，这些预言并未全都成真，虽然战后出现了福利国家，政府对经济增长和社会进步的推进作用增强了，在实现充分就业和调和劳资矛盾方面也多有成就。

自 1944 年出版以来，《大转型》一直拥有一个稳定的读者群。但直到 20 世纪末，对掠夺性资本主义的批判才真正出现，因为"转型"为掠夺性的资本主义社会，已经严重破坏了维持地球上生命的自然环境和社会环境。波兰尼在两次世界大战期间关注的资本主义与民主之间的冲突，现在已经具有了全新和全球层面的视野。在过去的 30 年中，资本已经成功地回流到许多北美福利国家——现在也到了欧洲——交税的负担已经从富人转移到其他人身上。在美国和加拿大，由于最近 30 年内国民的实际平均工资或薪水几乎没有增加，所以虽然生产率一直在提高，实际只有高收入者在增收利益，多数人已越来越贫穷。由于资本可以不受限制和调控地全球自由流动，用数字表示的金融财富的聚集，就不再有什么意义。2008 年的金融危机之后，这个趋势愈演愈烈。即使最强大的政府现在都受到金融资本的支配。

1933 年我父亲写了一篇著名的文章叫做《世界经济危机的机制主义》。[4] 他认为，最终世界经济秩序混乱的原因应该不是证券交易所的狂躁症，或类似华尔街在 1929 年出现的崩盘，或甚至是 1931 年出现的英镑兑换黄金的终止，而是由于英国、法国和美国在看到各类帝王、国王、沙皇和苏丹们纷纷在政治地震中轰然倒下后，会想方设法恢复 1914 年前的自由经济秩序。世界大战有一种不可调节的人性和社会代价，即作为西方战胜国和债权人，一方面想要德国付出惩罚性的赔偿金，另一方面也因国力贫弱而想改变制度。

这就要求我们从全球化视角和不断变化的权力关系去重新审视 2008 年开始的金融危机。在资本主义的西方中心地带，经济滞胀和衰退造成的国内投资回报率低迷，引发了 20 世纪 70 年代的新自由主义制度回潮。与之同步的是东亚经济因为实施工业化政策而引发的高增长。世界经济增长点从北部和西部向南部和东部的转移，这一现象首先在 20 世纪 90 年代初显露，现在已经是不可避免的全球权力关系改变的事实。尽管欧盟和美国仍是最大的市场，但南半球的生产能力明显超过北半球的消费能力。自 19 世纪中叶以来，曾经作为世界经济主要特点的局面，即各国经济都依赖于欧洲和北美的出口市场，这一传统已经难以为继。

正是那些更深卷入到各资本主义不同中心的金融结构和贸易关系中的国家，被近期的金融危机打击得更为严重——尤其是欧洲的东部、地中海地区国家和美国的南部地区。这场金融危机还远没有得到解决：统一的欧元是否更好？这仍是一个疑问。在收入不平等、政治制度不强调平等的前提下，美国要应对可能再次出现的经济通货膨胀的能力，如应对负债累累的家庭和企业，要超越 20 世纪 20 年代的历史最高水平，也困难重重。与此相反，新兴经济体则在成功地抵制过度自由化，保持国家对银行和外部资本账户的控制，并积极引导外部资金投资国内经济，所以它们在这次的金融危机中能迅速恢复元气，保持经济的强劲增长。

注释:

[1] 可用意大利语翻译为:《让 - 雅克·卢梭,或你可能自由的社会?》见卡尔·波兰尼《复杂社会的自由》(都灵:博拉蒂出版社,1987),161—169 页。

[2]《经济与民主》,载《大转型:1920-1945》,[马尔堡:大都会出版社,2002(1932)],149—154 页。

[3] 最初发表在伦敦的《世界事务》(*World Affairs*)季刊,10(3)86—91 页。

[4]《大萧条的机制》,载《奥地利经济学家》25(增刊),2—9 页。

目　录

意大利文版导论

乔治·雷斯塔

卡尔·波兰尼已经被描述为一个"过时"的思想家，这并不仅仅是由于时间的原因。[1] 他 1886 年出生在维也纳，他的父亲是一个匈牙利人，他在一个充满了布达佩斯智力激情的环境中长大。[2] 波兰尼是已经消失的"昨日世界"的最敏锐研究者之一。在第一次世界大战中，他担任奥匈军队的军官，见证了匈牙利革命，此次服役后，他加入了社会主义维也纳的文化和政治实验室，之后，他迁移到伦敦，那时国家社会主义还未兴起。他最终在北美定居，从那里他观察冷战的紧张局势。[3] 是卡尔·波兰尼的思想，而不是他本人过时了，主要是因为那些思想与掌控如今这个时代的思想相距甚远。用米歇尔·甘贾尼（Michele Cangiani，意大利威尼斯东方大学教授）的说法就是：他是为"另一个时代""另一个地方"而思考的人，天生具有独一无二的生活经历、撰写的是与众不同的历史文本。[4] 波兰尼从不把自己视为一个可以作为超然冷漠"历史性公证"的知识分子；而是作为拥有强烈情感、怀有反抗命定之信念、可能"塑造我们社会命运"的热血公民，[5] 他想促使社会对人的个性需求做出反应。他的新西方建设思考，以自由、多元化和社会正义为核心（就是指那些"文化西方"的真正遗产，也是被"政治西方"的错误所误导的东西）[6]，这个新西方要与其他文化进行开放式的价值观对话，而不是表现得要独上高楼和唱经济之独角戏。即使是在他最后的岁月，波兰尼的这些思想和政治努力也始终不变。[7] 当他还是一个青少年时，波兰尼就树立了要让民主成为现实的坚定信念，从而确保人类正在通过社会主义走向自由 [8]。在他的人生旅程中（德语 Lebensweg），这种信念给予他持久的研究引导、赋予他永无止境的智力启发。正是由于他的激情和目标，让他的研究总是被证明是具有开拓者精神的。

> 与你内在的和平说分手
>
> 与世界的很多价值观说分手
>
> 你（不能）比这个时代做得更好
>
> 但你可以是最好的……

这些诗句取自黑格尔的诗《决定》（德语 Entschluss，指"Unclosing"封闭，波兰尼很喜爱并经常引用）[9]。它们不仅反映了他的理想，也显示了他作品中经常出现的一个重要主题，那就是人类自由的价值和"社会现实"之间的紧张。[10] 他是一个反潮流的学者，与今天的时代精神更是完全背道而驰。然而，在过去的 30 多年，他决非正统的想法已经引起了社会科学日益增长的兴趣和关注。《大转型》已成为经典，并已被翻译成超过十五种语言。[11] 即使他后来的作品，最著名的是《早期帝国中的贸易和市场》，也都在各个领域具有相当的影响力——比如经济人类学、历史社会学或经济史。[12]

卡尔·波兰尼知识遗产的重生不应让人惊讶。关于现代社会的分析中很少有其他分析被证明是比这个匈牙利作家更原创和深刻的。波兰尼一直在超越某一特定领域，他在从各种复杂的现象中"看出"真相这点上才华出众——他从不简化而是还原事实。波兰尼能够平衡不同的研究方法，这一点也令人钦佩。他具有法律学者的识别力 [他曾在布达佩斯和克卢日纳波卡（匈牙利语 Kolozsvár，罗马尼亚北部的城市）的大学学习过法理学]，[13] 他是个经济学家（这门学科在维也纳就已经获取了他的注意力，在那里他是政治和经济周刊《明镜周刊》和《奥地利经济学家》的编辑），[14] 他也是个历史学家（在伦敦期间他曾让自己深入研习过历史学研究方法）[15]，还是个人类学家（他对人类学的兴趣，在《大转型》一书中已经很明显了，在他移民到北美后就变得更加显著）。[16] 研究方法的丰富性，一方面让他显得不可避免地遭遇一些批评，[17] 另一方面也让他在分析社会现象时视野更加开阔，包括他的制度分析对当代思想界具有不容置疑的意义。如经济学中"嵌入"的概念和"双向运动"范畴，他都能够指出该定义所说与实际所指之间的差别。然而，除了这些方法和分析，对于今天来说至关重要的正是他研究的对象与他提出的问题，尽管已大大改变了参照系（我们只需要想想金融经济学在今天的重要性）。[18] 在此我只列出几个问题：经济和民主之间的关系问题；[19] 全球商品化的走势；[20] 对技术如何控制的问题；[21] 跨国贸易的规则问题等。[22] 那么，约瑟夫·斯蒂格利茨在《大转型》的最新美国版前言中所观察到的也并不为奇，他写道："总感觉波兰尼正在讨论当今争论的诸问题。"[23] 或者说波兰尼对有关自我调节经济其实是具有破坏性倾向的警告，在今天听来特别能够引起共鸣，在一个新的、戏剧性的资本主义经济危机之中——从城市广场到大学课堂，他的观点激发了一场关于"波兰尼的报复"的真实讨论。[24] 大约70 年前波兰尼提出的问题，到今天都没有失去其相关性——相反，这些问题以更大的强度出现在当代"超级资本主义"的背景下，而且为人们提供了进一步的论证依据。换言之，市场约束的一般性松动，不仅让环境遭遇严重破坏，而且对民主的基本可行性都构成了严重威胁。[25]

而当波兰尼所批评的问题不断持续，为他批判"市场社会"增加了论据，又可以反过来说，也展现了一个新的陷阱，那就是现有的讨论可能脱离他文本中原来的争论焦点，淡化其原有的预设和含意，这是对其思想锋芒的消解。正如已经明确指出的，也正如波兰尼在关于历史主义课程中所讲授的，过去的历史和思想都能够"有助于更好地理解现在，只要过去与现在的差异不搪塞过去"[26]。因此，当我们今天阅读波兰尼的作品时，很重要的是，我们自己不可局限于他的一些主要作品，而是要考虑他贡献的全部思想：这是由无数的小论文、会议论文以及很少有人知道的即兴之作构成的，它们都含有很多的材料和观点，有助于我们更好地理解他的思考路径。意大利读者会发现自己在这方面的一个特别优势，就是可以看到最近几年刚出版的波兰尼其他论文的合集，这特别需要感谢阿尔弗雷多·萨尔萨诺（Alfredo Salsano）和米歇尔·甘贾尼（Michele Cangiani）的努力。[27]

本卷中选出的论文，为不断增量的波兰尼作品出版做出了新贡献，因为它提供了一系列从未出版过的加拿大蒙特利尔康考迪亚大学的波兰尼政治经济学研究所档案。[28] 这些作品的跨度涵盖了他的整个职业生涯：从德文写的"当下至关重要的问题"（写于 1919 年，他的维也纳时期），到 1958 年他写的《对于一个新西方论》，本来他打算将此作为同名书籍的第一章，可惜未能完成书稿。[29]

《新西方论》是一部混合作品集。有的来自出版过的书和期刊，很多作品还是讲座用的笔记和写有地址的参会发言稿。有些是《大转型》完稿前，在英国期间为大学课堂讲课用的讲稿以及波兰尼的最后一次迁移、落户美国后的写作。由于读者群体能够迅速地聚集起来，这些作品的研究兴趣其实是远远超出了简单的求知欲。在这些论文中，波兰尼不仅预见并综合了他的主要作品的基本思想——像自我调节的市场和议会民主之间的短路，或"经济"正式定义和实质性含义之间的区别——其中有很多需要仔细思考的问题还只是一笔带过的简略讨论。这些简笔包括思考英国文化的本质与其阶级等级之间的关系 [30] 或舆论与政府管理艺术之间的关系；[31] 美国教育系统与其社会本质的相关性问题；[32] 和平主义和战争作为一种"制度"的问题；[33] 知识社会学的理念等。[34] 这些论文能够有助于提高我们对波兰尼思想的理解，为我们提供了很多具体事例：波兰尼兴趣的范围，他解析社会诸多方面的非凡能力以及他知性之旅的内在统一性。[35]

按照时间顺序，第一个作品是《当下至关重要的问题：一个回答》，根据档案是于 1919 年完成的，它可能写在维也纳，因为波兰尼把匈牙利苏维埃共和国称作一个有趣的插曲（episode）；他移居奥地利时，正值米克洛什·霍尔蒂（Miklós Horthy）保守政府的权力的崛起，[36] 这篇论文虽然讨论的是当时的政治事件，但仍特别值得重读，因为一些特定的思想和问题，他之后在 20 世纪 20 年代会发展得更完整，同时，他的政治哲学某些关键因素也已在这里出现。[37] 特别重要的是，波兰尼追踪了自由社会主义的家谱——他从匈牙利时期 [38] 就开始关注，概述它与马克思主义的不同之处，并从此确定"自由是所有真正和谐的基础"[39] 之设想背后的统一原则。这个前提构成了波兰尼自己的社会哲学的核心：在这篇文章中，他已经鲜明地疏远当年的两大对立流派，即"无政府主义市场式的资本主义利益经济"和共产主义式的统一计划经济。[40] 他对不受管制的资本主义的排斥主要是基于其对劳工的剥削问题，其中，回顾欧根·杜林的论文，[41] 他追踪了"土地成为强制财产的政治法律，实际上已经盛行已久，也取消了自由竞争"，[42] 因此不存在所谓关于耕地的自由经济。此时，关于圈地运动（enclosure）的主题就突然出现了，这个概念将在《大转型》的第三章进行深入探讨，波兰尼认为它在市场经济的兴起中发挥了至关重要的作用。[43] 其次，波兰尼认为不受管制的资本主义是不可接受的，因为它的内在动力导致它"造成生产与社会需求的矛盾"[44]，因此，它将使集体利益没有保障。自我调节的市场在结构上不适合创建服务社会功能的经济环境——一个以其萌芽状态呈现于此的概念，在他 20 世纪 20 年代的著作对于社会主义的计算主题的阐述中，将得到更充分的表达。在那以后的写作中，他发展了这个论点，即"私人经济，究其原意和本质，不能认清生产对社会生活产生的不利影响"[45]。在 20 世纪 30 年代，他进一步提出，考虑到从事经济的人做自由选择的后果，除非能用某些规范方式 [regulation（übersicht）] 来调控，否则市场经济只会忽略人的责任，破坏社会凝聚力，遏制个人的道德行为。[46] 然而，他也以同样的锐力在另一领域亮出自己的立场，即他也批判中央计划经济的生产手段国有化。上述这些冲突，首先，是与选择自由的理想发生了冲突，对波兰尼而言选择自由的理想不仅适用于个人，也包括中型企业集团。用波兰尼的说法，自由社会主义从根本上反对武力。因为对于自由社会主义而言，无论是把国家当成是一个对人行使统治权力的有机体，还是当成各项事务的一名管理员，实际上来说，都是一种必要的恶；而从理论上来讲，是一个多余的、有害的构建。任何企图用国家权力来取代只能通过个人生命和行为来达成的力量都会带来毁灭性的后果。[47]

此外，出于一个根本的原因，该解决方案在技术上也是不可行的。也就是说如果消除自由贸易体系，经济过程的功能就不可能实现。统计核实的任何方法都不能够创建类似于供需之间自由流动的效果。这也揭示了波兰尼对市场的认识更接近"奥地利派"，

[48] 他写道："经济是一个生命似的运作过程，没有办法改用机械设备式的运作方法，无论其设计是如何精细和巧妙。"这种特殊的市场特性即"在字面意义上，市场是一个特殊的感觉器官，如果没有了它，经济的循环系统就会崩溃"[49]。这种被自由社会主义所预见的经济——也是由波兰尼所预见的[50]——不是没有自由贸易的中央计划经济，而是一种合作经济在这种经济条件下，劳动力、消费者和生产商都有自己的代表，所有的问题都能够一起解决：

> 这就是为什么合作社会主义与市场经济是同义词的原因：作为隐藏在价格中掠夺剩余价值的领域，资本主义利润经济的无政府市场并不能够得到实现，而与自有劳动力等价的有机结构市场却能够实现。[51]

由此可见，这篇论文包含了波兰尼思想中的两个核心观点：他对自我调节之市场的批评和他坚持作为评估任何政治和经济系统的标准，自由的价值是最合适的。

不过他的合作社会主义探索在仅仅几年后就有了更全面的阐述，如在波兰尼反驳冯·米塞斯的论文中，可以找到他关于社会主义经济不可行性的阐述，[52] 自由的主题一直是波兰尼思想中最为核心的命题。[53] 正是借助于自由这个概念的各种形式，保证个体独特性的物价稳定，与之相对的是任何类型的社会集体主义，与对自由主义形式的激进批评能很好结合。就像贾科莫·玛拉莫（Giacomo Marramao）已经撰写的：

个人是被预设的，也就是，假定个体已经形成，而不是一些外在过程的结果，因此这种假定使得个人变得无意义；通过使他缩小为一个原子——一个不可分割的原子——我们断绝了他的形成过程的许多重要联系，单单这些过程就可以让他是一个个体。[54]

在个人自由和社会等级的"现实"之间不可避免的紧张，是波兰尼想要直面的一个关键问题，并在他的论文中经常出现。他在《和平的意义》一文中反复说：

认识到社会有无法避免的本质，限制了对一个抽象人格的自由想象。权力、经济价值、胁迫，是一个复杂的社会不可避免的；这里没有让个体在选项中逃脱责任的手段。他或她不能逃离社会。但是，我们可能要通过这样的知识而失去的自由是虚幻的，而我们通过它去获得的自由却是实在的。在社会中或通过社会，认知自己的损失，最终实现确定的自由，会让一个人日臻成熟。[55]

然而，这还仅是波兰尼于第二次世界大战之后写的著作中的观点，"复杂社会中的自由"的问题——到了《大转型》的最后一章标题时——才成为绝对的中心议题。[56] 在这之后的论文都被收集在这个论文集中（如《对于一个新西方》《经济学与塑造我们社会命运的自由》《经济史与自由问题》《经济思想新境界》等）。在这些论文中，波兰尼提出了很多问题，但有两个问题紧密关联，特别值得关注。

第一个问题是关于如何控制三种力量：技术、经济组织和在这个越来越强调人为因素的社会环境中的科学，其要点是三者都非常真实地威胁到人类的生存（我们现在毕竟仍在冷战的时代，存在核军备竞赛迫在眉睫的风险）。波兰尼主要关注的是"如何在一个机械文明中重建生命的意义和相互团结的精神"[57]——这种关注因为他的历史性责任感而日益加强，因为在工业革命之后他看到了西方的工业、科学和经济道路，已影响到了全世界的发展方向。这种动向，就像他在《对于一个新西方》一文中所说，构成了人类历史上的一个分水岭：

> 三股力量——技术、经济组织和科学，在该序列中——每个力量的出身都是独立和平庸的，约一百多年前，这三力合成后就像一个巨大的社会漩涡，不可抗拒地迅猛席卷进一批又一批的成千上万人。[58]

波兰尼列出的这个发展顺序是非常精确的（他在《大转型》的核心分析中就大刀阔斧地点明类似事实）：首先出现的是新的机器化生产工业；其次出现的是市场组织化的过程——这多少违背了自由主义的定义或学说，市场组织化过程完全不是"自然"形成的，而是有意为之的制度选择；[59] 而最后的结果，大约一个世纪后，科学就被添加到了这个混合体中。"这三股力量都开始加速：技术与科学建立了伙伴关系，经济组织更是擅长利用机会，迫使生产的效率原则（计划经济和市场经济都一样）达到令人眩晕的高度。"[60] 西方人正在屈服于这些力量（科学、技术和经济组织），因为"它们符合人类要进步的意愿，满足的是人类的个性实现，是人自由生存的必需品"。它们降临西方，工业化社会的生父，要"管教自己的孩子"。[61] 而这不仅是因为它的历史责任，而且还因为西方只有这样，才可以与世界其他文化重新建立对话，表现出对整个人类问题的真正关注。否则就是要重复过去的错误，特别是错误地假定殖民主义代表进步，资本主义代表民主。波兰尼对"政治西方"的猛烈批评（即资本主义国家做出的集体选择）不会分裂知识界；因为他相信，知识分子如果对政府宣传的欺骗性保持集体性的默许，他们就背叛了西方文明的真正遗产，即个人化的普遍主义。[62]

正是在这一点上，波兰尼提出了他的第二个主要问题，即"对经济决定论的教条化信仰"作为一种意识形态阻碍了资本主义改革，因为资本主义曾承诺经济自由和平等。他充分认识到这样的改革将需要"履行社会正义的要求，并把其作为一种自觉追求的人类宗旨"[63]，在《经济学与塑造我们社会命运的自由》一文中，波兰尼反驳了一个论点，即对经济自由的限制将必然对公民的自由造成负面影响。众所周知，这种说法是《通往奴役之路》的核心说法，[64] 在此书中，哈耶克坚持认为，任何经济计划都将导致两个东西的必然消失，不仅失去了不受管制的市场，而且也失去了自由本身。但是，波兰尼将此与一个等值但相反的观点等同起来（采用了马克思主义的某些方面），他认为经济组织的变化将导致自由制度的随之消失——只要这些是"资产阶级的欺诈行为"[65]。他的这两个取向，自由派与马克思主义，遭受一个相同问题假设带来的问题：对经济决定论有教条化信仰，或者说相信经济关系不仅限制了，而且是决定了社会的文化方面——包括"自由的制度"。[66]

为了说明这个假设的虚假性，波兰尼转向历史，这表明，即使决定论模型可能会出现在 19 世纪的市场社会里，人类（劳动力）和他们的自然栖息地（土地）降级为商品，并且被自我调节的市场力量所约束，在大多数情况下则不是这样的。即使承认经济和技术因素在决定一个社会的文化态度上会起到很大作用，也不应该说这些态度是由生产方式来决定的。

> 文化的模式，这里强调的是在社会中占主导的文化，既不是被技术决定的，也不是由地理因素决定的。一个民族在日常生活中发展出了或者合作、或者竞争的生活态度，这个民族在使用技术的时候更愿意是以个人主义还是集体主义的方式，在许多情况下，这些文化模式，与生产手段的功利逻辑是明显无关的，甚至和共同体的实际基本经济体制是无关的。[67]

另一方面，也是运用了相似方法，社会通过特定制度保障公民自由：

> 强调自由、个性、心灵上的独立性，强调良心上的容忍和自由，一方面是与追求合作、和谐的态度相似，另一方面则也是有抗争和竞争性态度的——这是一个普遍的、允许有多元思想表达的、受习俗和法律保护的多样性，它是被制度化的，但也主要依赖独立的技术甚至是独立经济组织的。[68]

在这里，波兰尼强调了这个论点中的内在弱点，即公民自由会随着市场自由的被限制而丧失。通过引用各种例子，波兰尼巧妙地展示了"在私人企业的公众舆论下，可能会失去所有的宽容和自由"[69]，而与此相反，甚至是在高度管制的经济情况下，都可以保证拥有令人满意的公民自由。在《经济通史》中，他通过返回到决定主义这个问题，毫不含糊地进行了总结分析。

> 事实上，我们想要创造和保卫多少自由，就将会在未来收获多少自由。原则上对于人类自由的制度性保障与任何经济系统都能够兼容。仅仅在市场社会……经济机制对我们发号施令。这样的状态并不是人类社会的普遍特点，而是一个不受监管的市场经济的特点。[70]

波兰尼说法的重点依据是 19 世纪的市场经济。[71] 在这种特殊情况下，经济因素无疑在与社会制度的关系中起到了决定性作用。

一旦防止土地和劳动力进入竞争激烈之市场的规范性和文化障碍解除，在此基础上就可能建立一个完全自由调节的经济，而经济和其他社会领域之间的关系也就被彻底颠覆了。这个结果也得益于体制转变：对饥饿的恐惧和对财富的欲望，驱使个体投入生产的过程。这是作为"市场社会"显著特点的"脱嵌经济"的著名论断——在一个社会里，经济活动已不再是社会、文化和宗教机构的一个组成部分，而是社会本身被经济活动网络所吞噬。这个主题在《大转型》和这本书第四部分的两个篇章中都有进一步发展。[72] 对波兰尼而言，忽略了那个时期的历史或文化特殊性，把某一确定性方面提升为一般规则，导致了两个基本的错误。正如我们所看到的，把它应用于未来时，该分析模型只会导致偏见。但是，把它运用于对过去的分析时，它导致了一个不可再犯的时代错误。[73]

最后的立场落在经济史研究的核心上，这个研究是波兰尼移居美国之后开展的。它们曾在一系列丛书中出现过（《早期帝国的贸易及市场》《达荷美和奴隶买卖》《人的生计》），也曾在对人类学和社会学等领域产生显著影响的文章中出现过。波兰尼研究方法的标志性特征在本书的第二和第三部分都已十分明确，尤其是在第 5 篇（《制度化分析的社会科学贡献》）、第 14 篇（《经济通史》）和第 15 篇（《古代的市场因素和计划经济》）中。本书第 14 篇是特别让人感兴趣的，因为它再现了波兰尼在 20 世纪 50 年代初任教于哥伦比亚大学的同名课程内容；它清晰地阐述了他的方法论。[74] 波兰尼提出了"经济史"研究的根本目的是研究**经济在**

整个社会中所占据的位置，换句话说，研究的是社会中经济与非经济制度之间的变化关系。如果一个人要实现这些研究目标，就需要引用马克斯·韦伯的研究成果，因为由新古典经济学开发的分析工具是帮助不大的——事实上还有让我们对观察对象的看法出现无可挽回之扭曲的风险。与之相反，波兰尼打算采取调查的方法研究制度化，通过理论分析"原始"或古代的、前工业经济中的问题，集中揭露未被解释的经济本质，而不是仅仅说明"经济学"的形式含义。[75]

正如波兰尼在 1950 年写的文章（在本书第二部分第 5 篇）《制度化分析的社会科学贡献》所解释的，这意味着经济已被看作是人类与环境之间的相互作用，为的是满足人类对物质的需求；经济学不仅是一系列选择，不是在"目的和有限方法之间、在相互可替代用途之间"进行的选择——就像新古典主义范式所指的那样。[76] 这一见解在以后的论文中得到进一步阐述，[77] 构成了波兰尼思想的一个最持久和显著的元素，它也是对"经济谬论"最恰当的解药，即指出"让一般人类的经济抽象地等同于市场形式"[78] 的逻辑错误。这样波兰尼建立了一个真正可靠的运作条件，让本质上曾经存在或目前存在的所有类型的经济，能够得到非教条的、自由开放的研究 [在此过程中，他被证明与马塞尔·莫斯（Marcel Mauss）一样，是社会科学比较方法最好的诠释者]。[79] 由此，经验性经济可以在"经济是在不同时间和地点形成的方式"的基础上被描述，并因此也可以在每个社会的经济和非经济制度之间的关系基础上予以研究。[80] 如果类似的方法可以让波兰尼在历

史和经济人类学领域取得显著的研究成果——以本书第三部分 [81]
提出的三种形式的贸易一体化，互惠和再分配之间的关键区别开
始，那么同样值得注意的是，他先前的研究，其中一些将在第二
部分重现，体现了他对制度性视角的高度敏感性。

　　涉及自我调节市场体系的渗透，波兰尼坚持强调公共权力或
政府权力的作用，因此也就把市场经济的自由模式的"自然"生
成过程去神秘化了。这种坚持与德国历史学派的说法是一致的，
特别是与施穆勒和布赫尔（Schmoller and Bücher）的说法相似。
[82] 相反，在《未来民主英格兰的文化》一文中，波兰尼多次以特
别尖锐和精彩的方式引用了凡勃伦（Thorstein Veblen）的著作和
调查，探讨了伴随着文化"精英"的建立，英国社会的阶层是如
何形成的。[83] 在五个讲座系列（在本书中单列一个部分）中，视
野开阔的政治和社会历史已经有了大致轮廓（尤其侧重于法西斯
主义的兴起）；波兰尼重点讨论了民主模式和经济组织形式之间的
交集点。[84] 在另一方面，波兰尼对美国社会有深入分析，特别关
注美国教育体制和经济进程之间的关系。[85]

　　然后，他又以各种方式，对作为"文化现实"的经济这一根
本主题进行反复强调，这是波兰尼思想的一个主要焦点，也是他
自己的意识形态思想与美国经济的新制度主义是否有差别的一块
试金石 [86]——美国新制度主义流派源自道格拉斯·诺斯和奥利弗·
威廉姆森（Douglass North and Oliver Williamson）。波兰尼只
是表面上与他们相似。[87] 新制度主义重点分析的是个人在稀缺条
件下，有权因为竞争而进行经济计算的逻辑；他们采用的是莫斯

（Mauss'）[88] 把人视为单一的"经济动物"的观点。他们试图解释制度的持久性和可变性，以及制度对经济发展产生的影响。[89] 与之相反，波兰尼不从"经济功能主义"角度理解制度，[90] 那样就把制度理解成其唯一目的就是降低成本和积累财富。他认为制度在保证社会成员相互回报、彼此行为会发生联结（无论是个人还是组织）等方面并不是很重要，它只是一种文化中的必要部分，除此就没有那么多需要关注的因素，因此，制度的主要作用就是促成社会的各种群体去表达各自的愿望，并为一个社会的价值观定向。[91] 一方面，这种思路强调——德国的历史学派已经强调过——经济和制度存在着经济和非经济的依存关系：因为对于经济的结构和功能而言，宗教或政府就如同金融机构一样重要，或者如同减轻劳动者辛劳的工具和机器一样重要，[92] 另一方面，经济作为文化和制度现实的想法也引导波兰尼——不同于新制度主义——更强调市场经济的特殊性及其意识形态推论，它们并未呈现关于人性本质和事物秩序的固有真相，[93] 似乎是排他的、**偶然的历史性形式**的产物，所以也让其不具有普遍意义。[94]

如果这是真的，"什么都不如经济主义的偏见那么有效地模糊了我们的社会想象"，[95] 那么波兰尼的著作则包含了对正统经济学的许多定理以及它们包含的意识形态和各种启示的深刻批判——尤其是功利理性、范式稀缺以及经济和非经济问题之间的区别。其实他的分析也是在人类学研究得出的经验材料帮助下，着手建立了一种人类学经济学分析模式，——他引用的作者包括图恩瓦尔德、马林诺夫斯基和博阿斯（Thurnwald, Malinowski and

Boas）——"经济人"模式及其推论是一种文化概念，它与 19 世纪特定的制度化安排同时出现，这种安排的特点是拥有自由和相互依赖的土地和劳动力市场。[96] 这样，制度便会潜在刺激个人行为及随之形成的理性模式，而不是相反。因此，虽然可以认为该市场社会引起了经济算计，[97] 但这不可能解释为：仅通过效用最大化的逻辑就可以解释制度变迁以及自我调节市场的出现。

波兰尼提出的论点不仅与社会学家和经济人类学家非常相关，而且对经历了通常被称为经济帝国主义的法律学者来说也一样相关：[98] 把经济分析作为一种人类行为的一般理论去呈现这种趋势，或者用福柯的话说就是：一种"可理解的网络"包括了所有社会交往和个人行为，包括那些不具经济性质的现象。[99] 经济学其实入侵了很多传统的学科领域——比如个性、家族关系、犯罪行为 [包括加里·贝克尔（Gary Becker）的研究]，促使经济和法律之间的联系和重叠不断增加，远远超过经济学自身传统领域的反垄断法。现代法律和经济学首先以一种纯粹的描述方式证明了其具有分析性权力，之后它们逐渐地以一种规范的方式进行，即不仅仅测试法律和司法机构的公正性，同时也测试其做事效率。[100] 最后达到一种合法化程度，即把司法系统按照特定效率原则、让用数量标准的伪科学技术也合法化了。[101] 在最后一个案例中，尤其是世界银行著名的《业务报告》所提出的，由法律起源理论中建议的那个版本 [102]——法律已经被降级为经济发展的一个单纯矢量，并且单纯从纯粹实用的角度进行调查：法律的预设和效果都变得令人怀疑。[103] 如果说多元化的社会调查方法是值得赞赏和欢迎的，那么我们仍应警惕近期的一些现象，不加批判地接受这样的观点，即在其他研究领域开发出来的分析模型应该解决设计者想要针对的不同种类问题：他们的任意应用极可能造成简单化和适得其反的结果。

波兰尼的作品，尤其是《如何利用社会科学》（最有可能写于 20 世纪 30 年代），[104] 展示了对这个问题的洞察。这一篇的意义之所以深远，首先是因为它重构了作者的思想历程，因为这个观点后来就发展成了关于自然和社会科学方法论中的唯名论和本质论之间关系的论战。卡尔·波普尔（他在波兰尼的家庭被称为"Karli"，波普尔还经常访问他们住的维也纳凡伽大街公寓）[105] 曾在《开放社会及其敌人》一书中精确地引用了波兰尼的观点，但只提到他们之间的私人谈话，而不是专门的论著。[106] 更具体地说，波兰尼强调，考虑到各自方法的特殊性和相对的"内在兴趣"，整合各种科学方法的可能性是有限的。[107] 他也坚持自然科学和社会科学是有根本区别的，在人们品位的塑造和人之基本价值框架的塑造上，自然科学和社会科学的区别主要还不是方法，而是它们各自的影响塑造方式："人类对他面对的物质环境的态度，更多是由一种明确的行为目的决定的，并不受（自然）科学兴起的影响"，[108] 而社会科学，对人的愿望和目的具有非凡的影响——以至于它们彻底和立竿见影地影响了他的存在。[109] 因此，社会科学的作用是双重的，其效用必须同时从两方面来考虑判断："知道它们在多大程度上帮助我们实现目标，这是不够的；我们必须还要问在厘清目标时，它们多大程度上能够帮助或**阻碍**我们。"[110] 在这里，社会科学方法的规范性方面变得清晰，波兰尼坚持要与那些幼稚的方法论保持距离，这些幼稚方法的重点是放在那些科学的道德中立（Wertfreiheit）上的。波兰尼的观点是，虽然方法的纯粹性和逐步消除社会科学调查领域的"形而上学残余"追求，可能会增强一个人达到其目的的能力，但它们肯定也削弱了他知道自己是谁的能力。[111]那就是说，在努力让社会科学走向进步，与努力保护"通常所说由艺术、宗教、道德、个人生活和科学等代表的人类普遍意识之母体（matrix），来坚持形而上学的尊严"之间，有一种内在紧张。[112]但是，有可能保护科学母体而不干扰其进步吗？"有没有一个创造性的妥协可能，使进步有一个可审视的范围，让我们在探索它的过程中不致于存在迷路的风险呢？"[113]波兰尼为回答这些问题而设立的条件是明确的：让科学为人类事务服务时有很多陷阱，防范的方法只能是拥有"切实的定向"[114]——换言之，只有通过建立对某些指导原则的相当稳定的共识，"有意识地免受腐蚀性影响，就像我们一定会回避伦琴机械之手的X-射线影响一样。"[115]社会科学的实用性"不是科学的技术问题。它要定义人类社会的意义，要将维护人的主权看得比维护一切生命手段，包括科学更重要得多"。[116]

在这些著作中提出的观点都是极为不易的，即使岁月流逝也没有失去意义。一方面，生命科学的发展，极大地放大了自然科学之破坏社会稳定的趋势，并引导着法律规则和原则的发展，为了某些实际的尊严和预防措施，法律已经开始重新建立坚实的基础，以实现一系列旨在超越人类主权而操纵生命的试验。[117]另一方面，经济理性作为一种新的世俗宗教的普及，对社会科学的规则假设产生着影响力（在这类情况下，主要指经济学科学），它们对人类的任何价值和欲望系统的影响力，永远都更需要一种批判性反思。涉及所谓道德中立的所有社会科学方法缺陷再次浮出水面，并让波兰尼提出的关键问题，即历史与体制的重要性重新被确认。今天我们重温这些作品，也为人类提供了一种极好的解毒剂，不仅针对那些天真的"科学主义"的态度，而且也要反对任何形式的简化论；容我再引一次波兰尼的话——简化论已经导致"当西方与整个世界相遇时便出现文化荒芜"[118]。

注释：

[1] 米歇尔·甘贾尼，《过时的波兰尼》（意大利），《当代》杂志，5.4（2002），751—757页。关于波兰尼思想与当代问题相比的过时性问题，也见阿兰·加耶和让－路易·拉维尔《卡尔·波兰尼的报道》，迈克尔·甘奇亚尼和杰罗姆·莫柯雷特编辑，《波兰尼的随笔》（巴黎：门槛出版社，2008），565—585页。

[2] 加雷思·戴尔，《卡尔·波兰尼在布达佩斯：他的政治和思想的形成》社会学欧洲档案，50.1（2009），97—130页，这本书也探讨了波兰尼与乔治·卢卡奇、奥茨卡尔·雅兹和卡尔·曼海姆的联系；又见卡尔·波兰尼的自传体笔记《伽利略俱乐部的遗产》，（此笔记摘自）卡尔·波兰尼著作《一个复杂社会中的自由》，阿尔弗雷多·萨尔沙诺编辑整理的版本（都灵：博拉蒂·博林吉尔利出版社，1987），199—214页。

[3] 有关详细的个人简历，请见卡尔·波兰尼·莱维特和玛格丽特·门德尔，《卡尔·波兰尼：他的生活和工作》，政治经济学研究，22（1987），7—39页。

[4] 甘贾尼，《过时的波兰尼》，751页。

[5] 请参阅本书第2篇，《经济学与塑造我们社会命运的自由》。

[6] 请参阅本书第 1 篇，《对于一个新西方》。

[7] 值得一提的是，波兰尼的最后一个工作项目涉及创立一本新杂志，名为《共存》，试图违背普遍市场的逻辑，从多元角度观察国际政治和经济。第一期是波兰尼去世几天后面市的；见卡尔·波兰尼·莱维特，《卡尔·波兰尼和共存杂志》，由卡尔·波兰尼·莱维特编辑，《卡尔·波兰尼的生活与工作：一种纪念》（加拿大蒙特利尔：黑玫瑰书籍，1990），253—263 页，特别是259—262 页 [该文最初发表于《共存》，2（1964 年），113—121 页]。参见卡尔·波兰尼·莱维特，《作为社会主义者的卡尔·波兰尼》，肯尼斯·麦克罗比主编，《人文、社会和共同体：卡尔·波兰尼研究》，（加拿大蒙特利尔：黑玫瑰书籍，1994），115—134 页。

[8] 参见卡尔·波兰尼·莱维特，《作为社会主义者的卡尔·波兰尼》，肯尼斯·麦克罗比主编，《人文、社会和共同体：卡尔·波兰尼研究》（加拿大蒙特利尔：黑玫瑰书籍，1994 年），115—134 页。

[9] 卡尔·波兰尼·莱维特，《卡尔·波兰尼和共存杂志》，253 页。

[10] 关于波兰尼的哲学观，参见加雷斯·戴尔，《卡尔·波兰尼：市场的限制》（剑桥：政体，2010 年），31—44 页；亚伯拉罕·罗丝蒂尼，《社会现实：卡尔·波兰尼的哲学思考》，见卡尔·波兰尼·莱维特，《卡尔·波兰尼的生活和工作》，98—110 页。

[11] 卡尔·波兰尼·莱维特，《大转型的起源与意义》，见卡尔·波兰尼·莱维特，《卡尔·波兰尼的生活和工作》，111—126 页。

[12] 卡尔·利维，《重新发现卡尔·波兰尼》（意大利）《当代》杂志，5.4（2002年），767—770 页；加耶和拉维尔，《卡尔·波兰尼的报道》。

[13] 按照莎莉·C. 汉弗莱斯的笔记，《历史学，经济学，人类学：卡尔·波兰尼的工作》，历史与理论，8（1979），165—212 页，在第 165，168 页，谈的是政治经济和宪政的历史，而且是作为法律研究的一部分。

[14] 按卡尔·波兰尼·莱维特的说法，在这个阶段中，波兰尼扩大了他对维也纳学派的关注，包括许多美国和英国的经济学家思想（卡尔·波兰尼·莱维特，《卡尔·波兰尼的社会主义》，125 页）。

[15] 在这个问题上，可参见玛格丽特·R. 萨默斯，《卡尔·波兰尼的思想遗产》，见卡尔·波兰尼·莱维特，《卡尔·波兰尼的生活和工作》，152—160 页。

[16] 在这方面，看米哈伊·萨卡尼《卡尔·波兰尼的经济人类学贡献》，见卡尔·

波兰尼·莱维特,《卡尔·波兰尼的生活和工作》,183—187 页。

[17] 对于波兰尼的经济史的主要批评和讨论,参见加耶和拉维尔,《卡尔·波兰尼的报道》,569—571 页;戴尔,卡尔·波兰尼,137—187 页。波兰尼对布罗代尔的批评,见阿尔弗雷多·萨尔萨诺,《波兰尼,布罗代尔与达荷美的国王》,《当代史杂志》,15(1986),608—626 页。

[18] 作为基本概述,请参阅卡西勒·里奥西德的经济学和社会学系列中的 2007卷,题目为《想想世界上有卡尔·波兰尼的商品化》,由理查德·索贝尔编辑,这个章节由弗兰克·范德维德、吉纳维夫·阿扎姆和理查德·索贝尔自己特别编辑。

[19] 米歇尔·甘贾尼,《经济与民主:关于卡尔·波兰尼的随笔》(帕多瓦:作家出版社,1998)。

[20] 参见论文集《二十一世纪卡尔·波兰尼选读:作为政治项目的市场经济》,由阿斯·格拉和卡那·阿卡那编辑(纽约:帕尔格雷夫·麦克米伦,2007)。

[21] 请参照阿尔弗雷多·萨尔萨诺编辑整理版《一个复杂社会中的自由》中"介绍"部分。

[22] 请参照阿尔弗雷多·萨尔萨诺编辑整理版《一个复杂社会中的自由》中"介绍"部分。

[23] 约瑟夫·E.斯蒂格利茨,"前言",见卡尔·波兰尼,《大转型:我们时代的政治与经济起源》(波士顿,马萨诸塞州:灯塔出版社,2011),7 页。

[24] 丽莎·马丁,《波兰尼的复仇》,政治观点,11.1(2013),165—174 页。

[25] 见罗伯特·B.里奇,《超级资本主义:商业的转型,民主和日常生活》(纽约:艾尔弗雷德·A.克诺夫 2007 年)——意大利版也是由他写的序言,圭多·罗西(意版此书,罗马:法齐出版社,2008)。

[26] 甘贾尼,《过时的波兰尼》,751 页。

[27] 其中最重要的文献包括:波兰尼,《一个复杂社会中的自由》;卡尔·波兰尼,《大转型纪年》,米歇尔·甘贾尼编辑整理(都灵:艾诺迪出版社,1993);卡尔·波兰尼,《欧洲 1937:外部战争与内部战争》,米歇尔·甘贾尼编辑整理(罗马:唐泽利出版社,1995)。

[28] 关于波兰尼研究所的形成和工作的信息,请参阅安娜·戈麦斯,《卡尔·波兰尼政治经济学研究所:一种促进社会变迁的叙事》,载于法文版《经济的干预》,38(2008),1—18 页。

[29] 在保罗·梅洛 1962 年 3 月 25 日笔记（文件 24-2 页，卡尔·波兰尼档案）的基础上，我们可以确定，这些作品将涵盖以下论题：（1）作为一种文明的西方与政治西方。（2）传统西方的偶像：科学、技术和经济组织。（3）结果的二重特性：（a）传统西方的内部和外部成就；（b）威胁实际生存的偶像。（4）非西方新国家和工业过程的核心价值观。（5）第二次世界大战后西方领导力的失败；（6）新西方的有限基础；（7）新西方的一些具体问题：权宜之计，格劳秀斯式扩张，外贸垄断，在解决国际争端时使用优势，在合同压力下保护知识分子；（8）关于西方和个人自由的复兴。

[30] 见本书第 9 篇，《未来民主英格兰的文化》。

[31] 见本书第 13 篇，《公共舆论与政治才能》。

[32] 见本书第 10 篇，《维也纳和美国的经验：美国》。

[33] 见本书第 8 篇，《和平主义的根源》。

[34] 见本书第 11 篇，《如何利用社会科学》。

[35] 关于 1930 年代的未出版作品讨论，请参见贾多明尼卡·贝吉奥，30 年代卡尔·波兰尼未出版文集，《哲学杂志》，88.3（1997），475—482 页。

[36] 波兰尼·莱维特和门德尔，《卡尔·波兰尼》，13 页，21 页。

[37] 在波兰尼的生活和思想发展的这个阶段，参见利康登《社会的主权：波兰尼在维也纳》；见波兰尼·莱维特，《卡尔·波兰尼的生活和工作》，78—86 页；戴尔，《卡尔·波兰尼》，特别是这章：《经济学和社会主义伦理》，19—45 页。

[38] 戴尔，《卡尔·波兰尼在布达佩斯》，113 页，115—116 页。

[39] 见本书第 16 篇，《当下至关重要的问题：一个回答》。

[40] 关于这个问题，参见波兰尼·莱维特，《作为社会主义者的卡尔·波兰尼》，126 页。

[41] 更多的深刻分析，参见契罗舍《杜林的共同社会、经济社区和其对社会主义思想与实践的影响》，经济研究杂志，29.4/5（2002），293—305 页。

[42] 见本书第 16 篇，《当下至关重要的问题：一个回答》。

[43] 卡尔·波兰尼，《大转型》（波士顿：灯塔出版社，1957），33—42 页。

[44] 见本书第 16 篇，《当下至关重要的问题：一个回答》。

[45] 关于市场经济，波兰尼还写道：它没有任何机制来了解健康的需要，回应和体现居住在生产世界中的生产者的精神和道德实现，通过长期的反作用，

影响公共利益或者让其得到进一步推动，或由其中生产和生产资料的不同组织方式而让其受到伤害。这种经济模式，几乎无法积极推进共同利益的积极目标——社区的精神、文化和道德的目标——只要它们的实现依赖于物质因素。最后，当经济目标涉及人类的总体目标，例如对国际援助的需求或维持人民之间的和平，该经济模型是完全不能回应的（卡尔·波兰尼，《社会主义计量体系》，选自其著作《一个复杂社会中的自由》，19页）。

[46] 戴尔，《卡尔·波兰尼》，第10页，其中包含引自1937年未发表的论文：《社区与社会：对我们社会秩序的基督教批判》（文件21—22页，卡尔·波兰尼档案）。其中这样的一段话值得重视：市场行为就像一个无形的边界，隔离在作为生产者和消费者的人们的每天日常活动之间。他们为市场而生产，从市场获得供应。除此之外，他们无法达到目标，但他们可能正热切希望为他们的同伴服务。来自他们一方的任何有益企图都会瞬间因市场机制受挫。以低于市场的价格获取你的货物会短期地让人受益，但它也将导致你的邻居歇业，并最终也会毁了你们自己，因为那些你自己依赖的工厂或企业会有随之而来的损失。作为一个工人，你做得越是超过你应该做的就越是会带给你战友更糟的工作条件。拒绝把钱花在奢侈品上，你会让一些人失去工作，通过拒绝来拯救他人，你也会做出同样的事情。只要你遵循市场规则，以最低的价格购买，并在任何可能的情况下以最高价格出售，你就会是完全安全的。为了满足你自己的利益不受到损害，那么，你对你同伴的损害就变得不可避免。因此更彻底地讲，一个人越是有丢弃服务自己同伴的想法，就越是能够成功减少自己对伤害别人的责任。在这样一个系统中，人类不可能更好，即使他们希望更好。

[47] 见本书第16篇，《当下至关重要的问题：一个回答》。

[48] 参见贾多明尼卡·贝吉奥，"在奥地利的早期计量经济辩论（1919—1925），非正统的观点：纽赖特、米塞斯和波兰尼"，《经济思想史／经济学史》，2007，133—134页。

[49] 见本书第16篇，《当下至关重要的问题：一个回答》。

[50] 参见文章《基尔特社会主义（人与思想）》，关于波兰尼对基尔特社会主义的深度思考，见波兰尼《一个复杂的社会中的自由》，3—6页。甘贾尼，《经济与民主》，127—128页。

[51] 见本书第16篇，《当下至关重要的问题：一个回答》。

[52] 关于路德维希·冯·米塞斯的学术地位，参见劳伦斯·H.怀特，《经济思想间的冲突：大政策辩论和近百年的实验》，（剑桥：剑桥大学出版社，2012），35—37页。

[53] 聚集成一个基本出发点的波兰尼自由哲学理念文章，是他的《关于自由》，写在20世纪20年代末，它出现在卡尔·波兰尼《大转型纪事：文章和论文》（1920—1940），由米歇尔·甘贾尼和克劳斯·托马斯伯杰编辑，卷1（马尔堡：大都市，2002），137—164页。格雷戈·鲍姆在他的《卡尔·波兰尼论伦理学与经济学》中有诸多讨论。（蒙特利尔和金斯敦：加拿大麦吉尔-女王大学出版社，1996），24—27页，35—37页。

[54] 贾科莫·玛拉莫，《天赋、交流与责任：论卡尔·波兰尼对社会哲学的贡献》，《调查》27.117/18（1997），35—44页。

[55] 见本书第7篇，《和平的意义》。

[56] 参见波兰尼意大利语版《一个复杂社会中的自由》，特别是第三部分：《让-雅克·卢梭，或者一个自由的社会是可能的？》《自由与科技》《机器与社会的发现》《一个复杂社会中的自由》。

[57] 见本书第2篇，《经济学与塑造我们社会命运的自由》。

[58] 见本书第1篇，《对于一个新西方》。

[59] 正如在《大转型》一书中（第141页）波兰尼观察到的："虽然自由放任经济是政府有意行为的产物，随后又限制自由放任以一种自发的方式进行。自由放任是计划的；计划又并非如此。"关于在土地和劳动力的市场制度，对其进行的政治和司法方面分析，在《大转型》的第二部分展开，特别是第6—7章，关于社区卫生服务。

[60] 见本书第1篇，《对于一个新西方》。

[61] 同上。

[62] 对那个时代波兰尼关于"一个新西方"的最新想法，可参见保罗麦洛的笔记，题为《卡尔·波兰尼有关新西方的论文》，卡尔·波兰尼档案，文件24—32页（也见文件29页）。

[63] 见本书第2篇，《经济学与塑造我们社会命运的自由》。

[64] 弗里德里希·哈耶克，《通往奴役之路》（芝加哥：芝加哥大学出版社，1994）。对这个作品的知识和传记进行的一个有趣重建，参见卡尔·波兰尼·莱维特和玛格丽特·门德尔，《市场拜物教的起源（哈耶克的经济理论批判）》

每月评论，41（1989），11—32页；也见菲利普·莫多斯基和迪特·菲维编辑，《朝圣山之路：新自由主义思想集》（剑桥，马萨诸塞州：哈佛大学出版社，2009），特别是罗伯特·范霍恩和菲利普·米罗斯基的杂文，这些档案文件尚未发表：《经济学的芝加哥学派兴起和新自由主义的诞生》，139—180页。

[65] 见本书第 3 篇，《经济史与自由问题》。

[66] 见本书第 14 篇，《经济通史》。

[67] 见本书第 3 篇，《经济史与自由问题》。

[68] 见本书第 3 篇，《经济史与自由问题》。

[69] 同上。

[70] 见本书第 14 篇，《经济通史》。

[71] 萨默斯，《卡尔·波兰尼的思想遗产》152 页。

[72] 见本书第 18 和 20 章，《消失的恐慌和社会主义的前景》和《关于当今转型时代的五个讲座：走向和谐社会趋势》。

[73] 见本书第 3 篇，《经济史与自由问题》。

[74] 作为一个有用的理由，请参阅丹尼尔·J. 福斯菲尔德，《卡尔·波兰尼的经济通史讲座：一个学生的笔记》，参见麦克罗比编，《人文、社会与承诺》；对于波兰尼在战后时期的经济学人类学思想评估，见萨卡尼，《卡尔·波兰尼的经济人类学贡献》。

[75] 参见米歇尔·甘贾尼，《从门格尔到波兰尼：战争的制度化》，见哈拉尔·哈格曼，西泽忠实和池田幸编辑的《奥地利经济过度：从卡尔·门格尔到弗里德里希·哈耶克》（纽约：帕尔格雷夫·麦克米伦出版社，2010 年，138—153 页）；里卡多·莫塔和弗郎科·伦巴利，《交易与市场：卡尔·波兰尼的制度主义》，《关于法律文化历史的若干材料》1（1980），231—252 页，特别是 248 252 页；J. 罗恩·斯坦菲尔德，《卡尔·波兰尼与现代经济思想》，见波兰尼·莱维特编辑，《卡尔·波兰尼的生活和工作》，195—196 页。沃尔特·C. 尼尔《各种制度》，经济问题杂志，21.3（1987），177—205 页。

[76] 《关于经济科学性质和意义的论文》（伦敦：麦克米伦，1945），罗宾斯的经济学定义为"它是一种研究人类行为的科学，研究的是已选择行为之目的与稀缺之间的关系"，16 页。

[77] 具体见卡尔·波兰尼，《经济作为制度化的过程》，卡尔·波兰尼、康拉德

M. 阿伦斯伯格、哈利·W. 皮尔逊编辑，《前期帝国的贸易和市场》（伦科，伊利诺伊：自由出版社，1957，243—269 页）；卡尔·波兰尼，《卡尔·门格尔关于经济的两种含义》，见乔治·道尔顿编辑，《经济人类学研究》（华盛顿特区：美国人类学协会，1971，16—24 页）。

[78] 卡尔·波兰尼，《人的谋生》（纽约：学院出版社，1977，6 页）。

[79] 在这一点上，可参阅杰拉德·伯绍德，《走向一种比较：卡尔·波兰尼的贡献》，见波兰尼·莱维特，《卡尔·波兰尼的生活和工作》，171—182 页。

[80] 参见波兰尼，《经济作为制度化的过程》。

[81] 见本书第 14 和 15 篇，《经济通史》《古代的市场因素和经济计划》。

[82] 萨默斯，《卡尔·波兰尼的思想遗产》，第 155 页，在这一点上，也包括萨宾·弗里奇，《重新嵌入新自由主义宪政：波兰尼关于法律的经济社会学案例》，见乔杰斯和法ज़克编辑，《卡尔·波兰尼》，65—84 页，81 页。弗里奇对比了哈耶克和波兰尼关于法律、社会和市场的看法，说明它们之间的关系重建：哈耶克经济自由主义确认并鼓励市场社会的自由主义性质：市场被认为是从经济"自由"的个人相互作用中产生的自发秩序（自下而上的），而任何形式的社会干预则被批评为是强制形式（自上而下的）。波兰尼的自由社会主义给出了相反的描述："自我调节"的市场被视为强加在"商品化"个人之上的人为制度（自上而下），社会政策则体现了针对社会运动的自我保护冲动（自下而上的）。

[83] 见本书第 9 篇，《未来民主英格兰的文化》。

[84] 见本书第 17 篇，《现代社会的冲突哲学》。

[85] 见本书第 10 篇，《维也纳和美国的经验：美国》。

[86] 见道格拉斯·C. 诺斯，《市场和历史上的其他分配系统：卡尔·波兰尼的挑战》，《欧洲经济史杂志》，6（1977），703—716 页，但值得注意的是，诺斯的想法，在新古典主义经济学的这一部分发生了明显的演变。这方面，参见克劳德·梅纳尔和玛丽·M. 雪莉，《道格拉斯·诺斯对新制度经济学的贡献》，塞巴斯蒂安·加里尼和伊泰·森奈德编辑，《制度、产权与经济增长：道格拉斯·诺斯的遗产》（剑桥：剑桥大学出版社，出版中），参见网址：http://hal.inria.fr/docs/00/62/42/97/PDF/2011–Menard_Shirley_North_and_NIE–CUP.pdf（上网时间：2014 年 4 月 2 日）。

[87] 关于波兰尼的制度主义和"新"经济制度主义之间的差异，参见米歇尔·

甘贾尼，《卡尔·波兰尼的制度理论：市场社会及其"脱嵌"经济》，《经济问题杂志》，45（2011），177，198页；米歇尔·甘贾尼，《被遗忘的机构》，见马克·哈维、罗尼·兰龙甘和莎利·兰德尔斯编辑，《卡尔·波兰尼：关于经济在社会中地位的新视角》（曼彻斯特：曼彻斯特大学出版社，2008），25—42页；甘贾尼《从门格尔到波兰尼》，杰诺姆·麦考兰特和塞巴斯蒂安·布劳兹尼扎克，《卡尔·波兰尼的制度与市场》，调控与检查，10（2011），网址：http://regulation.revues.org/9439（2013年2月21日）；《波兰尼与"旧"经济制度主义之间的关系》，见沃尔特·C.尼尔，《卡尔·波兰尼和美国制度主义：二者趋同的一个奇例》，参见波兰尼·莱维特，《卡尔·波兰尼的生活和工作》，145—151页。

[88] 参见莫斯《论馈赠：古老社会中交换的形式与理由》，法国大学出版社，2007，238页。

[89] 关于他的体制和经济进程之间关系的准确总结，见道格拉斯·C.诺斯在克劳德·梅纳德和玛丽·M.雪莉编辑的《新制度经济学手册》（柏林 - 海德堡：施普林格，2005，21—30页），作者在这里明确说一般假定的"制度变迁的关键是，在稀缺与竞争的经济环境下，机构和组织之间的持续互动"；同时也见道格拉斯·C.诺斯，《制度、制度变迁与经济绩效》（剑桥：剑桥大学出版社，1990）和奥利弗·E.威廉姆森，《交易成本经济学》，理查德·施马兰西和罗伯特·威利格编，《产业组织手册》，1卷（纽约：北荷兰，1989），136—184页。

[90] 米歇尔·甘贾尼和杰诺姆·麦考兰特，"导论"，见甘贾尼和麦考兰特编辑，《卡尔·波兰尼论文集》，9—46页，9—10页，28—29页。

[91] 在这方面，似乎应当回顾总结"新"和"旧"制度主义的差异及其与波兰尼著作的关系。相关的进一步讨论，见黑尔格·波伊克特，《新旧制度经济学的桥梁：古斯塔大·施穆勒和道格拉斯·C.诺斯，用旧制度主义观察》，《欧洲法律与经济学杂志》，11（2001），91—130页；也见马尔科姆·卢瑟福《战争之间的制度主义》，《经济问题杂志》，34.2（2000），291—304页；詹姆斯·R.斯坦斯菲尔德，《范围、方法和原始制度经济学的意义》，《经济问题杂志》，33（1999），230—255页。

[92] 波兰尼，《经济作为制度化的过程》。

[93] 人们常常使用的自由主义之先知信条，最终会引导我们到多纳托·卡卢奇的

思想，《事物的自然法则》（都灵：贾比凯利出版社，2011），122—124 页。

[94] 在这一点上，可比较加耶和拉维尔各自考虑的因素，《卡尔·波兰尼报道》
567 页。

[95] 波兰尼，《大转型》，159 页。

[96] 波兰尼，《人的谋生》，5—7 页。

[97] 显然这是有些限制的：实地考察得到的认知和行为经济学实证结果，将重
塑关于功利理性的正统理论。见马特罗·莫特里尼和马西罗·匹亚德里·帕马
雷尼编辑，《批判的经济学：三种论述：卡尼曼，麦克法登，史密斯》（米
兰：基本书籍，2005 年）；也见丹阿雷利，《可以预见的非理性：塑造我
们决定的隐藏的力量》（纽约：哈珀柯林斯出版社，2010），特别是从 75
页之后。

[98] 史蒂芬·G. 麦德马，《经济人的审判：什么样的法律与经济学会告诉我们经
济学帝国主义的发展》，见约翰·B. 戴维斯编辑，《新经济及其历史》（达勒
姆，北卡罗来纳州：杜克大学出版社，1997），122—142 页。

[99] 见米歇尔·福柯，《生命政治的诞生：在法兰西学院的讲座》，1978—1979，
（贝辛斯托克：帕尔格雷夫·麦克米伦，2008），243—244 页。

[100] 关于法律的经济分析之发展历史重建，见伊安·麦卡利，《法和经济学史》，
请在线访问 http://encyclo.findlaw.com/tablebib.html，法律和经济学百科
全书；对芝加哥学派的内部事务，特别是非洲之角的重要改造，见《重塑
垄断与公司的角色：芝加哥法律和经济学的根源》（莫多斯基和菲维：朝
圣山之路），204—237 页。

[101] 关于这次争议的介绍，见安东尼奥·甘巴罗，《评估法律体系？》和《比较
法与立法研究年鉴》（2012），17—47 页，还有拉尔夫和迈克尔，《用数字
比较法律？法律起源的论文，营商环境报告，与传统比较法的沉默》，《美
国比较法学刊》，57（2009），765—795 页。

[102] 关于法律起源理论的各种假设和基本论文（作者都是经济学家），可见
拉斐尔拉波特、弗洛伦西奥·洛佩兹 - 德 - 西拉内斯和安德烈施莱弗，《法
律起源的经济后果》，《经济学杂志》，46.2（2008），285—332 页，法律
起源的后果。关于商业项目背后的内容说明和想法，可查看世界银行文件，
http://www.doingbusiness.org/ （它们是公开的）。

[103] 某些批评（说实话，许多我无法同意，因为它们受到民族自豪感问题的影

响），也见法国法律文化委员会编辑，《世界银行业务报告问题中的公民权利传统》（巴黎：比较立法学会，2006）。另见凯瑟琳·瓦尔克，《法国应对世界银行的营商环境报告》，《法律杂志》，多伦多大学，60.2（2010），197—217 页；路易莎·安东尼奥利，《关于法律体系评估的相关文献：简短详尽指南》，《比较法与立法研究年鉴》，2012，453—485 页。

[104] 见本书第 11 篇，《如何利用社会科学》。

[105] 这些信息是从卡尔·波兰尼·莱维特的采访中得到的。对于卡尔·波普尔和卡尔·波兰尼的早期关系，见玛拉基·哈伊姆·哈克恩，卡尔·波普尔：《成长时期，1902 年至 1945 年：两次世界大战期间维也纳的政治与哲学》（剑桥：剑桥大学出版社，2002），117—120 页。

[106] 卡尔·波普尔，《开放社会及其敌人》，1 卷：《柏拉图的法术》（伦敦：劳特里奇出版社，1947），190 页，n30. 在这一点上，见汉弗莱斯词典，《历史学，经济学，人类学》，170 页。

[107] 参见本书第 11 篇《如何利用社会科学》。考虑到对特定要素的兴趣，由此"问题"的存在，在科学发展中发挥关键作用，请参阅本书第 12 篇，《政治理论》；也见卡尔·波普尔，《历史决定论的贫困》（波士顿：灯塔出版社，1957 年）。

[108] 见本书第 11 篇，《如何利用社会科学》。

[109] 同上。

[110] 同上。

[111] 同上。

[112] 同上。

[113] 同上。

[114] 同上。

[115] 同上。

[116] 同上。

[117] 作为一般了解，看一下哈贝马斯，《人性的未来思考》（剑桥：政体，2003 年）。对于特别提到尊严范式的兴起，参见斯特凡诺·罗多达，《拥有人的权利》（罗马：拉泰尔扎出版社，2012），特别是 179 页之后。

[118] 见本书第 1 篇，《对于一个新西方》。

第一部分

经济、技术与自由问题

第1篇　对于一个新西方 [1]

　　我们中的许多人还记得第一次世界大战，它唤醒了我们这一代人去正视这样一个事实，历史并没有简单地成为过去，我们曾相信的那个关于百年和平的轻率哲学仍在，一有机会它就会重新启动。

　　我将努力唤醒我们目睹的情景，并评估我们的挫折。伟大的胜利和严重的失望已经同步呈现。然而，并不是我们的经验、成就和疏漏之间的平衡出现了问题；我也不是想另起一章或叫一个暂停。是时候去关注一个历史性巨变了。

　　有迹象表明，当西方与整个世界相遇时便出现文化荒芜。重要的并不是它在科学或艺术领域的成就，这些仅仅繁荣过一时，而是被所有人类所评估的思想和生命价值的权重。西方的物质和科技产品已经被新兴的民族国家贪婪地消耗掉了，但我们从不掩饰对它们自我设定解释的鄙夷。西方，这个文化实体，其思想家和作家们就像传统的交通工具一样，不再有人听它的话；然而这并不是因为存在一个不友好的大众，就像我们说服自己相信的那样，而是因为它已经没有什么可以对大众说的了。我们也必须直面这个事实，即使它一语道破了我们文明的本质和突变的局面，就如它现在这样揭示自己，在这样的局面下，我们的终极信念必将再次证明自己的存在，并且不会中断。

因为这不是一篇理论性的专题论文，我仅把自己想象成在对事件开幕场景记忆犹新的公众发表演讲。

1917 年的俄国革命显然延续的是从其东边而来的 1789 年的法国大革命。它砸烂了专制，给农民以土地，解放了被压迫的各民族，而且承诺将摆脱工业化体系之剥削弊病。在它的英雄时代，苏联的社会主义得到了西方作家和艺术家们无私的热情支持。他们在讴歌捍卫自由、民主和社会主义的史诗中亮出的肌肉、抵御异教日耳曼法西斯的热潮。希特勒对布尔什维克和犹太人的迫害，是反基督教普世主义及其在工业化进程中的衍生物的最后尝试。其从根本上彻底地冲击了传统价值观，创造了一个现代西方。于是，它的强势还跨越了文明世界，传播到了亚洲内部和热带非洲的部落社区——作为政治式西方的国家及其盟友，即昨天还是乞丐的苏联人民，因为战胜了日耳曼而在道德上获得了优势和胜利。但无论是对资本主义市场体系的漠视，还是对社会主义伦理基础上社会责任的关注，俄国经济生活水平的提升也未能阻止人类的退化。法西斯主义的失败几乎被斯大林的罪行逆转。幻灭的西方失去了往日的状态、形象和自信。在大陆权力的交接与平衡努力中会不断勾起第三次世界大战的幽灵。由德国和日本出局导致的半个地球的权力真空，引发了充满敌意的美国和俄罗斯关系——

隔着一个大洋的两大世界强国对立——必然是对和平的永久威胁。广岛原子弹爆炸使那种空间威胁无限增大了。俄罗斯军队在数量上绝对超过欧亚大陆，是华盛顿的噩梦。蒋介石被毛泽东打败，更是让美国受到重创和损失了财产。英国在近东和巴尔干感到了威胁。西方现在已经成为一个特定的政治权力团体。对苏维埃俄国的原子弹攻击成为可能。就连伯特兰·罗素都主张可以发动先发制人的战争。西方的思想家、作家和艺术家，当被剥夺了属于他们的物质财富之后，也对眼前的现实视而不见。亚洲出现了大量的民族解放运动——它们是美国、法国和俄国革命的连锁反应——被误读成了共产主义的漫延。政府官员为了制定政策而不断自我宣传，宣传他们制定的政策——这些政府官员自己不过是历史车轮上的一个个齿轮——的唯一功能，就是让现在西方的知识分子感到自信和向往。然而，真正创造力缺乏的根源，是因为整个世界中的生活条件存在着一个真正的变局。

当尘埃落定，道德领域令人畏惧的功能才终于呈现。不是冷战，也不是在亚洲出现的内战，蘑菇云是无法形容的危险象征，象征我们自身文明根源上所具有的破坏力。人类正开始掌握发展的实质并运用它影响现实的伟力。

工业革命是人类历史上的一个分水岭。三股力量——技术、经济组织和科学，在该序列中——每个力量的出身都是独立和平庸的，约一百多年前，这三力合成后就像一个巨大的社会漩涡，不可抗拒地迅猛席卷进一批又一批成千上万的人。这个装置仅仅是个开始，一个趋于市场的有意组织运动紧接其后；科学——即使将近一个世纪过去了，但它具有的爆炸性效果——却是最后加入的。接下来，这三股力量都开始加速：技术与科学建立了伙伴关系，经济组织更是擅长利用机会，迫使生产的效率原则（计划经济和市场经济都一样）达到令人眩晕的高度。西方文化渐渐就成了科学、技术和经济组织，它们相辅相成、肆无忌惮，共同塑造了现代西方人的生活。它们（科学、技术以及经济组织）对于进步意愿的从属是人性化的，它们对于个性完善的从属是自由的，这些已经成为生存的必需品。在西方，人们用它们来管教自己的孩子。对社会学家来说，核裂变、原子弹、亚洲的革命似乎都是不相关的领域：分别属于科学、技术和政治。实际上它们是在工业文明的发展中同步共进的。进步可能是地理的、理论的、实践的。进步的方向虽然多元，推进进步的意向却是相同的。对于西方来说，他们代表了一个问题：如何找到负责任的、具有创意的答案，去回应其过去犯下的大错。

　　文化西方的任务与一个新大陆的重生相互作用。工业化对亚洲而言不是绝对的；它是根据预定计划完成的。这些预定意味着什么，只有时间才能给出答案。我们这个世界正在走工业、科学和经济主义道路，西方为此道路负责。我们成了众矢之的。此外，西方思想的领导者仍纠结于权力政治，他们是冷战及其思想暴力扭曲的道德受害者。他们迷路了，在美国，资本主义成了民主的代名词；在英国和法国，国家地位竟与殖民地的资产相关。在对希特勒的长期战斗中获得的西方精神的优势，也已在支撑腐朽过去的进程中被无望地浪费。

伴随我们成长的观点已经瓦解。普遍主义假定我们认同这广阔的世界，即普世的世界（oikoumenē，普世或整个有人居住的世界）。但这个想法被科技文明征服了，这一点是出人意料的，产生了独立的和分离的文化，所有都是产业化的，不仅有资本主义与社会主义之轴的不同，也存在其他维度上的差异，其中的一些是基于不可比较的核心价值。看透和记住西方所处的位置，是必须完成的任务。一个受限制的、降级的西方既是一个集权和激进的系统，也是一个调和与宽容的西方。它是工业社会的起源，也是其衍生物，它是这样一个社会中的平等家庭成员。它是前工业化时期普遍主义的一个支脉，也是后工业化时代普遍主义的第一个代表。它是早期幻想的结果，也是后来被作为独特性而认可的结果。它经历了自由不受限制的自由主义乌托邦，也经历了普遍制度主义（general regulationism）的粗浅乌托邦。它曾探索过威权主义和自由放任，传统主义和反传统主义，阶级精英和暴民统治。它曾经历过一般规律的方法论发现和历史特殊性发现，经验和现象，逻辑实证主义和象征主义，托马斯主义和存在主义。其他文化也有一样的经历，但都不是以相同的方式。西方普世主义——这是犹太基督教的遗产——主张追求普遍有效的生活方式。当西方国家变成了一个工业文明的承载之后，它具有大量的特定内容。工业文明无论是通过资本主义还是通过社会主义，很快就涵盖了几乎一半的地球。我们差不多是在为剩下的人思考。这些思考不是对话，也不是一个充满活力的独白。由于没有答案，我们继续自己的思路——不可持续，但也未被否定。没有人可以居高不下、发号施令或强迫我们去听从。这仅仅是因为我们没有合作伙伴。

第2篇　经济学与塑造我们社会命运的自由 [2]

对经济决定论的教条式信念的各种表现形式，已经成为阻碍人类心灵进步的主要障碍。总体看来其悲剧性结果是这样的：

所有会思考的人都认识到人类今天的生存环境是不稳定的。人不是一个简单的存在，他可能以多种方式死亡。战争或不战，人，为了守卫我们的物质和精神堡垒，珍惜我们的人性，但他们在未来自己创造的技术环境中，可能无法自立。莫斯科审判、奥斯威辛、广岛就是征兆。

由于不断加剧的人造环境不能——确实也不应该——用自由意志来取舍，我们就都必须学会满足生存环境的需求来适应生活。于是，在一个机械文明的环境中，我们必须面对如何重建生活的意义及其完整性的问题。但是，无论我们从什么层面来面对这些问题——不管是从文化统一性和平衡情绪的角度，还是仅从民族生存的角度——调整都意味着要实现社会正义的要求，并把它作为一种自觉追求的人之目的。而疑问正在于这里，因为在各种追求有意义生活的先决条件中，保卫良心的自由是首当其冲的——良心自由不可能不受到所有其他需求的影响，也不能破坏其他需求。然而，正义似乎遥不可及，除非以自由为代价，这也是因为那些似乎根植于经济学的原因。因此，放任价格似乎就是我们要为自由付出的代价。对于我们珍惜的自由——这一点无法否认——只能成长于我们国家经济的空隙，并且必须（仍在争论）随着经济而消失。在这一点与刚性、不祥的经济决定论（我们越来越多地遇到）背后，拥有着人们愈来愈坚定的信念，不仅是相信经济在当今世界的绝对领导角色，而且还相信它对一般人类历史的决定作用。

我认为，要认清楚我们的总体环境包含一个基本的真理和一个激进的谬误。公正地说，我们的生活机制目前确实被生活中的经济方面所决定，但错误的是，我们把这个事实归因于经济中某些内在和永久的品质。

我们所生存的社会与部落、祖先或封建社会不同，我们的社会是一个市场社会。市场的制度（institution）成为我们今天社区的基本组织。血缘关系、祖先崇拜或封建效忠都被替换成了市场的关系。这样的事态是新的，一个制度化的供求价格机制——市场——从来都只是丰富社会生活的一个从属功能。与今天的情况相反，那些被发现的经济系统的元素，作为一项规则，曾被嵌入在经济关系之中，如亲属、宗教或个人魅力等。人们参与经济机构的动机本身并不是"经济"，即他们不会害怕如果不参与，就会因此没有生活的必需品。完全出于个人可能饥饿的担心，使得人们打猎、捕捞、耕种或收割，这不符合大多数社会的情况——实际上，只有古典自由放任社会，或我们正以之为蓝本的市场社会。

19世纪以前的社会，从未出现过通过市场体系来生产和组织，来决定如何获得物质商品和如何进行服务的分配。这个惊人的创新工作的完成，是通过产品、劳动力和土地的三要素被纳入市场体系。劳动力和土地都被当做了商品；也就是说，它们被当作了可以生产和销售的产品。当然，它们实际上不是商品，因为它们既不是被生产的（如土地），或即便它们是，也不是用来出售的（如劳动力）。

如果我们还记得劳动力的另一个说法就是人，那么看这个劳动力变商品问题、看土地之本质的视角，就可能真正地更进一步。对这类商品的想象，显然把人的命运及本质交给了一个自动运行的体系，让人在其机械凹槽和自己管辖的法律中运作。

市场经济由此创造了一个新的社会类型。经济或生产系统被委托给了一个自动运行装置。一个机械性质的机制就开始在人类日常活动中控制自然和人类资源。

就这样，一种"经济领域"应运而生，它与社会中的其他机制截然分开。因为如果没有正常运作的生产设备，没有一个人类族群将能够生存下去，这就使得社会的其他领域都不得不成为经济领域的附属物。不仅如此，这个自动运作的经济领域是用机械性的方式控制运作的。其结果是，该控制机制成为决定人类社会整体和日常生活的东西。难怪今天人类积累的经济财富达到了人类之前从未有过的程度。如今，"经济动机"在其自身世界中是凌驾于一切之上的，在灭绝的惩罚下，个人被迫依其行事。事实上，人从来不像经济理论所要求的那么自私。虽然市场机制让人依赖物质产品、让人的经济动机必须被放在首位，但还从未让人把工作视为生活的唯一动机。仅仅被经济学家和功利性的道德学家等告诫是没有用的，在商业中，除了物质动机，对其他所有动机的劝说都会被大打折扣。经过仔细的调研，我们发现人们活动的动机是"混合"的，不排除那些对自己和对他人的责任——也许人们甚至会暗自享受他的工作本身。

但是，我们在这里关心的不是实际动机，而是假定动机。关于人的本质的看法并不是建立在心理学上的，而是建立在日常生活[3]的意识形态之上的。因此，饥饿和获取就被单独地挑选出来作为"经济动机"，人被假定是为饥饿和获取而行动，而他的其他动机便远离单调的存在、具有更多的优雅。如荣誉和骄傲、公民义务和道义责任，甚至是自尊和普通的廉耻，都被简单地总结为"理想的"、无关生产的。因此，人被认为是由两部分组成：一方面可归类为饥饿与获取，另一方面则是荣誉与权力。一面是"物质的"，另一面是"理想的"；一面是"经济的"，另一面是"非经济的"；一面是"理性的"，另一面是"非理性的"。功利主义哲学家竟然就用二元对立的一组概念，赋予了"经济"合理性的光环。因此那些拒绝想象自己是仅为增益而活着的人，不仅是不道德的，而且是精神失常的。

如此事态所引发的人与社会关系的图景是这样的：

至于人类，我们被迫去接受这样的理念，即人类的动机是"物质的"和"理想的"，而且，日常生活的主要刺激便是来源于"物质的"动机。

至于社会，社会亲属原则是这样制定的，即它的机制是由经济体制"决定"的。

在市场经济下，这两种说法当然都是对的。**但只是在这样的市场经济下**，若考虑到过去，这只是一个时代的错误；考虑到未来，这仅是一个偏见。这个一切源于"经济动机"的新世界，建基于一个谬误。从根本上讲，饥饿和收益并不比爱或恨、骄傲或偏见更"经济"。没有人类的纯粹经济动机。从来不存在纯粹单一体验这种事情——从这个方面来说，人可能会有宗教、美学或性的体验，这些体验都会引发动机，大致都是要唤起相似的经历。讨论到物质的生产，这些术语就缺乏不言而喻的意义了。

决定所有的社会生活的经济因素，并没有像地心引力的普遍规律一样，对人产生特定的激励。

确实，如果我们不吃饭，我们就会饿死，就如同我们在落石的重压下，肯定会被压碎。但是饥饿的痛苦不是一个人承受的，而是一个集体的事情。如果一个人饿了，那么他没有什么特定该做的事情。如果被逼到绝处，他可能会去抢劫或偷窃，但这样的行为很难被称为生产力。人——作为政治的动物，他的一切并不都是自然本性所赋予的，而是由社会环境所决定的。19世纪的人把饥饿和增益看作"经济"，这一情况只不过是市场经济下高度人为和蓄意组织的产物。

但是，市场机制也创造了作为普遍规律的经济决定论的妄想。

同样，在市场经济条件下这样的决定论确有好处。事实上，经济系统的运行在这里不仅会"影响"其他社会元素，而且还决定了它们。这就像是一个三角形关系，边长不仅影响角度，而且决定角度。

对社会中的阶级进行分层。劳动力市场的供给与需求与人格化的工人与雇主的阶级是一样的。资本家、地主、佃户、商人、经纪人、专业人士等社会阶层，通过对土地、资金、资本相应的市场进行界定，通过其用途，或通过是否为之提供各种服务。因为这些阶层的收入是由市场决定的，他们的等级和地位都取决于人们的收入。

社会阶层是被市场直接决定的，而其他机构也间接地由市场机制决定了。国家和政府的形式、婚姻和孩子的养育、科学组织和教育、宗教和艺术、专业的选择、居住地和定居点的选择、私人生活的特殊美学，都必须遵从功利模式，或至少不会干扰市场的工作机制，所有的生计都开始依赖于市场。几乎不可能避免的一个错误结论就是，"经济"人就是"真实"的人，所以经济体系就是一个"真实"的社会。

市场机制的紧缩，会被错误地归咎于经济动机的强弱。其实这两者之间没有什么联系。不论个人以何种动机参与市场，市场除了严厉的淘汰机制，它什么都不知道。供给需求——价格体系的运行方式也一样，无论个人动机是强还是弱、理性或非理性，是功利的、政治的或者宗教的。19世纪思想家发现的经济决定论，只不过是看到了市场有一个不可避免的选择机制，无论这是否契合经济系统 [4]——换句话说，无论商品在市场上的交易是真实的还是虚拟的。经济决定论作为一种社会现象是与市场有联系边界的，在这个关系之外，经济只存在于一个朦胧的形式中。

经济决定论的基础就是虚假的。经济因素影响社会的过程有无数种方式（反之亦然），除非市场制度的影响超过了限制。无论是社会学还是历史学，都不会和这个命题相矛盾。人类学家已经正确地否认了一个观点，那就是强调文化是依赖于技术的，甚至是经济的，或是组织的。相反，已经发现的是：合作或竞争的不同态度在不同的社会中都被赋予了几乎相同的工具和非常相似的经济环境。比起合作或竞争态度的强势，还有什么比整个文化和社区道德氛围更重要的？比起团结和自信原则的区别，还有什么比更深入地证明人类理想遗产实质更重要的？但是，即使是如此极端的意识形态分歧，都是不受经济因素影响的。

我主张现在的自由制度，不过是有说服力的原则性表达，比如合作与竞争，除非能拿出相反证明，它们就应被视为独立于经济、技术和组织方面的问题。自由会找到自己的机制性表达，去奖励人格、诚信、个性和不墨守成规。自由的机构取决于对公民自由的估值。而且，正如约翰·斯图亚特·穆勒所说，贸易的组织，无论是公共组织或私人组织，并不是他所说的个人自由问题。包含在贸易和商业组织中的自由，极少涉及良心自由的价值和对其的体制保障。后者是一个社会的整体文化问题，并且其中的重点在于，这样的文化不是由经济因素决定的。

并不是经济学家，而是道德家和哲学家决定了我们认为什么样的社会是我们想要的。工业社会在物质丰富上是一样的，那就是物质福利越多越好。如果确是如此，那么它应更能维护正义和自由、更能重建作为一个整体的生活的意义。我们应该呼吁牺牲一点生产效率、消费经济或管理中的合理性，工业文明应该能负担得起这点牺牲。研究经济的历史学者应该对今天的哲学家说：
我们有能力做到既公正又自由。

第3篇　经济史与自由问题 [5]

我一直要求讨论的这个问题似乎是清晰和简单的。**自由的问题**
在于我们如何能在一个不断变化的世界中保持自由之遗产。但说
到"变化的世界"，你就会陷入来自左翼和右翼的恐慌和游移——
尤其是来自左翼和右翼的、光明和黑暗的孩子们是同等的无助（因
为我恐怕他们是无法区分的）；实际上，有时人们会希望区分清楚
哪个是哪个。

我说的自由，意思是保障自由的具体制度，公民自由——**众
多的自由**（复数）——指遵循个人良知和拥有个人信念的能力：能
够辨别是非、坚持己见。虽然是属于一个社区的少数成员，但却
是社区中的荣誉成员，扮演一个重要的组成部分的自由。这是遵
循再洗礼派教徒式的自由，他们之后是贵格会教徒，是所谓的"内
部之光"，或者，用政治理论术语说，就是在约翰·斯图亚特·密尔
时期实现的、拥有无价的安全感。

我承认，有可能出现国家安全与公民自由的两难。忽略这个
两难，是把头埋进沙子的驼鸟。然而，它也不需要被证明是对自
由的致命问题，如果解决的精神，在超越性的政治自由原则和在
现实的环境上，都同时是开放的。

　　另外，我也欣然承认，自由权不是指命令同伴劳动的权利，去获得与之收益不相称的、过多的社区服务权利，或是阻止技术发明被公共利益利用的权利，或是指能自由地从公共灾难中获得更多私人利润的权利。如果这类自由会消失，那是最好的。虽然约翰·斯图亚特·穆勒曾经是自由经济深信不疑的拥护者，他也拒绝保护私人交易或民营企业、拒绝这些事是个人自由问题，因为它们与作为基本价值观、心态和良心的自由观念无关。

　　让我重申我的第一个声明。自由的问题，就是我们要在一个变化的世界中保持我们继承自由之遗产的能力问题。因为有人认为**变革必须破坏自由的制度**。人们的争论有两个不同的关键点，用弥尔顿的语言来讲就是：或者是撒旦的，或者是天使军团的。

　　撒旦认为："别担心，勇往直前；自由制度是资产阶级的欺诈，变革将**不可避免地**废除这些资产阶级意识形态。"

　　另一方则回应说，变革将会破坏自由，他们的结论相反："住手！不要试图改革资本主义，因为如果你干涉企业的自由，你就**会不可避免地**失去自由。"

　　马克思主义决定论和天使军团的自由市场决定论，在这二者之中我们会发现自己都是两种必然性的受害者：马克思主义的必然性，有时几乎是在得意扬扬地宣告失去自由的必然性，除非我们对现状、不变与一定的破坏保持顺从；自由放任经济决定论，其强调的恰恰是在变幻莫测世界的致命不变性，符合自由贸易的优先性，其考虑的威胁（可能）是，否则就是不可避免的农奴制。在我的信念中，这些仅仅是经济决定论的两种不同形式的信条——19世纪唯物主义的遗产——是经济史不能证实的信条。

马克思主义经济决定论是基于社会发展的某种铁路列车时刻表：奴隶社会之后是封建主义，封建主义之后是资本主义，资本主义之后是社会主义。意识形态就这么平行地更替——一种奥古斯特·孔德式的神学的、形而上学的、实证科学的时间表，一切都是被预先决定好的——包括意识形态化、制度化或没有意识形态和制度。从长远来看，**社会运行的经济基础**，即技术被加进生产条件，也就是财产制度，两者都被纳入了让思想和价值制度化了的上层建筑中。灌溉技术不仅生产了奴隶主社会，而且这样的社会也必然最终产生对偶像的迷信与崇拜；小型磨粉机不仅生产了封建社会，而且这样的社会也必然最终产生一种教堂宗教；蒸汽发动机不仅生产了资产阶级社会，而且这样的社会必然也最终产生自由、平等、博爱的思想；电力更不用说核子时代，必须制造出社会主义，其间自由、平等、博爱这些主导的意识形态再次消失，并会被辩证唯物主义取代。

现在，所有的这些都含有一个基本的真理。技术和生态决定性地限定了人类社会的基本结构，同时可能深刻地影响它的意识形态。但是，只有在自由市场环境下，经济因素才不仅会限制文化，而且会**决定**文化。只有这一点上，经济才能**决定**社会的形状和形式。经济决定论在这里仿佛是一个巨大事实。但是，**只有在这种情况下**，作为一个对更早时期的情况说明，它就是一个纯粹的时代误解；但作为一种对未来的预测，它不过是一个偏见。

"马克思主义"以及自由经济，反映的是19世纪的社会条件。

市场经济是通过市场建立的经济组织，即通过供需价格机制建立的经济组织。在这种条件下，从理论上讲，除非他从市场上购买商品，通过在市场上销售产品获得收入，否则无人能生存。但是，是什么让市场经济有了自律的特性，这源头活水来自生产要素、劳动力和土地进入市场系统。过去还从没有一个社会允许自己的劳动力和土地的命运由一个供需价格机制来控制。一旦出现这种情况，社会就被经济决定了。为什么？因为劳动力只是人的代名词，而土地是自然的代名词。市场经济把人和他的自然属性都交付给了盲目的市场机构，它让人的工作被运转在经济的凹槽中，并按照其自身的规律行事。难怪在被经济机制控制的社会中，会出现经济决定论的景象。这曾是一幅现实的景象。

但是，正如经济历史学家必然会指出的：这不过是独特的现实。通常情况下，经济因素只是人类历史上的一个限制因素——当然，没有哪个强大的海军队伍不是在有海岸的国家中发展出来的，也没有人能够在热带水域中捕猎到北极熊。但文化的模式，这里强调的是在社会中占主导的文化，既不是被技术决定的，也不是由地理因素决定的。一个民族在日常生活中发展出了或者合作、或者竞争的生活态度，这个民族在使用技术的时候更愿意是以个人主义还是集体主义的方式，在许多情况下，这些文化模式，与生产手段的功利逻辑是明显无关的，甚至和共同体的实际基本经济体制是无关的。正是对于这份相同的生产技术和职业，一组人是以对抗性的竞争精神在工作，而另一组人则会更喜欢在非竞争的相互和谐的工作氛围中进行。现代的文化人类学家像玛格丽特·米德、弗勒或图恩瓦尔德的著作，都清楚地说明了这一切。然而，正是作为一般法则的经济决定论中存在这样的一个错误信念使得许多马克思主义者——据我所知，不包括马克思本人——才会预言我们的个人自由必然会与企业的自由制度一起存亡。实际上，无论怎样这都是不必要的。强调自由、个性、心灵上的独立性，强调良心上的容忍和良心，恰恰一方面是与追求合作、和谐的态度相似，另一方面则也是有对抗争和竞争性态度的——这是一个普遍的、允许有多元思想表达的、受习俗和法律保护的多样性，它是被制度化的，但也主要依赖独立的技术甚至是独立经济组织的。在私营企业，公众舆论很可能会失去它宽容和自由的全部意义，在战争经济最严格的监管下，一个自由的公共舆论的威力，在英国和美国比以往任何时候都更强大。

但是，今天这种自我同一决定理论（self-same determinism）与另一个要点一起重新出现。足够讽刺的是，它们还通常把自己想象成是在进行反马克思主义宣传。我们被好心人警告说，除非我们坚持市场体系的 19 世纪形式，这更符合市场经济原理，否则我们就一定会失去自由。[6]

德国和俄罗斯的计划经济肯定是与公民完全没有自由的社会相伴的。但哪来证据可以证明在德国，或在撤销了新宪法的俄罗斯，曾有过制度化的自由？有意或无意地，自由放任观点的关键在于，它被指控造成了就业选择自由的缺乏。而更可靠的调查表明，在实践中，无论是在德国还是俄罗斯，都**根本**没有过就业的个人自由。政治的不容忍和严格控制的政治都完全是一种宣传，再辅之以政治和行政管理的方法。然而，警察方法适用于任何警察国家，自由放任经济则不一定，即那条关键的纽带是缺失的。要么以最近的事态发展为例：是否有任何证据表明，相对于1932—1945 年，1946—1948 年美国经济相对自由的时期，公民的自由标准提高了吗？大家都知道，情况恰恰相反；但是——再一次但是——很多与经济政策无关的原因，都是与更普遍的因素直接相关的。或者，最后看一下英格兰：根据自由放任的标准，英国花了很长时间才通过了与农奴制分离的自由。政府有正式的、关于就业方向的绝对权力，并在极少数情况下，曾经使用过它们。但英国是否已不再是世界上的公民自由的标准了？

但是新的格言是否比老格言有更多的真理？是的，更欣赏良知自由、言论自由、宗教自由、结社自由等，它们与市场体系的扩大一同被制度化了。是的，激进的权利、多元宗教的权利、少数民族的权利，随着时间流逝都日益得到制度性保障。主要的争议是，这些自由将会必然地、不可避免地同这个时期经济结构一起再次消失。一些具有良好意愿的诚信之人强烈地持有这种观点，其中之一就是哈耶克教授。

这些悲观的预言源于市场经济的发端时期。相比过去，它们在今天也仍是不真实的。有预言说在私有制经济体系下，如果我们不拥有民主，我们才拥有自由，民主的资本主义或者会被暴徒破坏，或者失去自由地生存，也就是说，被独裁者统治。没有比这更确定的了，同时也没有比这更不真实的了。麦考利勋爵强烈持有这种观点，他的意见是典型的辉格党代表——也是具有独特阶级意识的英国贵族的一种开明想法。

我请求大家阅读他在 1857 年写给一位住在纽约的美国朋友的一封信，他写道：尊敬的 H.E. 兰德尔：在对经济偏见的预言中，到底有多少真相，你为自己预判一下吧！

你可能感到惊讶，我没有给予杰弗逊先生高度评价，我会对你的惊讶表示惊喜。我敢肯定我从来没有介入过议会，在议会会议上，或竞选演讲台上，也就是时尚地面对大众的地方，我从来没有表达过观点，认为一个国家的最高权力机构应该委托给上层所说的广大市民；换言之，应该委托给社会最贫穷和最无知的一部分人。我长期以来一直相信，纯粹民主的制度，或迟或早，要么破坏自由，要么破坏文明，或者两者都破坏。

在欧洲，由于人口密集，这些民主制度的影响几乎瞬间完成。以最近在法国发生的事情为例。1848 年那里建立了一个纯粹的民主制度。在很短的时间那里就曾有充分理由去面对一场普遍掠夺，一个国家破产，一个对土地的重新划分，一个最高价格，一个毁灭性的税收重负被放在了富人头上，目的是要帮助大量的失业穷人。20 年以来，这样的系统让法国变得像卡洛林王朝时期那个既贫穷又野蛮的法国。令人高兴的是，危险被避免了，并且，现在那里有了专制主义，有了禁声的讲坛，有了被奴役的新闻；自由没有了，但文明被拯救了下来。我一点都不怀疑，如果我们有一个纯粹的民主政府，其作用会是一模一样的。或者是穷人掠夺富人，那么文明将灭亡；或是秩序和财产将转手给一个强有力的军政府，那么自由将会灭亡。

你可能认为你的国家享有避免这些罪恶的优势。我会坦率地向你承认，我很不同意。你的命运我认为是肯定的，虽然它因为物理的原因会推迟一点到来。只要你有无限的、肥沃而又空置的土地，你的劳动人口就比劳动人口密集的旧世界更让人放心；在这样的情况下，杰弗逊的政策仍可能继续，而不会造成任何致命的灾害。但这一天总会到来，新英格兰地区会被古老英国的人民住满。工资会很低，并且出现波动，如同我们的波动一样。你将有你的曼彻斯特和伯明翰。成千上万的工匠将肯定有时会失业。然后，你的机构将会迎接公平的考验。危难无处不在，让劳动者哗变和不满，他们会倾向于急切地听从挑拨者的言论，说这是一个可怕的罪孽，一个人居然有一百万，而另一个人却正在挨饿。在坏年景里，这边有很多牢骚，那边有一个小骚乱。但关系不大，因为这里的受苦人不是统治者。至高无上的权力是在一个阶级手中，的确数量也不小，而那是受过教育的一类，被选择过，这些人有自知之明，对自身的财产安全和维持秩序很有兴趣。因此，不满者终于被适当管制。不好的年景会过去，也没有抢劫富人以减轻贫困。让国家繁荣的运作即将再次启动：工作充足，工资上涨，一切都宁静与快乐。

我已经看到过英格兰有三或四次渡过了如我所描述的这些危险。美国如果不是在这个世纪就是在下一个世纪的发展过程中会经历这样的时刻，你们怎么会顺利经过呢？我衷心祝愿你们有一个很好的解脱，但我的理由和我的愿望在打仗，我控制不住去预想最坏的结果。很简单，你们的政府将永远无法控制一个痛苦和不满居多的大多数。对于你们这些主流人群来说，既拥有政府，又是富有者，他们总是少数，永远需要你们怜悯。然后这一天就会到来，在纽约州，一大群人，没有一个人已经拥有一半早餐或预计将有一半晚餐，他们会选择议会。是否有可能去怀疑怎样的议会会被他们选择？一边是某政治家的耐心说教，尊重既得权利，为了公众信心而会严格遵守，另一边则是某煽动者怒斥着资本家和高利贷者的暴政，要求回答说，为什么有人应该喝着香槟酒、坐在马车上，而成千上万诚实的人都只能想要一些生活必需品？对于一个听到他的孩子正为要一个面包而哭泣的工人来说，他会更倾向于哪位候选人呢？

　　我特别担心，你们会在我刚才所说的那种逆境中做的事情，它们将阻止繁荣的重现；你们会像一个物质短缺年代的人一样，吞噬一切玉米种子，导致第二年不仅仍是短缺，而且是极端的绝望。苦难会导致新的掠夺。你们什么也没有留下。你们的情况是，所有的人是帆，却没有锚。正如我之前所说的，当社会已经进入这个向下的滑步，无论是文明还是自由，都必然灭亡。无论出现恺撒还是拿破仑，都将一把抓住政权，或者，你的共和国将在20世纪像5世纪的罗马帝国那样，被野蛮人掠夺，变成荒蛮之地。所谓的不同，就是匈奴和汪达尔人从外部进犯破坏了罗马帝国，然后你的匈奴和破坏者将生活在你的国家，通过你自己的机构，发动掠夺。

想到这些，当然，我不能说杰弗逊先生是人类的恩人。[7]

最后，我可以总结说：美国仍然在那里。她是一个民主国家，并没有失去她的自由和繁荣。我坚定地相信，再过一个世纪，一个改革后的美国经济，稳定、公正和繁荣，将会是对麦考利的答复：论其解放和自由，这个民族比以往任何时候都更强大。

第4篇　经济思想新境界 [8]

让我们的社会生活因为我们已经接受的技术而做调整，这个需要的出现已经成为我们必须面对的紧迫问题……[9]

在生活领域中，必须进行调整的当然是经济。广义地说，这意味着什么呢？经济科学对我们的问题又有什么新的启发呢？这是一个问题。

让我们重复一下日常生活之经济氛围的具体定义："也就是指我们能确保自己肯定有生活的必需品。"由此可见，只要我们中的一些人有特定的时间仍觉得缺乏生活必需品，这是对我们大多数人、在人部分时间，就仍是一个好似正确的问题吗？那么美国的工业巨头每年赚钱成千上万，而我们的生产水平也是因为他们的努力。做这些努力难道实际上就是这样的恐惧，即如果不这样，他们就会饿死吗？如果不这样，那么他们的恐惧，甚至还是让他们获得有巨额收入之成就的一种特点吗？

　　根本就不是这么一回事。在南海的特罗布里恩群岛，正常生长的野生山药是人们需要的两倍，所以人们就允许一部分山药自然地腐烂掉。他们经济生活中的标准是自然物质很丰富，而根据我们的标准，我们的生活则被短缺包围。若按照他们的标准，我们的经济生活被丰富的资源所包围，但是就短缺而言，我们冻结了自己的经济生活。这就是为什么我们能够接受百万富翁也有饥饿恐惧的这种故事。

　　但故事背后的真相是，原则上，一个人必须或挣工资或赚取利润，否则，他就没有收入，他又怎么能肯定为自己提供生活必需品呢？

　　我们社会的组织方式就是确保每个人都可以尝试推销他所拥有的，从而从交换市场上获得收入。所有的东西因此都是这个市场系统需要的附属。业主出售他的资本或土地的使用权，工人出卖他自身劳动力的使用——他们的收入实际上都是从市场上获得的价格：资金使用的价格，是所谓利息；使用土地的价格，被称为租金；使用劳动力的价格，叫做工资。企业家因出售自己的服务而获得利益的回报——货物的成本价格与市场价格之间有差异。[10]企业家的收入也要依赖于市场。

　　正如你看到的，市场体制决定了他们的收入，收入又是由不同的市场决定的：劳动力、资本、土地，或拥有这些东西的不同市场。只有企业家没有需要他服务的直接市场，所以他必须冒险。这就是他为什么倾向于从大规模的产业中消失，而由经理替代，让经理获得他安全的工资。

我不打算进一步深谈我们经济的本质。我是要表明，我们理所当然地认为我们的市场经济在呼吁我们所说的"经济动机"，也就是说，我们的市场动机是恐惧饥饿和渴望增益。

但是，通过调动饥饿和增益的"经济动机"难道我们不是在预先判断生活中所有的经济领域调整的可能性吗？让我们反思一下这之中的重点。

从某种意义上说，答案一定是肯定的。由于市场经济负责物质产品的生产和分配，饥饿和增益（如我们对它们的定义）能确保市场系统的运作，因此称它们为经济动机是合理的，因为它们碰巧就是经济体系运作所依赖的动机。

但它们的经济还有任何其他意义吗？它们本质上就是经济吗？审美动机或宗教动机是审美的或宗教的，但那是因为不言而喻的品质体验和表达吗？一点也不。饥饿与经济没有什么关系：如果一个人饿了，他没有什么特定的事情要去做，感到饥饿肯定不是如何去生产的指示。饥饿有可能诱使他实施抢劫，但那并不是经济活动。大脑中驱使人类去获得的动力也不特别隶属于经济活动。抢劫的想法，也许是一种冲动，如果存在，那么它与物质产品的生产与分配无关，除非这样的连接可以通过一些复杂的经济机制提供——这将是需要质疑的问题。

这一点非常关键。除非我们看清楚，我们必须假设一个经济体系必然在众多经济动机的作用下运行——是指那些有内在经济性质的动机，就像我们不加批判地就假定饥饿和增益是动机。

缩小我们的行动自由，没有比这更糟和更不科学的了。把我们的经济体系进行调整以适应技术和公正，这是无法解决的。

更正确的说法是，市场经济建立之前，没有任何时期，人们对饥饿的畏惧成为他们从事生产的动机。社区作为一个整体可能——并且通常是——持续地关注食品，但这种关注不是以关注个人所得的形式进行个别传递的，即传递他在共同猎捕、耕作和收获活动的参与中获取的部分。原始社会的制度性保障帮助了作为个体的人们去对抗饥饿恐惧，也让他们有了在经济领域采取行动的动机。中世纪也是如此，的确，重商主义系统甚至也是这样的。目前的趋势是避免我们所说的经济激励。这并不意味着社会股息和股票数量之间的联系是可以被切断的——这显然是不可能的。分配不能超过可用于分配的东西，而且在许多经济机构，一个人可能获得的多少取决于他的努力是多少。但是，这不是问题的关键。一个人对饥饿的恐惧与对富裕或不那么富裕的理解是完全不同的两码事，在比现在更贫穷的社会里，缺少的正是饥饿的鞭子。

在交易中受益的动机更加真实。或者也非完全不存在，或者，只要它存在，它就会在负溢价的情况下受到排斥。当然，你的头脑里会出现许多例外。但其重要性不应该被夸大。我们倾向于用目前的眼睛看过去，而且，相比那些陌生的趋势，我们更容易识别熟悉的趋势。真正重要的是这个时代主导制度的特点，因为这些制度限制了次要制度的发展和范围。商人的存在并不意味着商业态度的主导地位，就像今天修道院的存在并不会让社会修道。目前市场的存在是一种无害的事实，并且金钱的作用，一般来说，只是一种附属特质。它并不意味着货币化的社会；经济中市场的存在，也不以任何方式涉及市场经济的存在。

现在，我们的市场经济是什么，哪种是在经济动机下运行的？谁的调整力度如此之大？是市场格局的主导力量。原始社会是基于亲属关系系统的，封建社会是基于人际的纽带，我们的社会是嵌在市场模式中的社会。

这是一个简单的规则。市场的存在本身不必包括劳动力和土地市场的存在。这两个社会存在的支柱在市场行为的庇护下无处不在。用我们的行话说，对于我们称为劳动力和土地的东西不过是人类和他的自然环境的经济学名字。它们一旦被组织进市场，人类的命运和他的栖息地的命运就都交给了市场——然后，就只有市场会成长为社会的主导机构——就像血缘关系、修道院、封建束缚和其他类型的社会模式。[11]

正式的表述应该如此[12]：市场体系变成自主和自动的了；因为，一旦生产要素、劳动力和土地拥有它们自己的市场，则资金，这种市场劳动力和土地的结合，就可以移动，从一个市场流向另一个市场，只为了考量利润的单一目标。这就是我们所说的自调节的市场系统，即包括劳动力和土地自由市场的市场体系。

现在，显然，这种把人类交付给它的社会去予以破坏的系统已经不能再存在了。在盲目的磨坊机器中，人类会灭亡，大自然也将归于尘土——巴别塔会自毁其身。

自然，这种经济自动调节状况从未实际存在（虽然一些经济理论家仍然假定它是实践性政治的实在依据）。市场格局主导地位的上升，是伴随着一些相反方向活动的，它保护的是人类社会的物质方面——人与自然，对抗的是磨坊工厂式的邪恶工作方式。尤其是劳动力和土地从未完全被它摆布，而不幸的是我们的心灵和思想却被它控制——确实只能如此——暴露在经济主义偏见的粉状"萨姆"（samum"毒风"）中。无论机制是如何的极端，都会至少遭遇制度性的反作用力，在一定程度上保护社会；但在哲学和宗教思想领域，商业化影响力始终占主导地位。因此，我们对人类形象的定位是深受经济假设影响的；我们对人的自由的观点也一样，是根据自己的理想来塑造他的世界的。

关于人类……[13]

注释：

[1] 文件 37—42，卡尔·波兰尼卷宗：打字稿日期是 1958 年 10 月 16 日，有笔者的手书更正。这篇文章有两个版本，即 1958 年 9 月 21 日和 1958 年 7 月 28 日；分别题为《对于一个新西方》和《新西方》。

[2] 文件 37—54，卡尔·波兰尼卷宗：未标明日期的会议论文。这件作品的某些部分也被印在《我们过时的市场心态：文明必须寻找新的思维方式》，刊登在《评论》，3（1947），109—117 页。

[3]（意大利文版—全书同）编者注：这里的原词秩序违背了德语语法："不是从心理学，而是从日常生活的意识形态，可以看到一个人的固有天性"。

[4] 编者注：原来这里有一个漏洞，由我们补充了。现在是："……市场有一个不可避免的选择机制，无论这是否契合经济系统。"

[5] 文件 35—40，卡尔·波兰尼卷宗：1949 年为研究生的公共法律和政府俱乐部讲课。

[6] 编者注：这一段被作者用铅笔删除了。

[7] 编者注：波兰尼并没有写出它的来源，这漫长的引用，或任何其他来源，

对于这个问题，因为这些是不打算发布的或会由他来修订的笔记。所有的引用信息都已提供给我们。在这种情况下，信可以在这个网站查找到：http://books.google.it/books?id=uI5DAAAAYAAJ&pg=PA86&dq=You+are+surprised+to+learn+that+I+have+not+a+high+opinion+of+Mr.+Jefferson&hl=it&sa=X&ei=TEc3U6uYNOr8ygOd24GIBA&ved=0CDQQ6AEwAA#v=onepage&q=You%20are%20surprised%20to%20learn%20that%20I%20have%20not%20a%20high%20opinion%20of%20Mr.%20Jefferson&f=false （accessed inApril 2014）.

[8] 文件 20—27，卡尔·波兰尼卷宗：未标明日期的打字稿，大概是 20 世纪 50 年代末（根据档案清单）。编者注：无法读取的手写批注。

[9] 编者注：无法辨识的手写字迹。

[10] 编者注：这里原来似乎在说，在一个压缩的形式中："产品成本与产品价格有差异"。

[11] 编者注："社会模式"是由我们提供的（看前一段）在"社会"（从上面的线以上）的地方——这不是钢笔的下划线（更可能?）或注意事项使用的简写。上下文明确指出，波兰尼不打算说，这里列出的项目是"社会"，但他可能发现很难找到让它们所有都通用的类别名称。

[12] 编者注：原来是对"前身"的修正。这一笔很有趣，人们发现在波兰尼的英文打字稿中，这是常见错误，往往不改就这样出版。有许多这样的错误——小错；整体而言，我们不在这里做出标记，因为这不是一个校对好的出版版本，所以任何对波兰尼文本有语言学研究兴趣的人，可以查询档案中的原件。

[13] 编者注：文字在这里中断。

第二部分

制度问题

第5篇　制度化分析对社会科学的贡献 [1]

经济学科的我们有时没有认识到，人类经济并不完全局限于我们自己的这个学科——甚至从学术角度讲也是如此。没有一个社会可以缺少某种经济的存在，所有社会科学都必须把"经济"放在其词汇表中。社会学家、人类学家、历史学家、政治学家、社会心理学家——他们都必须处理经济，以他们自己的方式，处理涉及人类经济的经济因素、经济动机、经济利益、经济阶层、经济情况和经济发展。因此，所有的社会科学家都会发现自己一次又一次地陷入两难、不得不下定决心搞清楚经济的意思。而且平心而论，他们认为经济学家"无所不知"，谁又能责怪他们呢？所以他们会转而求教经济学家。而且随后就是陷入灾难之中。如我们知道的，由于经济体现的是一种无止境但总体上成功的详解所有生活必需品的活动，所以如果社会科学家真的希望从这里学到些什么，如资金、资本、资本主义、投资、平衡等均值——更不用提"经济"本身，那他们势必会感到失望（顺便说一句，他们不会因为我们花费很多精力请教而**特别**高兴，因为他们会发现自己也处在一个类似的困境和条件中）。但这也还不是全部。最近，他们已经被我们的一个同事警告说，他们最好放弃所有的希望，因为，无论经济学家所定义的经济是什么，都不会也不应该让他们受益。简单地说，他们已经被坦率地告知，经济学家对经济术语的定义，从定义上来讲，对他们自己也是没有用的。埃利斯教授至少对这一点毫无疑问。"经济学"，他在任美国经济协会会长时表示，"仅与个人在**市场**上的选择和结果过程有关"。至于做出的经济学分析（尽管不是在更广义的经济理论上），埃利斯教授是极其正确的，漠视其缺陷的社会科学家们即使冒着风险也坚持其严格的**正式**或短缺经济学。这是适应某一理性逻辑的应用程序，这个理性就是处理稀缺交易手段的理性，该应用程序则是有组织的市场经济。

这一点值得详述。与我个人相关的经济史以及其他社会科学，都不能够避免处理经济问题。对于**人类学家**来说，存在的危险就是无意识地依赖经济学的偏见，而更有意识地排斥各种形式的依赖则使这个危险加倍了。这种自欺欺人是恐怖的。梅尔维尔·赫斯科维茨（Melville Herskovits）教授在他与奈特教授的争论中曾给出了一个实例：赫斯科维茨，作为解释经济影响力的先驱式人类学家，曾不知不觉地敞开学门，进行了一番经济学的分析。除了商业周期，他写到——凭我的记忆力——贸易、货币、市场、资金、投资、储蓄等现代经济生活的所有其他现象，这些东西都同样发生在野蛮社会……

剑桥大学民族学家魁金夫人（Mrs. Quiggin），作为一个非常

出色的"原始资金"研究报告作者，为人类学家从经济学家那里
不完美的解放和自欺欺人又提供了案例。她的书，有点俏皮地也
十分恰当地从自己的蔑视开始："除了经济学家谁都知道钱是什
么意思，甚至还有一个经济学家可以用一个章节左右的篇幅来描
述……"[2] 然而，人们会认为她要做出真正的独立宣言，这并没有
阻止她生搬硬套了钱的定义，她是从人类学家蒂莱纽斯（Thilenius）
的著作中借来钱的定义的——而蒂莱纽斯引用的是货币理论家本
迪克森（Bendixen）的分析模式。你可以想象这样借鉴的后果。
借用不同学者对原始资金对象的不同定义有哪些好处呢？如本迪
克森的代用货币理论？"经典"或完美的钱，根据本迪克森的说
法，是"基于商业交易产生的票据及债券"[3]。难怪，在这种百分
百的唯名论影响下，魁金夫人认为，只有象征性的钱才是"真正
的"钱，所有的原始资金对象，严格地说，只是货币的**替代品**。

　　这是具同样讽刺意味的老故事：开始的时候还是独立宣言的东
西，最终却展现为依赖的形式，更完整地体现了它的无意识性质。

　　社 会 学 家熟悉经济理论，但霍伯特·斯宾塞（Herbert
Spencer）也许是个例外，他与经济的关系尤其具有讽刺意味。不
知怎的，斯宾塞都**没有**写过"经济学原理"——或者没有人知
道。这并没有阻止他阐明有史以来学者说出的有关经济学和经济
政策上的最原始看法。相比于他，巴斯夏（Bastiat）是个一丝不
苟的经验主义者。更妙的是，他建立起**有机**社会学，一个真正令
人印象深刻的理论大厦，然而，这与他原子论的个人主义经济完
全矛盾——而他也并没有假装要协调或者消除两者的分歧。涂尔

干、帕累托及马克斯·韦伯的立场都是不同的。这些重要的思想家有意地吸收经济学理论，并试图调整体系以求达到经济学理论的要求。涂尔干对**社会**道德问题以及劳动分工问题的识别，让他明确地认为专业化分工是人类经济的基础。现在作为亚当·斯密确立的这个论断，已经关系到每个人的经济性专业区分。但是，正如图恩瓦尔德（Thurnwald）已经表明的，早期的社会条件是没有办法符合这一点的。相反，早期社会经常被发现是整个村庄专业地从事同一行业，生产主要是用于集体出口，无任何可以证明的内部贸易。帕累托的精英循环仅仅是运用一套竞争法则去安排一组权力地位；不需再说他的理性概念，它们只是反映了功利主义的市场评估。甚至马克斯·韦伯的作品都不得不试图融合门格尔（Mengerian）的理性概念，以及米塞斯（Mises）的金钱概念，这些概念与受卡尔·马克思（Karl Marx）和卡尔·布切（Carl Buecher）影响的经济概念完全不同。所有这一切都可以说在很大程度上是因为人类学和社会学对**经济组织**问题做出的贡献太少的缘故，当然这个事实也是由于经济学家缺乏足够的分析工具。

最后，但并非最次要的就是，**历史学家**会被迫从任何能找到经济概念的地方去借用它们。经济史学界的这些重要作品——如研究古希腊的波克（Boeckh），研究英国的坎宁安（Cunninghamon），研究德国的施穆勒（Schmoller）——都在人们还未充分感受经济学之权威前就已经出版。这些人真是幸运。他们写的经济史仍追随孟德斯鸠和亚当·斯密的脚步。实际上坎宁安和施穆勒这两人都反对李嘉图（Ricardian）的经济学——因为他们的不服从行为，

因此他们被经济学家残酷地忽视了。但随着世纪之交的智力气候
变化，经济主义风靡一时，它成了不言自明的真理。而经济史成
了受害者。虽然关于巴比伦和埃及的研究成果不断出版，考古学
和钱币学也卓有成就，它们都极大地拓展了我们的历史知识，但
是竟然没有再出现一个爱德华·迈尔（Eduard Meyer），能够从丰
富的历史新资料库中打捞出新的经济史。在开挖尼尼微、发掘森
纳赫里布和萨尔贡等地方百余年后，在汉谟拉比的古文字在苏萨
被发现后近 50 年，它们仍和几十万私人文件堆在一起，**楔形文字
文明时期的经济历史**仍没有人撰写出来。在 1910 年 [4] 韦伯曾写道，
属于它们的时候还未到来。同时罗斯托斯采夫（Rostovtzeff）的
最新力作，也仍局限于对美索不达米亚复杂历史奇观做一点非常
简单的评述。……没有成为促进史学发展的力量，历史的经济方
面写作的缺失反倒成为历史学上的一大弱点。古代美索不达米亚
的文献中已经披露了很多商业信息，但是现代思想越多地注入具
体历史材料分析，美索不达米亚的经济类图像反而更加糊涂，这
是无可否认的。经济史，或许比任何社会科学都更多地依赖于专
业经济学的术语，也许什么学科都不如正规经济学那样无能，正
规经济学显然没有在古代美索不达米亚的文献中得到任何新见识。

　　现在可能是时候让我来解释一下我演讲的题目了，我简略地
命题《制度化分析的社会科学贡献》。制度化分析在这里，作为一
个更明确的缩写，指的是一般正式经济学或稀缺经济学可以提供
给我们的人类社会的经济方面知识。从本质上看，这是制度经济
学的一个变种，它代表了从正规经济学转向更大众、更有实质意

义的"经济学"意义探讨。它坚持强调经济学的实质意义只能从整个社会科学中获得。只有市场现象是一个例外，对于它来说，正式或缺失定义的经济学就能够产生一个实际的理论。

我今晚演讲的主要目的是概述制度化分析这种方法的特点，说明它[5]为何特别**适用于经济史**。我们很容易看到制度化分析对其他社会科学，特别是**人类学和社会学**，做出了什么贡献。

制度化分析的主要特点，正如我刚才所说，是它只对经济学实质意义进行探讨。在此基础上的第二个特点就是：它与伴随正统意义的经济学或现代性协会无关。让我简单地定义我的术语。

"经济"的实质意义是指"有关物质需要的满足"，形容词"物质的"主要是指秉承**手段**的使用，只有一种附属方式的目标和目的，即一种明确的物理类别的需要。

经济的定义体现为在一个制度中嵌入了经济要素的集成，这些要素被列为需要和需求、材料资源、服务、生产、运输和产品的消费活动等等。如果有必要，这张表可以延长或缩短，但其中**不存在**短缺。

经济制度，是包括各种经济要素的集中机构。经济机构不仅包括经济因素，也不是只有在经济机构中才能发现经济的因素。

经济动机是一个短语，它的定义主要指孕育，因为这样的动机是否真的存在是值得怀疑的。因此，"经济动机"中的"经济"是一种抽象概括式使用，具体讲则有三种可能的动机：

（一）**为单独支付而劳动**——也就是与涉及情境中的社会关系无关；

（二）**在"以物易物"或"交换"中获益**——术语"以物易物"或"交换"被定义为商品的双向流动，合作伙伴的行为反映了交换所产生的交换条件；

（三）**行动主要是因为担心缺少生命必需品**（个体饥饿的恐惧）。

应该注意到目前为止，一种"经济制度"，作为其经济性质而言，是一个**程度**上的问题，它应该不能因此假定，经济要素的存在本身就足以转变为一个经济制度。这是很重要的，因为"经济"的实质定义包括几乎所有的经济要素，而经济要素几乎无处不在。然而，**经济**是体现**经济制度**要素的集合体，而制度是非经济的，除非它们达到拥有这些要素的集中。[6] 正是在这个意义上，我们可以把一个工厂或粮仓描述为一种经济制度，而圣诞节或国会就不是经济制度，尽管它们具有实质性意义上的经济重要性。

在这一点上它可能引起社会学家、人类学家和政治学家的注意，这些经济体制和动机的定义允许以下形式问题的提出：在一个特定的社会中，经济与非经济机构的关系是怎样的？在何种程度上经济机构会被特定经济动机推动？

这可能是唯一的替换问题方式，替换被人类社会经济方面所占据的问题。所有的社会科学都可能处在致力于厘清一般经济历史这个中心问题的位置上。

现在，在简明定义一个基于"经济"实质性意义的定义系统后，让我们看一下，这个定义是如何帮助我们摆脱经济学家的梦魇及过去对现代化的误解的。

什么是现代化或什么是经济主义态度呢？

从表面上看，它们可能不过在让一些东西实体化，如人在经济事务中的追求高报酬，追求利润，自私、竞争、好斗的本质等。如果是这样的话，出面纠正他人行为的地位应该不在经济学家的能力范围内，这样的动机或行为模式是文化人类学的问题，应该由文化人类学家来决定他们存在与否。是否有人把一个野蛮社会误读成现代理财，就像凡勃伦喜爱的讽刺案例，把现代资本主义误读为一种计较面子的野蛮社会，它使得双方在这一点上没有什么区别：在两种情况下，描述都仅仅说那是动机和估值的事实，那就是说，它们仍然是文化人类学的研究范围。

幸运的是，事情并没有到此为止。在我们认为是"现代"的、有报酬的、理财的等类似的态度上，无论在什么环境里，我们见到它们都不过是伴随市场制度的、具有复杂特征的文化。在一定程度上，市场元素存在于经济中，我们认为社会是现代的。因此，我们需要捍卫的是，当不存在市场因素时，就不要让其实体化。而这，恰恰是**"经济"的实质定义可以为我们做的**。因为它允许一个重新的定义，即主要经济机构可以不采用市场作为主要参照系。

在正式的经济学中，贸易、资金和市场都被结合成地位显赫的（kat'exochen）经济制度——但三者之一的市场是系统中的关键。另外两个仅是隐含在市场体系进程中的两个方面。一旦市场——也就是体现供需价格系统的机构——被假定了，贸易仅仅是货物通过市场移动的物理方面，金钱是用于促进运输的装置；或者更简单地说，如果市场是有组织的交易所的所在地，钱是交换手段，贸易就是货物的移动和交换。由此可见，其中贸易是有实证的，市场则可以假设，资金的用途是有实证的，贸易——因此也就是市场——则可以假设。难怪非市场的贸易会被忽视，或至少被轻视，而货币的非交换用途被视为一种孽子式发展。它要求一个名副其实的概念扳手去认识到，贸易、货币和市场的三元假设逻辑不过是一个任意的结构，它们都可能有各自独立的机构起源，实际上的各种资金使用，后来结合进贸易的各种因素，都可能是逐渐地、彼此分开地被制度化的。从而，是实质意义的"经济"开辟了制度分析的道路，这条道路消除了想象中的市场假设——之后出现的就是它们的现代化和经济主义的协会。

钱

认识一下金钱制度的由来。在营销习惯的影响下，人们认为钱是用来交换的，它一旦建立就是实现这种能力的一种手段，也可用于支付、衡量标准和控股的目的。雷蒙德·弗斯（Raymond Firth）教授，马林诺夫斯基（Malinowski）在伦敦经济学院的继任者，仍然在《大英百科全书》第 14 版中如此定义原始货币：

在任何经济系统，无论其多么原始，一件物品，当它作为交换的一个明确和共同介质时，只能算是真正的金钱，是为获得另一种商品而方便使用的垫脚石。此外，在这样做时，它作为衡量价值的度量，允许所有其他物品表达它们自身的价值。再次，这是一个价值的标准，为过去或未来的付款作参考，而作为价值储存，它允许财富汇集和储备。

事实上，原始货币的真正特性是与今天几乎相反的。它们远不是万能的金钱，金钱货币在 19 世纪变得如李嘉图经济学假定的，是指可交换所有商品的货币，原始的钱则是有特殊用途的资金，不同的用途往往要用到不同的钱。我们称"用途"指的是操作上的执行，或指的是在一个社会学定义情况下可量化的对象。

这就部分地回答了制度如何起源的问题，因为钱的不同用途在很大程度上是彼此独立地被制度化的。某些对象被用于支付，而其他对象可能被用作标准，还有一些可作为交换的媒介，如果交换存在。这里的"如果"是重要的。因为这样的交换使用不必已经存在，事实上它们通常是不存在的。

同样，一些定义是不可避免的。为了一般社会科学的目的，钱应该被定义为一个大致类似于语言、文字或度量衡的语义系统。在狭义上它意味着用于支付的、标准的、可量化的、可交换的囤积对象。

1. 付款是履行责任时对可量化的对象的使用。社会学的情况是在某种责任之下；操作是指物品财产的处理（如果支付行为是在一些理想的单元进行的——在原始社会经常发生的事情）；有的操作涉及资产从债务人向债权人的转让。

2. 如果物物交换是可行的，就需要价值标准。换言之，在确定易货双方的情况下，大量的项目都为实现交换目的而被视为是等值的。标准的另一个起源是主食的管理，为了保证库存，需要它们通过计划、部署等来让彼此等值。标准的第三个来源在于彩礼、抚恤金、罚款等的分级。但应注意的是，标准的这些来源不依赖于钱的交换用途。实际上这些用途的存在，使得钱的交换用途变得没有必要。

3. 量化对象的囤积可以仅仅是为了未来的用途以及在这种情况下，很难说赋予某些东西与金钱相似的特征。另一方面，货币对象——也就是说，可用于其他方式使用钱的对象——通常被当作财富**囤积**。

4. 钱的交换用途是最具体的一种，只有在有组织的市场之外才会少量出现。但是，即使钱是这样被使用的，其他的"钱之使用"都经常是留给**其他**钱的对象的。

现在让我从汉谟拉比国王统治下的巴比伦社会来说明这一点。从广义上讲，税收、租金、工资大都用大麦来支付；其中等价的表示标准是银；至于交换手段，似乎没有哪种物品有优先地位——大麦、油、羊毛、银、海枣，与此类似的都同样大受欢迎，它们当中没有一个被更多采用。一切都围绕着寺庙和宫殿的庞大存储系统，它们就是主要的融资地。没有任何可以证实的市场……[7] 所有的交易都是"实物"（这是我们愿意这样讲），管理这些主粮之间可以换算的方式保持了几个世纪的稳定（按照戴梅尔神父的说法，超过了千禧年的大部分时间，他翻译了苏美尔神庙的材料），这是通过更长时期的、不断变化的措施得以实现的，比方说统治，因此使已经公布的换算公式适应供应（后者密切对应一些东西，如冲积土、水使用量——在国王统一治理下的一个直接结果就是可以计算灌溉的程度）。一些巴比伦经济中最令人困惑的功能，因此可以解释到位。价格和度量基本措施的惊人的稳定性（后者从字面上看就有几千年），是通过定期改变更大单位的单位含量，而不影响计量系统——就是说，有大致比例相当的连续性计量单位。因大量的措施，税收和租金会自动增加，作为单位的土地税收被固定在 1 谢克尔（shekle 或译舍客勒）银币 =1 古尔（gul）大麦。在大量的农作物生产时代，1 古尔的单位含量更大。但金融体系依然能够继续以谢克尔银币来计算收入和支出，不受实物增加的影响。换言之，预算数字，**如果他们有一个预算**，保持不变。

关于巴比伦，对于那些因为楔形文字翻译而被限制 [8] 的无知人来说，去推进这样的**解释**是一件危险的事情。

我们仍然可以研究一下古代西非的再分配经济。根据季节或社会地位而不断变化的措施是经常出现的。一般来讲，价格稳定是目标。在一种情况下，通过**金融调节手段**的帮助，零售跨度会被组织成批发与零售的价格体系。在尼日尔弯，玛瑙贝壳货币有两种计数。1 至 100000 之间有四个托架，双计数被限制为最低及最高支架。因此，在一种计算方式中，

$$8 \times 10 \text{ 等于 } 100;$$

$$10 \times 100 \text{ 等于 } 1000;$$

$$10 \times 1000 \text{ 等 } 10000;$$

$$8 \times 1000 \text{ 等于 } 100000。$$

在另一种情况下，正常的十进制系统一直在运行。现在，批发商只会收到少量的100000，而零售商从最终消费者那里收到大量的100000。因此，如果他买的是名义上的100000，他只要支付64000，而他从消费者那里收到完整的100000。值得注意的是，中间商很失望：因为他没有差价可挣。

这种调节手段解释了一个复杂的市场体系是如何在尼日尔地区建成为再分配体系的，而且没有造成混乱的危险。

这种不引人注目的调节手段，可以为许多问题提供更关键的东西——比如只有精英的钱在循环，在此帮助下社会阶层就保持了稳定。黄金，除了金粉，在古老的希腊只在少数人中间循环，如国王、酋长和众神灵（gods）。马匹作为一类精英的财物，只可以用来买奴隶；象牙也只能买奴隶。已有证据发现不同尺寸的铜线可以用作货币，去购买小米或其他小麦。在这种情况下，钱都曾是这样的设计，用来维持各阶层的特定营养标准。

在贸易方面，"经济"的实质定义的重点已经从如何从其他社区采购货物时有所增益转移到别处。由于对外贸易的起源几乎没有争议，这个结果就引出了一个令人惊讶的控制价格的新方法。似乎对外贸易的主要历史伴随着一个常规性的交换汇率运行，就像在早期社会（例如在蒂寇皮亚岛）实行的那样。由于古代贸易交换的是极少数的贸易商品，这种情况常常发生在"贸易港"——为外贸设立的行政中心。贸易原则之一是1∶1，交换单位要彼此相当。

经济史的一个问题就是跟踪波动价格产生的方式——它们是

我们常说的真实的波动价格，也就是市场价格，还是虚假的价格波动？用于平缓调节供应情况和管理价格的其他因素的制度价格。

在这样的市场里，讨价还价不是价格波动的证明。除了价格之外，一切都在被讨价还价：测度、商品的质量、不同的货物之间的支付比率、花色品种；换言之，各种贸易货物的常规混合；而最终则是——利润。如果价格是固定的，问题就是：是否应该用1：1的方式变化：让双方都获益，用什么方法，各得多少。我第一次是从卡达莫斯托（Cadamosto，1455）的一本书读到这样的情况，他是一个在葡萄牙做事的威尼斯人，一个对早期非洲西海岸贸易写了很多的作家。他说……[9]

克拉珀和德纳姆写的是19世纪前叶的苏丹中部，他们抱怨了卡诺女人。大篷车上是偏远地方所需的大枣和小米。妇女挤满在营地，准备仅以10％的利润卖给多巴人。在另一个例子是，他提到了利润是15％。我还是不太明白。不过，他提到了绵羊、山羊的价格等等。显然，在多巴，价格可以比标准的常规价格高出两倍。

在17世纪，法国钻石商人塔维涅，出售珠宝给波斯伊斯法罕城（现在伊朗中部）的国王。"最后国王说：我以25％的利润要你所有的首饰，但你若在印度卖珍珠，你会得到更多。"

长话短说：传统的长途贸易一直伴随传统的价格——如所罗门的马需要150谢克尔。

最后，让我提醒你们在此情景下现代化的意义。这是指把19世纪做背景参考，换言之，给大约到第一次世界大战的近代做背景参考。现代的时代已经过去，没有人比经济学家更清楚这一点。贸易的传统定义等其他方面都已不再适用。曾经的贸易是一定要有报酬的、双方的、和平的商品交换。今天我们讲的国际贸易组织，即使它们不是明显要有报酬的（不是唯利是图的），它们也只有节制的双方，只有预期中的和平。在同样的思路中，几乎所有的经济问题都已经看到了现代的变化。金钱、交易、市场也可为今天的问题提供一种非现代类型的方案。最后，但并非最次要的是，也许是经济学理论从制度化分析的贡献中获益最多。

第 6 篇　　国际性理解的本质 [10]

国际性理解的性质理应启发对话，对从中得到的结果，我持某种悲观看法。我对这个主题已经想了很长时间，并想深化这个主题。我已经得出结论，即我要应付的是一个非常陈腐且常见的情况，即聪明的听众们曾经听过一个倒霉的演讲者的见解。

实际上，我会发现自己正试图说服你，要实现国际间的理解，我们必须发挥双方的理想主义和常识；我们必须尊重我们以及这个世界的利益；我们必须既坚持原则又有权宜之计。现在，应该分发格言，如向那些国家机构和制定不成文宪法的人，向伊拉斯特派教会的人，向那些因为妥协而传承根深蒂固之习惯的人，这几乎相当于，我要写给你一个劝告，一个要人们去抵制一切诱惑、去坚持做英国人的吉柏德派式的诙谐劝告……

所以我将不得不阻止自己去谈理想主义，因为它们不能帮助我们走向国际理解，同样，那种常识性的现实主义对此也没有任何帮助。

有一种理想主义的说教宣称，只要我们拥有足够多的理想，战争是可以完全避免的。然而也有一种现实主义说法则强调，战争无论如何都无法避免。

让我们先谈后者。

战争一直存在的说法是不正确的。（1）在很原始的社会里，像一些澳大利亚原住民，他们是处在次战阶段，如果没有其他原因，例如无法维持组织纪律，无法协调关系，一定要努力维持道义、物质及其他先决条件等，他们参与的集体战争谋划，其实是一种次战阶段。（2）一些相当发达的社会，像爱斯基摩人的社会，也是不知道战争的。不知怎地，他们没有战争也能生活（可怜虫们）。（3）战争在越来越广的地区被废除是一种人类共同经历，通常被描述为帝国的基础。这总是意味着在辽阔领土和庞大人口中消除战争，在时间和空间上限制它的发生。没有什么东西可以支持这一偏见，即对我们的所有制度来说，人类无法避免战争，这一偏见是违背现实的。

我们已有许多没有战争的年代，未来仍可能存在没有战争的年代。

但是，从伪现实主义转向伪理想主义之后，仅靠理想主义的增加并不会告别战争。或者说这种理想主义意味着这样的期望肯定不会实现。实际上，由于这种理想主义更常见——非常频繁，在过去的 30 年比以往任何时候都多，有人可能会说，正是这种理想主义，与我们这个时代规模空前的世界大战有关联。在第一次世界大战前，近代史几乎无人知晓"拒服兵役"。

这不是我们所需要的理想主义。这种理想主义（1）否认战争的制度职能，（2）视战争为精神或气质失常，即（3）认为它是一个糟糕的生意，换句话说战争应该是意在盈利，但其盈利能力是一个"伟大的幻觉"——这种理想主义，是脱离所有的基本事实、抽象哲学意义上的理想主义，它是今天的危险。

它有几个变种：

1. "政府不是人民"的神话是最廉价且最危险的变种之一。这个理论在实质上是不真实的。

a. 法国大革命时期的国家民主化，引出了征兵制度和大规模军队时代。全国代表大会 [11] 上开创了**"民众抵抗者"**（levée en masse）……而当我们拥有更多民主时，我们就得到了更大更有利的战争。美国出产了现代史上的第一次大规模战争：美国内战。

b. 在美国，盖洛普民意测验证明，在这场战争中，人民群众要求政府采取严厉的措施。即使在这个国家，[12] 在 1940 年和 1941 年，征兵的压力、劳动力的发展方向，沿线的所有配给均来自于人民……

c. 但即使政府和人民是同一晶体的唯一两面，让蛊惑人心的青年领袖免罪，是要避免的事情。"暴民统治"正基于此……

2. "第二个变种假设" [13] 战争是由人们的激情引起的，如情绪的爆发、情感无法控制而导致的判断失误、仇恨和嫉妒的结果，不受控制本能的盲目冲动、人性中的兽性、原始人类、洞穴人，这些说法都特指其中的负面东西，都是贬义。

　　a. 事实上，在我们知道的有组织的社会中，国家的议会，决定了是采取战争还是和平的立场，它被负责任的政治家的机制保卫所包围。战争议会的确是这样的，无论是印第安人的，英国都铎王朝的，普鲁士国务委员会的，还是意大利文艺复兴时期马基雅维利式的国家理事会；实际上希腊人和波斯人、中国人和阿拉伯人同样擅长于这些制度性保障。而关键点是普遍相通的：消除做决定时的情感、激情和所有短暂的情绪，都被认为是最重要的。17 世纪和 18 世纪的王朝战争是由内阁决定以及（也许）由特定的阴谋集团决定，他们肯定不是靠感情，而是靠所谓的理性国家来行事的。

　　b. 与之相对是一个纯粹现代的现象，实际上是现代大众民主的结果，这使得群众有必要参与战争。战争的原因是否是情感激起的，即使在今天这也是很值得怀疑的。但可以肯定的是，它们不是过去战争的起因。在过去实际发生的大多数战争，只有极少人口参与（除了一些游牧社会例子，它们的情况倒是类似于现代的全面战争，除了实际战斗的人员大都限于"勇士"）。

　　3. 战争的神学解释是另一种形式的理想主义谬论。路德和加尔文教导人们说，国家，其法律、监狱和行刑是由于"原罪"，它们让人不守规则和无序。在这个意义上，人类所有公共机构的法律和秩序都是由于原罪。在同一秩序中，婚姻变得合理化。婚姻让人的癖好合理化，是向滥交的诱惑和欲望让步。善与恶也同样要用原罪来解释。这就是为什么它没有"解释"任何一个机构与另一个截然不同。不仅战争，而且和平也是因为"原罪"；不仅原子弹，而且联合国组织也一样。自然引力不仅可以用苹果的落下，也可以用船之航行，飞机之飞行来解释。换言之，原罪是解释任何一个机构的太抽象方式，即使我们将成功地消灭战争，我们也无法听到最后的"原罪"……

即将帮助我们消灭战争的，既不是指责各种政府或理想化的人民，也不是警告我们的情绪应得到控制，也不是提醒人们人性会堕落；每个这样的理想主义谬论往往都会增加危险，而不是削弱它。

战争机构的基本现实，其存在的问题和危险，应当既从一个不成熟的理想主义范围，也作为一个同样不成熟的现实主义的**本性（sex）**问题来去除。战争对于几乎人类存在的每一个领域都产生了巨大正面的和负面的重要性。然而要记住维多利亚时代及其过分的理想主义，以及过分的有关于性的痛苦的说法。就像我们越是强调本性的浪漫多情和理想化，就越是增加同样的无理性恐惧。用一个去证明另一个是无益的。家长和教育工作者都已经意识到，理想主义和现实主义的扭曲不仅没有帮助，而且阻碍了本性问题的解决。他们让性爱的难以回避问题变得更加可悲，同时增加了那些可以避免的问题数量，大大减少了理智和自我尊重的生活。偷偷摸摸和不诚实渗透到了社会生活，破坏了道德和人格的真正力量。无论是浪漫的理想化，还是不理智的厌恶，都可能减少本性引发的危险，但健康人格的深层次力量仍未能发育——

单凭这种力量，就完全可能编织客观元素 [14] 的纬纱，让激情变成了人际关系中无与伦比的财富和多元的价值观组成。

当然，平行比较是错误的，本性比战争更具有基本性：本性其实连接着人的生命，而战争的制度，正如我们所说的，不是。此时卷土重来的伪理想主义者具有相当危险的特征。他会指出事实，战争是一个制度，一个人为的制度，因此它的存在依赖于我们。除了我们自己谁会宣战呢？除了我们自己在打架还有谁在参与呢？因此废除它仅仅取决于我们。

现在看来，这是一个谬误，一个非常危险的谬误。因为某个东西是人为制度，那么是否拥有它就仅仅取决于我们，这个说法是不对的。我们能取消战争吗？只有在一种狭隘和肤浅的意义上，是可以的。说这话竟只有一种狭窄和肤浅的感觉。

就拿婚姻制度来说，如果我们不能找到一些其他的有序关系形式替代它的位置，我们就不能消除它。我们可以有这种形式的婚姻或另一种形式的婚姻——它们可能相差很大；唯有一点我们不能放弃，即对某种形式的两性之间关系的认可，而这恰恰是广义上婚姻的意思。

这似乎违背了我刚才说的，本性与战争之间不可类比。完全不可以。这不是说我们把本性和战争放在同等地位，而是说本性和人类群体间的利益冲突可以类比。后者作为常见组织生活中的事实，就像人类生活中的本性。战争（如婚姻）是一个制度，解决由基础事实提出的问题（如在这个案例中要解决集团的问题，在另一案例中要解决本性的问题）。**正如一种婚姻形式如果没有被**

服务于同一目的的其他形式所替代，它就不能被彻底废除。如果社区正常运行，这同一目的就是名义上要削弱群体利益间的冲突，这些利益不能长期处于未定情况。（顺便说一句，这恰恰是人们之所以以这种或那种形式结婚的原因，这是一个必须要有的制度；如果人类要正常运转，本性就会引发公共认可的问题，无法保持悬而未决。）所以理想主义者的最后庇护所已被证明是站不住脚的。战争就是人为的一个制度，远非那些讨论所说的：它的存在仅仅是因为我们的意志功能，这也真正解释了一个事实，为什么没有用一些其他制度来替代和消灭战争，这样的制度或机构将执行同样的重要职能。

就说群体利益冲突的最常见原因：在地域构成的人类群体中，指的是边界。对自由的理想主义者来说，似乎没有比纯粹的战争幻觉更好的证明了。首先，他们会说，它决定了完全无关紧要的东西。毕竟，除非人们研究地图，他们就大多不会意识到其他的内容。其次，战争解决不了任何问题，整个战争的可怕过程不仅有虚构的原因，也有虚构的结果。

这就像在争论——就像一些无政府主义的假自由恋爱一样，他们是更成熟的伪理想主义者——爱的个人方面是一个纯粹的常见事实，反正结婚也没有解决什么问题，所以同样的问题会继续存在。

其实，自由的理想主义者是弄错了界限，是的，不能越过那些悬而未决的问题的普通人是对的——作为一个好理由，没有任何一个人类社会可以发展其中没有落实的重要功能，这一点也是不无道理的。至少在一代人，包括属于和不属于这个社会的一代人中解决最基础性的问题，从而发展这个社会的任何其他重要功能。由于社会是在国家中组织的，没有一些对国家的忠诚，社会功能也不可能让人满意。但是，除非人们能指出谁属于和谁不属于社会，社会怎么可能产生忠诚国家的公民（或者说期望他们忠诚）呢？而这一点，在地域性的社群情况下，是通过边界来确定的。换句话说，没有地域特征的社会是不能够产生法律和秩序、安全和保障、教育和道德、文明和文化的，除非其边界是划定的，并且在划定时没有不合理的危险。任何对其边境的威胁，不管多么遥远，都必然会抑制社会的正常运转和停止一切更高形式的生活。顺便说一句，通常包含的两个社区也是如此，因为界限会影响双方。这是一个必须有所决定的问题——不惜一切代价也要决定下来。而且，如果没有其他制度可用，又想让更高形式的生活被允许继续，战争就必然会被激起。

掩盖了这一基本**事实**的理想主义使我们不可能找到战争的替代品。对于没有这样的替代可以想象的是，不涉及新的忠诚，也不会要求他们去唤起一个道德秩序的巨大能量。但是，除非人类面临着真正的任务，涉及真实问题的解决，又应当如何聚起这样的道德能量呢？理想主义者的和平论点是，我们需要的是摆脱自己的偏见，打消一些幻想，加入他们或分享他们的启蒙热情。这条路除了错误之外什么都没有，这难道不令人惊讶吗？

战争是一个人为**制度**，在这个意义上它是**客观的**。即使是士兵，也很少会恨那些作为个体的敌人，更高军衔的士兵中，这种情况通常更少见。认为战争是出于个人仇恨是完全跑题了。但为什么会有人把战争看成是个人之间的事情呢？个人之间的事情，只有我们不把它们作为制度，才可能不过是个人之间的事。谁能指望一位法官在其工作中除了没有人情味，其他都有呢？就连邮递员也是这样——谁会因为另一个人而拒绝为你投递信件？即使他可能会更喜欢与你而不是与你的邻居有往来，而现实的情况是他恰巧需要把这封信寄给你的邻居。

所有这一切似乎显而易见。但是，面对战争的事实，我们却往往忘记这点，并开始用完全不同的另一腔调争论。总之，难道战争不是人类之间发生的事情？这难道不是我们自己做的事情？如果我们只知道某个人本身，想必大家会发现，我们已经对他没有怨恨？国际理解是国家之间的理解，国家是由个人组成的；因此，只要我们能管理好个人之间的相互了解，我们也会拥有国家之间的理解。这意味着完全无视一个制度的性质，在战争中，战争本身就是一个制度，是如军队、国家、政府等的很多专门机构。这是一个悲惨状态，当人发现自己沦落到如此彻底的无助，他不顾显而易见的常识，并将他的希望错误地放在一个所谓的国际关系中的"个人"因素之上！然而，误导我们的努力毁灭了建立制度的唯一机会，这种制度将会使战争变得没有必要。

要让我的说法胜出，我可能还要强调指出，战争不一定出于人类的弱点，战争不一定出于人类相互间的嫉妒、仇恨或其他形式的错误或误解——虽然已经有无数的战争是由这种方式导致的——但确实有这样的事情，即**不必要的战争**。事实上，不必要的战争才可能是我们这个时代的真正危险。

为了论证的需要，让我们做一个大的假设。让它们假设两个大国一心一意决心维护和平。它们确信，这是它们所需要的；而且它们认为没有什么理由让它们可以相互开战。让我们假定这两个国家在严格意义上都把自己的职责看成是维护其特定的领土安全。除了对安全的真诚愿望，完全不存在为侵略找借口的企图。最后，让我们假设这两个大国不是邻国，没有共同边界。

在这种彻底的理想情况下，让我们构建如下实验：一个伟大的帝国，它将两个大国分裂开来，突然遭遇了崩溃。这个拥有众多人口和辽阔土地的（崩溃）帝国，一夜之间发现自己失去了君主，没有政府的组织和有序的管理，就像是在地图的中间出现了一个黑洞。这就是我们所说的政治真空。**但从权力的角度看，这两个大国已成为邻居**，因为没有权力能让它们隔绝开来了。

现在，我坚持——大多数政治学专业的学生会同意——现在大国之间有严重的战争危险，战争有时可能会被避免，但最终是一定要来的，**除非**它们能同意或者建立共同的庞大帝国，或者共同摧毁和阻止其重建。这两种壮举都难以执行。然而，除非它们在这次政治行动中成功，它们之间的不必要战争就会是不可避免的。为什么呢？

（一）处于政治真空国家的人民是活跃的，国内会有派系斗争，为了自身利益，人们可能会热衷于不断强化这种或那种权势（如陆地或海洋、族群或陌生人的权势）。

（二）因此，当务之急是要不断地了解情况，就是要保持与国内不同力量的接触。

（三）这意味着一些人去帮助他们，一些人去控制他们。

（四）假设这在一段时间内持续发生，只会有一方**获利**。

（五）如果是从北到南地发生内战，则不同权势必须在某个权力真空处对决，那里没有边界、一片黑暗、越来越恐惧，人们扮演的是瞎子式的健壮，最终必然彻底玩完。

这是完全出乎他们意料的，也无法体现他们对安全的真正关注。没有嫉妒、贪婪或者无理性的怀疑介入。**不必要**的战争将会出现……

这样的情况大约即将发生在远东，但美国和俄罗斯为了避免不必要的战争，正在出大力气共同重建一个统一的中国。

这样，和平的关键就落实到了政策。这种促进国际理解的手段就是政策。这是我们必须学会的政策法律。

1. 政策的首要目标必须是避免不必要的战争。这一点，在我们这样一个时代，可能是一个非常大的任务。因为近四分之三的地球已经变成**权力的真空**。

2. 政策的第二个目标必须是一起消除战争，原子能的释放使得战争无疑成了整个星球的危险，包括其上的所有生命。

在这里，理想主义与现实主义再次出现冲突。

政策是解决某种局势的手段，也是保卫那个局势中利益的手段。决定性的问题就是：谁的利益？在什么**情况**下？

这是政策的道德问题。谁是基本单元？其生存意味着什么？从社会的角度看，仅仅生存**不是**生存的定义。而是定义其身份的生活方式。但是，现实情况也一样难以定义。审判世界就是审判我们自己。美国的世界观与俄罗斯和英国的都不同。政策意味着对某些人在某些情况下的利益的定义，也意味着一个决策。双方的道德问题是决定性的。不自私或大公无私的政策——从词汇上来讲，这是自相矛盾的。那么是谁在过于自我？这就是个问题。同时是在什么样的世界？

政治的大问题是，我们要正确评价作为一个国家的利益以及正确评价作为一种能影响世界的力量。

那么只有这样的国家 [15] 能够制定政策去做必要的事情：

（一）在国内实现团结统一；

（二）在国外拥有安全的盟友。

没有一种私利可以长久地获得别人支持；只有通过他人的支持才可能累积社会的实力。这是 19 世纪英国政治的奥秘。在相同的情况下，也要得出相同答案。

理智现实主义是把道德和精神事实视为现实的现实主义。它们是政治学的基本现实。感伤的理想主义总是错误地理解事实。我们不会因为了解他或她的问题，而爱这个人更少。我们不会因为知道一个国家的问题，而爱自己的国家更少。

我警告过你们，我会让你们继续伴随通常的庸论。不过，这或许值得重新思考。这也同样促进了国际间的理解。

第 7 篇 和平的意义 [16]

一、和平的假设

断言战争是我们这个时代的中心问题，是直击了我们文明危机的心脏。这样一个说法意味着两个基本假设：（1）除非战争被废止，否则我们的文明必然在战争中或通过战争灭亡；（2）妨碍我们废除战争的，是我们社会的基本政治和经济制度。去宣布战争是最大邪恶并废除它，因此，我们的主要任务是要制定一个革命性的原则。

这显然已被现行制度维护者们一致认可。墨索里尼在他的关于法西斯主义的**意大利语百科全书** [17] 中声称，"有一信条建立于对和平的有害假设，即和平是法西斯主义的敌人"。和平的假设是当今这两个世界之间的分界线。

那么，什么是这个假设的确切内容，它又基于什么确切的前提？

假设和平，或者用通俗英语来说，坚持一个和平的世界，这仅仅是假定在没有战争制度的前提下，我们今天仍然可以继续生活。但是，让战争不再是人类生存至关重要的一个必然，它已经变成人类自己对人性的否定。一旦它是可避免的，就必须不惜一切代价予以取消；没有其他任务比这更重要的了。这是假设和平的基本内容。其有效性取决于前提的真伪，即作为人类社会条件的假定战争的必要性，已经不存在了。

战争是"不可回避的命运，就像死亡"。[18] 每个人都要参与其中，因为要想人身安全就不能脱离社会，否则就会中止了既定合同。但是，无论是旧约还是新约，无论是希腊哲学还是罗马哲学，都会看到太多的战争制度中的道德问题。普通人拒绝把它看成是一种犯罪。由广大民众接受的假设和平是一个全新的发展。这在现代人的意识传递中又出现了最显著的变化。

二、战争的制度

战争绝不再必要，并不意味着分享一个幻想，幻想战争是一种穴居人留给我们的基因遗传，它在我们这个开明时代已经被放弃了。穴居祖先是不可能知道战争的，他们没有理由也没有手段从事现代战争这种高度组织化的活动。文明一旦达到了某种水平，发动战争的需要、装备和能力大概才能在相互依靠中发展起来。战争既不是"和人类一样年迈"，也不会"像人类不改变其本性的时间那样漫长"[19]。关于战争的心理性质的教条式声明是毫无意义的。

应该承认，人为制度是不能被视为和解释成某一规则的，意指个体可能会利用问题制度的心理动机。例如，司法制度中法院的存在，是不能归因于个别人曾经呼吁[20]法院要存在的动机。在不依赖私人战争的情况下，社会成员之间发生冲突时需要做的决定与个别情况中的这些冲突的动机无关。这些动机可能是好的或是坏的、永久的或暂时的、有意识的或无意识的、情绪性的或理性的；建立法院本身的动机有效性与上述这些动机的特征都无关。[21] 个人从法庭存在中得到的益处（或损失）与社区（或社区中的人）从法庭存在中得到的益处（或损失）是截然不同的。在这方面，个人获得了内部和平的好处，而作为一个诉讼当事人，他可能会保障（或不得不遭受）自己的益处（或最终损失），这些都固有地存在于他与法律的联系中。

与此类似的情况是战争。战争是一个制度，它的主要功能是：在各种领土集团出现时，对不能以其他方式做出决定的问题上做出决定，以及解决不能暂时搁置的问题而不危及有关群体的存在。这些问题主要是——尽管不完全——领土。各国只能以明确的边界方式存在；对这些边界的各国反应的不确定性，对各国主权就是一项长期的宿命式挑战：国家总是会不可避免地陷入无政府状态。但是，尽管挑战主权的行为或是由于行政决定，或是出于不得已的内战，关于边界问题的疑虑都必须被消除，或者通过协议和平解决，或者通过战争强行完成。一旦和平协议失败，只要不同国家在冲突中没有共同效忠于一个更高的主权，战争就不可避免。他们吵架的原因可能是好的或是坏的、理性的或非理性的、物质的或理想的——每当有冲突，这些区别都绝不会影响最后决定的必要性。在一些典型案例中——比如民族的迁移和民族国家的崛起、社会解放的伟大运动——人类的伟大进步不能被合理地怀疑，通过超历史权威的一些神奇干预，争论的动机将被当作有害的而被排除。单单历史不同时期的公民和国家战争之间的密切联系就劝告我们不要轻易假设战争总是要因为这样或那样的原因而爆发的，回顾往事，战争是不能被认定为正当的。

"战争的存在是因为人们希望它存在。"（赫胥黎）

概括地说，这就是战争的心理学理论。但是，几乎没有一种制度存在是因为人们希望它们存在。现在是时候停止从愉不愉快的情绪角度来讨论人类制度了，这些愉不愉快通常不过是与有问题的社会功能相关的。司法系统的存在并不依靠法官的严峻式幽默，而是由于社会发展需要一些制度条款来应对违法行为。同样，战争既不因为人们恰巧有"好战精神"，也不是拥有这种精神的士兵造成的。这样的精神是战争的结果而非原因，直接受战斗影响的人可能会在心灵上处于相对宁静的状态。很难说军事科学手册内容比其他书传递恨或贪婪更多。无论是在王朝战争中，还是在内阁战争时期，仇恨确实对政府的决定有明显影响，这些决定针对的是某个或其他符合条件的"敌人"。即使在1917年美国卷入战争，主要也是因为它作为一个主权国家在遭受严重损害的条件下，再也不能保持中立；由此，它并不影响美国是否宣布对英宣战（1812年的情况也与此类似）或对德国宣战（在1812年法国也曾如此）。并不是仇恨推动了美国参战，虽然曾经的和平已经站不住脚，仇恨可能有助于决定谁是敌人。战争实际上极少是仇恨造成的，不像证券交易是寻求刺激的需要，或是战争是垃圾报纸导致的结果。战争本身是无关情绪的。如果他们能不动情绪就发动战争，反而可能使他们更加残酷；并且，今天为了更有效地发动战争而唤起的情绪，与其说是反映了战争的性质，不如说是展示了现代大众民主的意外结果。

　　显而易见，只要对社区边界的疑虑模糊了社会成员的忠诚度，让财政收入流失，剥夺作为主权属性之一的有组织社区本身，就没有社会能安定下来并做好它的工作，这就是为什么战争的仲裁对人类社会的存在至关重要。正因如此，它就被神圣化了。

　　和平的假设，看上去简单，不过是政治的一个新基础。它代表着一种信仰行为，预示着一个种族历史的新时代到来。突然出现的有关战争犯罪本质的普遍信念，被视为一种新的和更广泛社区出现的标志。为此，地球上主权国家的君主声称自己诞生了。是时候了，去建立一个众国家之上的权力，通过和平的方式而不是过去的战争方式去获得一种统治权，让它在列国中进行仲裁。

　　这是如何发生的？正是在这一点上，和平主义的谬误出现了。

三、和平主义的谬误

　　和平主义者的政策都基于一种错误的观念，即战争在过去没有那么多至关重要的功能，它因此可以被简单地取消。这是一个致命的错觉，在和平主义运动取得巨大成功的情况下，这个错觉必然激起的一种反应就是，和平运动本身必然被破坏。因为，只要战争的必要性**没有**消失，一个社会，如果不能够在冲突中使用这最终的武器来宣称自己的存在，那么它必将因此而自动失去其存在的前提条件。没有社会可以在这样一条路上走到底的。危险的是，如果和平运动在其崩溃前，已经获得了某一项重要举措的成功，它的失败就可能同步吞噬了和平之假设的理由。而且几乎必然如此。因为，如果和平的力量未能意识到他们坚持的和平假设的含义，那么和平的假设可能实际上会成了阻碍人类进步的麻痹手段，同时谴责人类在徒劳地追求和平，而且那不过是被动、无政府状态和腐烂的和平。

四、宽容类比

但是和平主义者所代表的原则是真实的。那么，如何能说与其一致的实际应用，又必然引导其走向反面呢？

在这个国家 [22]，容忍原则的早期主角也面临相似的困境。宗教宽容原则是从宗教体验领域转移到政治领域的，通过最伟大的英国人奥利弗·克伦威尔。通过他，清教徒已经发展成为独立自主的人群，良心自由已经转化成了宽容。他在现代史上，也许也在整个世界历史上，争取自由和启蒙，为独裁统治树立了一个榜样。他与议会的冲突是宗教宽容的坚定追随者对宗教不容忍的虚伪制度代表之间的斗争。然而，假设结果是可以想到的，什么将是克伦威尔战胜了议会后的结果呢？从长远来看，毫无疑问，天主教的胜利在于他们不能宽容新教对自己的宽容。因为，如果克伦威尔和他的军队曾经实现了自己的方式，英格兰曾经在 17 世纪 40年代建立了宗教宽容的制度，那么最终的结果，就是英国的国内战争。其结果只能是反对改革者的胜利。这是显而易见的。教会和国家都尚未分开。因此，国家对宗教宽容将会以不宽容的宗教战胜国家的形式告终，或者是整个国家因此陷入混乱。因为，如果该国没有从立法中消除宗教制裁，且宗教未认识到民族国家的主权，那么，教会与国家的分离必然导致解体，在欧洲反对改革势力的影响下，英格兰将很快陷落。宗教宽容的事业已经被好几代人埋没了（在制度条件是可以塑造的国家中，比方说新英格兰，就会引入宽容，而不危及社会本身）。因此，天主教宽容形式的胜利就这样被避免了，这是由于克伦威尔未能强制地让国家实现宽容。但是，假设我们的分析是正确的，它是否证明了克伦威尔的想法是错的？很难证明，因为其宗教观的真正参考价值在于对于一种状态的预言，即国家应该允许所有宗教都自由，而所有宗教也都应该自由地接受国家主权——然而事实是，只有在社会制度结构变化了之后，才可能出现各式各样的深远变革。克伦威尔的命运是，他是拥有权力的指挥官，但他的政治命令中含有错误的先见之明。

五、什么会替代战争？

那么，什么样的制度性变化，将使和平假设变为现实？

如果战争是要被废除的，国际秩序必须取而代之。但是，没有一个新的国际经济秩序去取代旧秩序，国际主权是无法想象的。这个新秩序，国际金本位制是其中的一部分，通过商品和支付实现的资本和劳动力的自由流通，可能永远不能再回来了。但是，除非劳动力的国际分工在这种或那种形式中保存下来，生活标准的普遍下跌是必然的；而且，即使能够避免这样的下跌，通过重建劳动力国际化分工的简单手段，生活标准的很大提升在未来是最终可以实现的。无论等待我们的不久未来可能是什么样子的，国际主义仍将是不可阻挡的历史动力。

我们时代的另一个基本特征源于这样一个事实，即一个新的国际经济秩序必须包括影响深远的大幅度经济调整，与其说是有产者和无产者之间，不如说是全球各个不同国家之间那样进行大量的多种方式调整。因此，国内政治的主要任务将是用社会组织将国家装备起来，让它们可以承受巨大的应变压力——事实上它们也密不可分——在国际经济领域的任何重大调整中。最后，社会的阶级结构将被证明是国际经济调整的障碍；大规模的经济牺牲只能自愿承担，由紧密团结、愿为超越性理想服务的社区自愿承担。这是一个必然出现的力量源，它使社会主义思潮会不断光顾我们这个时代。

国际和平秩序的建立，不能通过简单地拒绝战争而达到目的，而要真正建立这种新经济秩序制度的基础。实现这一目的的第一步，取决于我们资本主义国家如何变革成真正的社区，通过在普通人控制下的给了人们经济生活的手段，废除社会中的财产分裂。

六、意识改革

由此，我们可能重建体制生活方面的新约伦理意义，无疑它的趋势既是和平的也是共产主义的。早期教会的做法反映了这些趋势，暗示了社会作为一系列永久性制度受到的排斥。

通过福音书中对人类生活中的人性发现，尤其是对基本个性自由的发现，人的意识本身已经出现变革。因此，在新约的道德伦理中对制度化社会的否定态度是含蓄的。无论是体制还是海关、法律，都不是社会存在的实质，只有反映人际关系的社区才是社会存在的实质，才会得到一种对制度化社会性质的解释，这相当于是对其他社会做出了否定。

对现代世界而言，耶稣的社会哲学是一种无政府主义。它的和平主义和共产主义建立的基础是对体制化社会不可避免本质的否定。权力、经济价值、胁迫，都被当作邪恶而被否定。个人生活本质的发现因此是与拒绝接受社会存在永久形式联系在一起的。

在我们的时代，人的意识正在被重新塑造。认识到社会有无法避免的本质，限制了对一个抽象人格的自由想象。权力、经济价值、胁迫，是一个复杂的社会不可避免的；这里没有让个体在选项中逃脱责任的手段。他不能逃离社会。但是，我们可能要通过这样的知识而失去的自由是虚幻的，而我们通过它去获得的自由是实在的。在社会中或通过社会，认知自己的损失，最终实现确定的自由，会让一个人日臻成熟。

今天，由耶稣发现的人类生活真相继续在坚持，就是认识到人已经处于自我异化的环境，想让复杂社会中的人回归个人生活，社会主义改造是唯一手段。

七、和平主义和工人阶级运动

尽人皆知，卫斯理复兴从一场革命中挽救了英格兰。社会和平主义——这个词在每种意义上都反对阶级斗争——已被确立为基督教生活方式的一部分。就工人阶级而言，现代和平主义仅仅意味着将这种和谐信条的应用从家庭延伸至外交事务。统治阶级成员的自身责任投入，自然也让他们无法让这种理论付诸实践。

综合来看，世界无法整合就倾向于培养一种唯心主义哲学，它坚持原来与它相关的宗教概念，即使它们已经衰退和被世俗取代。因此，尽管宗教生活衰减，理想世界仍是一个独立世界；理想被简单地剥夺了其超自然的设置，并开始连接到世俗的内容——这已经表现为现实与变革实际成果之间的致命差距。在正义的名义下，社会正义的理想与体现它的机构分离开来。同样，战争结束后，在人们心中，作为理想的联合国与作为机构的联合国已分离开来。正是在这个国家工人运动的宗教历史中，我们必须寻求对一种发展的解释，为什么它已经让和平主义成为和平实现的一个主要障碍。

第 8 篇　和平主义的根源 [23]

主席先生：

我可能以什么方式以及只以这个方式、可以同意自己被称为和平主义者呢？墨索里尼在声明他的法西斯主义和平主义的立场时是这样说的："有损于和平的假定之教义是对法西斯主义的敌对。"[24] 墨索里尼在这里指责的"有损于和平的假定"正是我想捍卫的信念。这不是一个理想主义者或感伤主义者的论点，比方说和平是"好"的，因此它"应该是"——或任何其他同样无意义的说法——这一假定隐含着关于目前人类社会发展关键阶段的一个明确的政治和经济诊断。**这正是我所赞成的一个特定诊断**。根据这一诊断，目前在法西斯主义和民主之间斗争的核心，就像在资本主义和社会主义之间，是一个是否要战争的问题。如果坚持这样的信念才能是一个和平主义者，那么，我是坚定的和平主义者。我今晚就来说一下这个问题吧。

但是，如果和平意味着接受"不打仗"的命令，那么我显然不是一个**和平主义者**。与之相反，我的具体诊断意思是，这也许仍需很长时间，如果战争的制度要被废止，人类将不得不面临战争。

我们这个时代的危险战争根源在哪里？就在这里。

人类物质存在的现实形式是在世界范围内相互依存的。人类存在的政治形式同样也必须是世界性的。无论是在一个世界帝国的边界内，还是在世界联盟中——或是通过征服与屈服，或是通过国际合作——如果我们的文明要继续存在，世界上的各个国家必须都进入到一个组织的怀抱中。战争会不断增大规模，肯定会不断扩大，直到和平被组织在两种战争的二选一之中。

我们的出发点是经济上的相互依赖。

在这种情况下，要考虑的物质因素与所谓的经济利益毫不相关。不是收入、利润、工资、团体标准或人口的阶层，而是数以千万计人们的基本生活会严重依靠这些物质因素。这里包括数以千万计的人们的生活被蓄意破坏，就事物本质而言，这在政治上不可行，在道义上也是站不住脚的。

现在，如果经济上的相互依存是实际存在的，明天，国家和民族就可以因此过上和平的生活，成为独立主权国家，在经济上自给自足。激情和偏见会从一些方面阻止他们，但在政治上和道义上它会是合理的。不过对于某个因素，准确讲就是经济，就不是合理的。建立普遍的自给自足，会不可避免地导致人类的物质资源急剧和致命地被毁，也会让地球上的人口急剧减少。若想强制恢复到原始条件生产，也将导致广大民众的饥饿和死亡。**其中的一个解决战争问题的根本原因，就是全民的自给自足解决方案是不能被接受的**。[25]

许多重大结果随之而来。如果普遍的自给自足不是解决方案，我们必须起码努力保证到目前为止的一些国际经济合作。现在的问题是：如何实现这一点呢？

我们的论点是，我们不能以传统的经济合作形式来完成。这些传统形式都已经永久地破裂了，并且不能被恢复。新的经济合作形式将被创建。创建新的经济合作形式非常必要，也迫使我们在国际范围内建立政治组织形式。寻求新的国际性生活方式是迫切需要的，我们需要找出所有紧张、压力和痛苦的最终原因，人类目前已经接受，未来还可能经历。

有人可能会反对：为什么不能恢复经济合作的传统形式呢？为何一定的国际经济合作新形式创造，会涉及自相残杀的战争和内战悲剧呢？

　　我们的两个主要问题：国际经济合作的传统形式已经破裂。在商品和支付的自由流动基础上的国际金本位、国际性的资本市场、国际大宗商品市场都已风光不再。该系统取决于国际金本位。它不能被修复了，因而显而易见的是，国家的相互依存关系越紧密，保持该系统的代价也越大。为什么？国际金本位的运行意味着相关的所有国家都同意允许国家内部价格水平按照不可控的国际收支变化上下移动。只要价格的摆动是向上的，政府可能会同意；但价格水平的永久性下降则指生产放缓、消费者财富贬值，意味着大量失业和随之而来的社会结构崩溃危险。没有一个政府会有意造成这样一种状态；也没有一个社会能让自己维持在这种状态中。

　　另一种可供选择的国际经济合作形式，就是创建新形式。**为什么不能马上建立呢**？

　　因为这至少要有一个过渡阶段，而且这个过渡时期可能时间很长，相关国家都将做出巨大的经济牺牲。根据我们目前的经济体制，没有一个国家的人民会自愿做出这样的牺牲。原因是显而易见的。即一个真正的社区有可能会下定决心去做出极大的牺牲，为的是一个伟大的目标，并且只要是有必要，他们就会付出坚持不懈的努力。但在我们的工业体系下，社会并不是那样的一个社区。我们的物质系统已经把社会分为了两个部分：一部分人是作为生产资料的业主和经理人，负责实际操作工业生产的；另一部分人是没有这些责任的人。

面临一个宏观政策时，我们不能指望后者来承担减薪以及失业这些后果的经济压力，因为他们并不能够评价实际的损失。正是由于这个简单的原因，在我们的现行经济制度下，当涉及经济问题时，是不可能视全体居民为一个单一体的。这就是为什么我们的民族国家，以目前的构成方式，在面临建立一个新的国际经济合作体系的任务面前，仍然是能力不足的。

顺便说一句，我想给你一个例子，关于我们杰出的和平主义者的经济推理。讨论的问题并不是经济上的自给自足是否可能。最具决定性的是，如我们已经表明，作为人类社会的唯一假设，**像现在这样构成**的国家，能够和平地存在于一个独立主权国家体系中。这就是罗素所说的自给自足的可能性："我认为毋庸置疑，通过运用现有的知识，大不列颠王国可以在 10 年内生产足够的食品，维持国民的生命。"这将"比通常认为的保证国内供应更容易"。[26] 他详尽引述 O.W. 威尔科克斯博士在《新的共和国》的一篇文章（1936 年 6 月 3 日），其中这位美国作家对新农业生物的描写参考的是美国加州大学格里克（W.F.Gericke）博士的作品。格里克博士声称，他每亩可生产 217 吨西红柿，2465 蒲式耳马铃薯，也就是美国的全国平均水平的 20 倍。**这些新作物根本就不是种植于土地**，而是在一些浅槽中放入化学液体，将植物根部浸泡起来，还可能把化学液体用电加热。"我们已经听到过不少故事，"威尔科克斯博士在他的文章中总结说，"某个偶然意义上的科学家，说他好多年都在一个锡锅中种出了土豆，足以供应一个大家庭的厨房需要。事实上，我们没有理由不让那些锡锅叠起来，几百个，或几千个相叠，叠成摩天大楼农场。"就个人而言，我不怀疑科学农业的可能性。事实上，自农业存在以来，它已经或多或少地被人掌管。但苏联的社会主义建设，为这样一个企业的经济学提供了最好例子。巨大的资本支出意味着对生活标准的考验。如果他们的计划接近全国范围的基本情况，伯兰特·罗素（Bertrand Russell）会知道参与此类计划的资本支出金额吗？这种资本支出，就劳动力和商品而言，意味着这个国家的人民要有整整一代人被奴役。显然，还必须要有一些种植棉花、咖啡和茶的锡锅，种植橡胶、甜橙和柠檬树的锡锅，甚至能够养猪和牛羊、可生产肉类的锡锅。

　　但是威尔科克斯博士的发现在其他领域也没有被忽视，这些科学头脑甚至是比罗素的案例更为明显——起码在他自己的领域是一个伟大的科学家。我暗指的是赫胥黎近作中的《目的与手段》。

　　由格里克博士主持的"无土农业"，是书中值得骄傲的地方，不过，正如赫胥黎的谨慎补充："它仍处于实验阶段。"威尔科克斯博士的书之《国家可以住在家》，使赫胥黎相信英国人也可以住在老家，不需要其他住户的援助。"到什么程度人口过多可以成为军国主义和帝国主义的一个有效的借口？"赫胥黎曾问，"相比无土种植会引发一次农业革命，18世纪和19世纪工业革命所引起的社会动荡，可能确实是微不足道的。"

　　现在这个微不足道的结果之一是，英国人口在1700年和1900年间增加了六倍。如果"无土种植"的结果只能让另一部分国家人口增加六倍，地球的人口可能很容易从20亿上升到120亿。

然而，赫胥黎明智地表示说，他希望这个"出生率不会大幅上扬"。而且，他认为"没有政府为了提升物质生产能力，曾认真推行过大规模的现代农业生物方法，这一点有深刻的意义，就像不必要的帝国主义描写和外国征服者主题"这个事实本身，就足以证明一个真理，即战争的原因不仅仅是经济上的，也是心理上的。只有傻瓜才会断言战争的起因仅仅是经济。但难道是赫胥黎完全忘记了全世界对帝国主义和军国主义国家的反对吗？正是他们通过各种人为手段，尽量提高他们的粮食供应，并争取在科学的帮助下，实现了原来不可能的供给？墨索里尼的科学"战粮"，无土黄油似乎已经逃过他的注意。即使是和平的捷克斯洛伐克，也已经在13年的战后时期降低了农产品进口的74%。但恰恰是这些不经济的伪科学努力的可怕成本，让这些国家贫瘠，抑制了他们的生活标准，助长了他们帝国主义扩张的精神。

"目的和手段"推理就这么多，对他们来说是最慈善的事情。我想，如格言所说，目的最终会要用于检验实现它的手段。

我们已经用了这么多时间讨论格里克博士的说法，以显示严肃的和平主义者有时对待这些问题的轻率。有特点的是，这不是**宗教和平主义**，而是**理性主义**，像拉塞尔（Russell）或是有些人说的**心理**，像赫胥黎，他的论点显然无关紧要。单靠宗教和平就可以做出一个意见一致的案例。我不用说，在我的信念里，他是错的。

但是，让我们回到我们的论点。主要是出于经济原因，生活中的国际组织必须重建。这不可能发生在传统的基础上，各国政府不能也不会允许他们国家的经济体制，成为被不可控国际力量乱踢的足球。**只要我们目前的经济体系继续，它就不能被重建于新的基础之上。**因为我们的现代阶级社会缺乏那样程度的经济一致性，这种一致性应该使他们能肩负参与建立国际合作的巨大牺牲。只有真正的社区可以生成历史英雄主义的道德力量，没有这样的力量就不可能做出这样的努力，去证明克服所有难以逾越的障碍的成功。

我们发现自己在这样的情况中：在国际领域，当一个世界联盟最终圆满建立之前，不能停止它必然的缓慢过程。在国家范畴内，我们目前的经济体系必须由一个真正的经济联合体所取代，恰恰是因为，只有这样的联盟，才能够并且愿意支付沉重的代价，去建立一个世界性的经济合作体。这就是为什么，在我们眼前的这一时期，外交必须仍高于内政。

反对国际合作的国家权力将迫使他们对其他国家进行帝国主义战争。不管出于何种原因，支持国际体系的权力会共同反对它们。

尝试发展合作的解决方案，将是一种旷日持久和痛苦的努力，目前经济体系的固有弱点，必须承担其致命的后果。因为没有任何一种国际体系能被证明是可行的，如果它在国际范围内的紧急情况下，不提供真正的经济合作。因此，没有任何一种人类苦难的程度，会给我们带来任何所需的国际政治新秩序，除非所有国家——由于众多战争、多次痛苦的失败、毫无意义的胜利——已被改造**成为一个真正的经济共同体。**

第9篇　未来民主英格兰的文化 [27]

主席先生：

我面临着一个二选一选项，第一项我认为是一种难以忍受的枯燥，讨论"文化"这个词的意义或意义们，或与之相关的术语"文明"的意义或意义们，当然，包括它们之间的差别异同。要不就试着说说英国文化中不太抽象的问题，及其目前存在的问题。我决定选择后者。我希望这个背离原题的选择能得到你们的批准。确实，我要做一个更好的决定，在关于英国文化的所有问题中，最有趣的似乎是**未来民主英格兰的文化**。因此，我决定这就是我要讲的问题。我还需要得到你们的进一步批准。

文明是人们拥有了刀、叉和勺子，文化就是知道如何使用它们。文明是关于可利用性，比如，图书馆和婚姻法就是可以利用的；文化是知道它们如何使用。这就是为什么文明和文化不相吻合。一个人可以拥有文明，但也许不会使用它。文明是指外部的东西——像工具或机构——在一个社会中可用；文化是指文明中更内部和更个人的东西。古希腊人并不比其他野蛮人更好，他们是否拥有的文化——不能仅仅通过刀、叉和勺子的存在，甚至通过婚姻法其中（至少他们的法律中有神可以与女神通奸）的存在来证明。荷马和他的史诗可能说明古希腊人已拥有一个事实上的诗意文化，但天后赫拉女神肯定还没有热心于卫生学文化。否则，诗人就不会写下这样的事实，在她令人难忘的洗澡时刻，她洗去了"所有的污垢"（rupapanta）。至于说到使用肥皂，英国的医生直至 1801 年才记录说："女士们年年都忽视清洗自己的身体。"然而，谁会怀疑，简·奥斯丁和她笔下的女主人公，都是文化的产物。但是，有哪些方面的文化呢？莎士比亚、班扬都曾拥有一种文化；但是在哪些方面呢？后者在自己的前言结尾是这样结束的："我是你的，如果你不感羞愧地承认我，因为我是世上低下而又可鄙者的后代，约翰·班扬"。班扬是一个吉卜赛人，正如他所说的："我在我父亲的房子里长大，那是一个很艰苦的生活条件。"这个序在后续版本里被编辑成"我是你的，为主耶稣服务的约翰·班扬"。然而，伊丽莎白时期的诗性文化与清教徒时期的宗教文化相比，虽然清教徒时期允许班扬为宗教文化贡献不朽的文学，但在最重要的、让英国人心智健全、精神充实这点上——除了莎士比亚——清教徒时期的宗教文化仍无法企及伊丽莎白时期的诗性文化。

　　文化虽然基本上是一种个人特质，但却不属于个人。它意味着一个群体的存在，仅仅因为它指的是**被接受**的价值观，而不是另外创建**新**价值观。

　　一个人是可以被特殊培养的，但他无法建立一个完全只属自己的文化。就像爱丁顿曾经说过："你不能在拿着黑桃国王的同时还想连同它一起洗牌。"[28] 文化是对已被接受的价值观的参照，**但由谁来接受呢**？困难出现了。局限在越小人群圈子中的"文化"，越可能倾向于散发势利的神秘恶臭。但那种唯一的"文化"，相对和内在的势利，其实就是阶级特权文化，因为这样的文化不能变成普遍的事物本质。基督教在这个意义上是从根本上反对"文化"的 [当然，除了英格院长（Dean Inge），他否认一个人如果可以有选择，或者做一个基督徒，或者做一个绅士，并补充说，二者必须选一，他会是那个宁愿保持绅士风度的人]。

凡勃伦（Thorstein Veblen）是斯堪的纳维亚血统的，他提出的理论认为，在阶级社会中，"文化"必然是阶层差异的表现。说白了，就是想保住自己的位置。只有当一些人不受劳工之苦时，一定形式的文化才能成为可能。凡勃伦有一个观点，在一个阶级社会，要想豁免辛劳是不能营造文化**条件**的，那不过是文化的代名词。**文化变成了一种升华了的阶级优越感。**由于辛劳豁免主要体现为有钱有闲，花时间消闲和消费商品就成了名誉的标准。取得名声因此变得有一种虚假的文化价值功能，即通过**引人注目的浪费**和显而易见的**炫耀性休闲**来成名。草坪上神气活现的孔雀是文化的一个标志，而放牧奶牛就不是了；后者没有展现一种**引人注目的浪费**，而前者就做到了。仆人们，如果有一些仆人的话，他们必然被优先雇佣做一些无用的工作，为的是显示"替代休闲"。事情还不止于此。统治阶级的文化将影响其他阶级，让他们也学会追求不自然的休闲。在现代文明社会，凡勃伦写道：

> 社会阶层之间的划线已经越来越模糊和变幻无常，每当这种情况发生，上层阶级为保住名位，就会扩张他们的强制性影响，但这种影响往往只受到轻微的阻碍，就通过社会结构传递到了最低层。其结果就是，每一个阶层的成员接受更

高阶层的时尚，作为他们理想的雅观生活计划，**费尽他们的精力去实现这个理想**。在发生故障的情况下，一旦失败了，遭受了失去好名声和自尊的痛苦后，他们必须按照世人的接受方式去行事，**至少看上去这样**。[29]

这样的有闲阶级"文化"——很可能，甚至对生成它的阶级而言也是没有什么价值的，对其他阶级的影响更是有害的。它们取文化而代之的，是让势利成了普遍追求。不符合特定条件生活的文化是毫无价值的。这种明显浪费的文化，甚至对能够如此浪费的人来说也是没有价值的，因为它仅仅是阶级优越感的升华形式。但是，对于消费不起的阶级，这是一个沉重的道德灾难，因为，他们不再去使生活变得更加丰富，而是用噱头、受挫和扭曲取而代之。所有真正文化的首要条件是，它与社会现实相适应，并塑造了人们与社会现实相适合的生活方式。

广义地说，英国文化的问题就是这个。英国文化的力量和美妙在于它是乡村的。它脱胎于封建社会的乡村环境，其本质是阶级文化。然而，它成功地渗透了整个中产阶级，甚至更多影响到中下阶层。因此，乡村生活方式获得全国民众的普遍认可。

但是，在工业革命之后，**缺失相应的城市文化**是英国的严重弱点，城市文化既不属于产业工人，也不是属于上层的苍白国家文化。人们已经失去了原来的宅基地式乡村文化，但没有在新的环境中，在新的蘑菇小镇和杂乱的贫民窟中获得其他新文化。很难想象民主的英格兰未来，可以不寻求工人阶级的文化力量加入自己的民族文化。但是，怎么才能做到这样呢，除非在这个国家的城市生活中发展出有效和有尊严的形式，值得以文化的名义建设？这不是目前英国民主面临的唯一文化问题。但它是英国文化的一个缩影。

…………

英国人强烈地意识到自己的孤立性，但却要让一个欧洲大陆人去认识其中的主要部分是什么。这是一件非常简单的事情。在欧洲大陆，文明是城市的产物。罗马帝国是一个城市的世界，建立了普遍的城市文化。只要帝国持续，罗马人就会继续建造城市，只要这些岛屿有可能变成帝国的一部分，罗马人就会永不疲倦地到这里来建设城市。当帝国倒塌时，到处都是城市沦陷，文明也在西方停止。城市的回归预示着文明在欧洲大陆的回归。复兴首先开始在幸存的小镇，在意大利北部和法国南部。其次是崛起于法国、意大利、德国、比利时、荷兰的城镇。这又意味着一个新的特权阶层的崛起，即**资产阶级**，而贵族和祭司被取而代之。几乎到处的资产阶级都拥有革命性的基因。"就像职员或贵族"[引用自皮雷纳（Pirenne）]，"市民们逃脱了普通法；像职员或贵族一样，他们属于特定的地产（地位）。在朗格多克的城市，在 12 世纪和 13 世纪，小资产阶级获得了他们的公民权利。"[30] 在意大利、德国南部、莱茵兰以及低地国家，都挤满了城邦。佛罗伦萨在托斯卡纳庄园买下房地产，在城市的控制下致力于发展自己的农业。城镇实际执行的是一个更**便宜的粮食政策**，考虑的是城市市民的需要。如皮雷纳所说的那样："对市民来说，乡村人口的存在，只是用于被剥削的。"[31] 在佛罗伦萨，人们把贵族驱赶到城市并定居在那里。贵族们只有在参与镀金工艺，被证明了他们真的参与了贸易之后，才能获得特许经营资格。在德国，也是在市民控制粮食供应和原材料之后，城镇才具有了应有的功能。

无论是在威尼斯、安科纳、博洛尼亚，还是在意大利的费拉拉，都是常规的城市；同样在乌尔姆、巴塞尔、伯尔尼或多瑙河和莱茵河畔的斯特拉斯堡，或在弗兰德斯的布鲁日、根特、伊普尔三大名城，城市生活成了市民的生活。正是在那里，政治的精神首先被激发。在托马斯·阿奎那看来，他是一个典型的意大利人，人自然是一个城镇居民，圣托马斯认为农村生活只是不幸的结果或不想要的结果。当然，其中托马斯·阿奎那写到的城镇，本身就是农业强镇，并通过有序的交流系统与周边地区交换和支持自身，周边地区也是在它的统治之下。天使医生（指阿奎那）描述农业为"肮脏的和悲惨的"。毫无疑问，真正的基督徒首先进入的城镇，也奠定了它的文明，那里也是教堂被设立的地方。中世纪的基督教社会道德是父权制的，而不是封建的；它是城市的，而不是乡村的。该瓦勒和根斯派——宗派主义者，萨沃纳罗拉的前身——是城镇宗教良心的一种热切表达。城市所在地不仅是商业与贸易的发源地，而且还是手工艺品、宗教和学习的发源地，欧洲大陆的政治学和管理学发源地。最重要的是，他们是城市文化的载体，是骄傲、富有、著名城市的保卫者、佩剑贵族等人群的领地。

甚至没有任何类似的现象曾经发生在英国，征服者威廉在一个令人难以置信的极短时间里，也建立了一个有效的集中管理，它是第一个也是很长一段时间里欧洲的唯一。即使是之后，该国也是由王权及其官员管辖的，直到 17 世纪，由议会接管。除了一些民间纷争的罕见时期，英国都与欧洲大陆上永远的国家间战争无法比较，和平一直在统治英国。现在的英国城镇都是军事设施，而且是极其昂贵的设施。维持一个有围墙的小镇，维持一个狭小范围内的公民秩序，是城市存在的理由。诺曼贵族刚建起他们的城堡，撤回到他们的地牢，他们的马就从市民手中接过了农村的治安，市民们就成为简单的商人和农民，也永远不会去争取骑士职业。解放城镇的过程是一个购买和平的过程，而不是一个暴力起义和反抗的过程。在玫瑰战争之后，许多城镇衰退，反对"城镇拆迁"的都铎王朝法律都已无济于事。

在 16 世纪，越来越难以引导追求物质的人去承受市政府的负担。通常，他们不再居住在城镇，甚至当他们继续在那里交易时也这样。他们把挣来的钱投资在自己的土地，并把自己变成乡绅，就像梅雷迪思教授记录的。就连在伦敦——自罗马时代以来唯一保留了城墙的城市，也从未放弃她的军事特权——是一个真正的例外。诚然，几乎在整个英国历史上，城市都是指最高的政治权力。如麦考利写道，伦敦打败查尔斯一世，伦敦恢复了查理二世。但即使到那个时候，英国的贵族家庭也早就迁移出了她的高墙。除了沙夫茨伯里，他的宅邸在阿登格特（Aldergate）街和白金汉宫，住在查林十字街附近，几乎没有任何贵族的名字是联系到伦敦城的。罗伯特·克莱顿先生住在老犹太人区，达德利·诺斯爵士生活在巴鑫豪（Basinghall）大道。宪章楼、基督医院、格雷沙姆学院、德威学校或上帝礼物学院，展示的是关心中产阶级的慈善家，但他们大多数不是伦敦市民。当理查德·约翰逊在1612年写文章赞颂伦敦的英雄市民时，他选择的9位前贤，都不是伦敦市民：亨利·普里查爵士，葡萄酒师；威廉·塞文欧克斯先生，杂货商；托马斯·怀特爵士，定制服装裁缝；约翰·博纳姆先生，绸缎商人；克里斯多弗·克罗克先生，酒商；休·卡瓦利爵士，丝绸织工；亨利·麦尔维特先生，杂货商……已经载入史册的仅一人：威廉·沃尔沃思爵士，鱼贩，来自大伦敦。当理查二世在史密斯菲尔德会见农民领袖时，他杀了瓦特·泰勒。那是一个极具特点的插曲。而此时的傲慢资产阶级代表伊普尔，其辉煌华丽的礼服和珠宝曾让法兰西皇后汗颜。在同一时间，瑞士农民英雄阿诺德·温克里德在森帕赫的战斗中英勇牺牲，骄傲的骑士军队被普通的平民射杀，市长（Lord Major）是站在骑士和贵族的一面，对付反抗农民的。这几乎是一个牢不可破的规则，每当一个自由民被提升拥有了爵位，他就会停止做生意，确实是这样的。也许张伯伦（Chamberlains）可以特立独行，他的声誉与伯明翰有关，没有英国的悠久历史家族曾出自小镇或城市，或者今天仍是如此。

英国文化的制度性起源是从天才的查理曼突然开始的。他和征服者威廉是诺曼英格兰的联合创始人。如果我们可以相信威廉·坎宁安的描述，他是一位伟大学者并拥有伟大心灵，那么由查理曼发布的管理文本（Capitulare de villis）是严格遵循诺曼采邑（庄园）的毛涤伦系统运行的（作为一个经济单位的庄园，其起源要回溯到盎格鲁－撒克逊时代，但作为文化中心的庄园，才是我想在这里讨论的问题）。19 世纪的法兰克帝国是罗马帝国和中世纪中期法国之间的纽带。查理大帝的倡议最近被描述为"昙花一现"，或黑暗时代的一段辉煌插曲——这里的黑暗是说在西欧中世纪中期，罗马帝国出现分裂。在此无政府状态和帝国腐烂期间，当时的城镇和城市实际上已经消失。查理曼相信高度有组织的文化中心是基于自然的本地经济的，不需要钱、商业、贸易以及其他的城市生活延伸物。关于 Capitulare de villis 的详细规定，似乎已经被诺曼征服者采用，作为他们在这个国家创建新经济和文化生活的模型。坎宁安是一个伟大乡村文化独特价值的忠实信徒，他可能夸大了乡村突然出现的财富和生活方式多样性。我个人则不这么认为。碰巧我自己就是一个生活接近自然的信徒，越是让自然担保我们的安全，我们就越是可能处处发现快乐。

英国的孤立性——我希望现在我们可以明显地发现——部分是来自大自然的恩赐：在诺曼征服者之前英国只是一个岛屿，但它不是孤立的；它在政治上不是统一的，因此，它是一个入侵人群的名副其实的通途。只是在这之后，诺曼征服者统一了岛屿的防御，同时进行了集中管理，从而建立了国内和平，才有可能启动一个发展路线，去开发一个与欧洲大陆完全不同的发展线路，即丢弃围墙式的文明，也就是那种害怕开放的庄园及农舍乡村文化，其中无边无际的奇景是英伦半岛的辉煌。在天使医生（阿奎那）的启发下，但丁绘下了他对宇宙的理解，从不知道英国乡村出现过莎士比亚和济慈。

英伦半岛是一部传播庄园文化的长篇故事，通过时间、空间和社会群体的文化，直到作为一个整体的国家。虽然新的社会阶层会上升到统治阶层行列，并逐渐改变社会规则的经济基础，但他们的文化被乡村豪宅和别墅世界所同化。

我怕我不能谈得太细。显然，有一个大危险就是参与扩展乡村文化，将其向非乡村背景的社会阶级传播，名义上这些阶级将尝试接受一种生活方式价值观，并与他们的实际生活状况是相和谐的。简言之，伦敦金融城的上升中的资产阶级、银行家和金融家、伟大的商人和生意人，从来没有成功地建立自己的文化；英格兰的清教徒未能保持他们在联合体中的胜出（查尔斯二世的肖像）。[32] 在王政复辟时期，清教从上层阶级生活中作为一种文化贸易而被铲除。

这种被推荐的生活方式和实际的生活条件之间的差异，将是灾难性的，但作为一个重要的补偿，它让很多城市的个人加入了传统统治阶级行列，同时又改变了统治阶级的金融基础，以便使统治阶层靠近新资本家阶层。

尽管如此，当城市贵族阶层的文化斗争终于在 17 世纪下半叶败下阵来，英国的文化获得了统一性时，也可能已经失去了她的多样性。

与之类似，大概在拿破仑战争和狄更斯时代，当城市更低层次的中产阶级争取独立人格奋起抗争。狄更斯的作品有很多醒目的个性鲜明的人物。如麦塔利姆先生（Mantalim）、米考伯先生（Micawber）和奇瑞伯（Cheeryble）兄弟，但最无与伦比的是匹克威克先生（Mr. Pickwick），他是英国场景描写中的一个全新人物性格。

在罗伯特·卡莱尔（Robert Carlisles）和威廉·科贝特（William Cobbetts）的散文中，19世纪早期的政治和宗教教派运动比比皆是。但这一阶层，如马克·卢瑟福（Mark Rutherford）小说描述的，又一次是在**制革厂商巷革命**中进行调解的。此外，个性的丰富性和多样性，会因为民族团结的缘故而被牺牲的。但是，这里也有一个重要的补偿举措：中低等级在为争取自我做主斗争中失败了，但经济上他们在农村生活所必需的一些物品却得到了保障。他们不会沉沦到贫民窟居民的水平。他们在农村拥有自己的房子、自己的花园、一起共用的农村设施。乡村文化，对他们来说并没有成为失地原住民的不合身衣服，但被本地同化了（不可否认，有些是强制性的）。

不过，产业工人阶级的问题已经被证明是无法解决的。

真正的文化灾难注定是从巨大的新城镇和缺乏美感及和谐的环境中发展出来的，其实是缺少人类文化的雏形。在美妙的欧文主义者（Owenite）运动和宪章运动中，产业工人阶级也期待得到独立自主的文化，但这些运动曾被镇压。

而这一次，没有可赎回的对抗运动，用来提升工人阶级进入统治阶层，同时为他们带来接近自身条件的、阶级统治的经济基础。这在最大胆的想象中也根本没有可能。产业工人被注定要生活其中的环境和条件，用农村生活的价值看，是明显不适宜的。

第 10 篇　维也纳和美国的经验：美国 [33]

美国的经验似乎证实了一个事实，即教育的社会有效性取决于基于社会现实的特定方式。

我的美国经验比奥地利经验有限得多。我在美国中西部生活了 6 周，在中南部和东南部旅行了 8 周，有一个星期在东部，这就是所有了。但我幸运地可以在 30 所高校和大学短暂停留及采访、参观，还访问了几所高中（高年级学校）。顺便提一下，在中西部地区一所发展很好的高中，我被要求在"关于社会科学的学习计划"上提供意见，并与美国华盛顿教育署的一些官方接触。他们又把我介绍给了从事青年援助与民间保护等工作的联邦机构成员。

有些令人困惑的著名美国教育悖论可以这样概括：

A. 原教旨主义（基要主义）——由国家立法强制实施的宗教信条——完全不搞宗教教育或不允许在国家机构进行任何种类的教学；

B. 理想主义者"提升"——唯物主义实践哲学；极端宪法传统主义；

C. 实验性的创作态度；

D. 表面性指标——国家教育的平均水平非常高。

一、一些显著的情形特点

A. 政教完全分离，为了维护宗教自由而在一些宗教深厚社区强制执行，导致了美国高度自相矛盾的结果。

虽然在某些美国原教旨主义状态中，任何人只要提到达尔文主义都可能当场被解雇，同时在师范类院校，不允许存在任何一种宗教气氛，国家有关部门强制执行禁止宗教教学。这项禁令是为了保障宗教由于世俗入侵而可能失去的自由，但结果是导致了宗教在教育领域的完全自由。

于是，美国的教育就比维也纳的社会民主学校改革更世俗化。这表明，宗教信仰朝着本位主义的显著发展，与思想、工作和整个社会生活的突出世俗化，它们之间的结合没有问题。

B. 尽管在整个公共生活中有公开承认的高度理想主义，而且有经常性的实践，教育仍是**明确地瞄准**使年轻人尽可能快速、高效谋生的纯粹实用目的。"工作"不仅是主要关注，还是年轻人休闲时间的主要爱好。事实上，年轻的男孩在传统意义上是热衷于工作的，就像英格兰贫困地区的成年人（顺便说一句，想象一下失业率的震撼，必须是用于那些看到学校系统正在帮助年轻人找到工作的唯一理由。如果孩子们无法得到一份工作，学校又有什么用呢？谁在意啊？）。实际上，美国的教育家往往不能令人满意地回答为什么——这个没有明确实用价值的母题——应该被列入课程。

另一方面，你会在后面看到，那种认为学校教育必须有**实用**价值的想法，确实作为一个强大的动机，引导着社会利用学校作为**社会合作平台**，让学校成为一个有意识地适应环境、可不断开发**新器官**的机构等等，而不是同样地让学校体现应有的更高社会价值。

C. 在美国，建立社会**平等**的任务不属于学校。按照一般人的理解，无论是富人还是穷人，平等是一个事实。对于 80% 的人来说（除了黑人），**说话、礼貌和行为举止**是平等的。有钱人不觉得在社会上优于穷人，普通公民不觉得在社会上逊色于富人（当然有无数例外，但不影响基本事实）。因此，**平等已经实现**；让建立平等成为设置学校的任务将是不必要的。

另一方面，个体和群体的收入差异确实标识了他们之间的社会差异。这种"属于这个或那个群体"的差异是很多样的；它们对应于英国的社会阶层，但它们在特征上与这些不同。

它们不是血统、养育、品种、培育的标识，而是收入的标识。当你的收入上升时，你进入一个阶层，当你失去你的现收入，你再次被移出这阶层——进入不同阶层对应的是你目前的收入。因此是**金钱**把一群人组在一起，或者同样将人们分开（在某种意义上）。这种群体区别是不深刻的，但比任何其他区分方式**更残酷和苛刻**。不过它**事实上**也**非常多**地减轻了人们收入**频繁**起伏的压力。根据他们收入下降的某一特定时期，一群人中的不同成员、同一家庭的不同成员，经常生活在不同的社会水平。[34] 最小的弟弟会是大学的教授，而家里的老大则可以是一个矿工，他们之间的另外五六个兄弟姐妹的收入档次和相应的社会地位，可以在这样的范围内各有不同。因此，朋友常常因为社会地位的变动而聚散，虽然社会上下阶层分裂是**事实**，但影响自我评价的因素不止这一个——而英格兰的社会阶层分裂是如此之深，因为一眼就可识别的缘故，它在许多方面必须人为地弥合。

这里再一次，就教育理想中失业的影响来讲，**实际的经济和社会条件**的影响就非常显著：

◎**实际**失业率在实践中驳斥了去学校是为了就业的想法；

◎收入的**实际**变化频率明显减轻了基于收入变化的社会差异影响；

◎实际就业和生活标准的不断上升，表示了拥有普遍信仰的一个理由，即美国社会秩序应该是人类迄今为止所设想的最自由、最平等、最公平的。

对美国社会思想的理解是不可能不联系其实际社会条件的，在获此条件期间，社会生活这个概念被开拓了。在美国人对待社会的态度上，这也许是最重要的线索和特质。从而：

D.　美国对待社会的态度整体是"唯物主义"的，这不过是表面的真实——在这个意义上，其中"唯物主义"意指一个不同于进步的估值。实际事实正好相反。美国人深信 [35] 社会秩序的根本性公正。他们认为这已经提供了所有最高程度的物质福利，即它向所有人提供机会，事实上，它使每个人都自由和平等。从某种意义上讲这是真的。因此，**美国不顾这个道理非常重要的条件问题，相信**他们的社会并将它视为它是神在地球上目的的最高成就。他们为自己的信念这样做，在某种意义上，不管一个人是否真信上帝，他的相信在社会上能超越相互矛盾的宗教；这**直接表达**了他的人生信念。他有关社会的整体观点和看法，必须因此被视为等同于宗教信仰。

韦伯夫妇称俄罗斯的共产主义政权是一个教条(creedocracy)。美国也是一样，从更广泛的意义上说，这也是一个教条——仅仅是不同的教条中的一个。

E. 盟约者建立了**社会**，不是一个**国家**、一个**民族**。在美国，**政治国家**被宪法驱逐到社会遥远的角落里。它只是在靠忍耐存活，而且它绝不会像欧洲国家那样尝试通过夺取政权与实力来获得生存。因此美国社会的存在是没有政治国家的支撑的。美国并不认为社会是被国家权力支持的，或是被任何一种武力形式支持的。美国联邦政府没有在内政上的指挥警察的权力。没有警察。社会应该是自治的。**无政府主义**在这里实现了。

社会现实是这些美国教育的决定性的社会理想背景。大家都相信这个社会的终极原则的有效性，这是这个社会的唯一保证。这是在交付货物：前所未有的生活标准和大量的平等机会。毕竟，在美国仅有很小部分的顶级富人和超过了适度比例的落魄之人，这些底层人几乎都是新移民。其余的绝大多数，则得到了最好的食物、最好的衣服、最好的安置（平均讲），肯定还接受的是世界上最好的教育（经济危机，尽管它已经在人们的心中和思想上留下了伤痕，但还未强烈到改变人们对社会的赞赏）。这是由盟约者开始的实验结局，它还没有结束，它仍在继续。这是依据很著名短句的含义："你喜欢美国吗？"和"我们是一个新的国家。"在美国，在这过去的150年中，这句话的含义与苏俄的含义是一样的，或可能发生在接下来的200年中，意思是人们参与一个巨大的实验时所持有的态度——只有好奇心的区别。在美国，**这一切都将引领到那儿**，具有很大的模糊性和不确定性，而在俄罗斯，其宗旨和最终结果似乎也是未被**事先**确定（方式的）。总体上没有一个国家比美国更像苏联的了——美国是现代历史上唯一以一种有意识、深思熟虑的决心去建成一个新社会的另一个国家。两国的真正区别是，俄罗斯的努力体现的是一个更高的境界。

然而，美国不应该被低估，虽然这个国家[36]经常被低估。其明显弱点就是她是一个"新国家"。虽然她确实有很多文化程度较低的底层人，但他们受教育程度的平均水平则是空前的高。例如，实验态度通常被视为卓有成效的技术原则在文化领域的一种明显错位的应用，这个实验态度只是部分地由于美国让一切重新开始的传统，另一部分则表明要让学校与**社会建设任务**高度正相关。

在这里我们涉及了美国教育任务一个非常重要的方面，即在美国现实社会给出的条件下展开教育工作。

1. 正是由于盟约者建立的社会性质使得**个人生活和社会之间的关系应该是直接和立即的**。个人想到他们自己时，没有任何一种权力可以妨碍，如官僚机构的干预、国家政治或政府。这是美国社会**极端可塑性的起源**。就是个人与社会之间没有任何东西。

2. 快速和不断**变化**是美国社会历史的一个突出特点。作为一项规则，20 年内美国的环境被改变到了每一项经济和社会功能也都完全被改变了的程度。

这就是为什么美国人比其他任何人在世界上（不包括苏联），更多地了解社会变化的原因。

这两个事实解释了**在新环境变化中，为什么美国人一直关注个人和小团体的作用**。原因是社会具有可塑性而且**变化是他们所拥有的经验中唯一不变**的东西。美国人比我们都更加知道在社会变化的条件下，个人和小团体所扮演的角色。如果有一天，美国人不再相信他们的社会和不想再运行它了，它就会立即改变——因为没有什么东西可以阻止其改变。

这是美国信念的社会背景，即在美国社会，教育要形成价值：所以，当教育向孩子们**教导**［如美国英语所说的"runs（运行）"］这些思想和原则，这比任何其他国家都教导得多，它们会直接形成对社会的支撑力。

因此，这样的美国教育成果，从美国社会及其改进上看（如果只在美国意识上），取决于为自己效力的两个前提条件：设定的**社会理想**确实存在；作为社会**现实本身**的环境因素。

无论我们采取奥地利的案例，说教育的目的旨在社会改造，还是采用美国的教育例子，说其看似进步，本质却是保守的，两个结果会是相同的。

在抽象意义上，教育可能会有效地影响社会，而教育若与社会的具体性分离，就只能是一种幻想。

注释：

[1] 文件 30—38，卡尔·波兰尼卷宗：哥伦比亚大学研究生经济学学会，在 1950 年纽约讲课。

[2] 编者注：A.H. 魁金《对原始货币的调查》（伦敦：梅休因，1963），第 1 页。

[3] 编者注：该引用几乎可以肯定是出自 F. 迪克森《货币的本质》（第三版，慕尼黑：Duncker & Humblot，1922）第 2 篇。

[4] 编者注：笔者在原打字稿边自己更正为"在 1919 年"。

[5] 编者注："它"在这里指的是建议的方法（制度化分析）。

[6] 编者注：从"不应因此承担……"直到这里，这句话可能是被作者删除了。

我们选择意大利语译本中对它的保留，我们在这里也保留。

[7] 编者注：这整个句子的手书笔迹难以辨认。

[8] 编者注：没有一般情况中的"对于那些可能受到限制的人"，波兰尼在这里用了他的特殊表述："就像那些受到限制的 for such as are restricted"这是他最喜欢的量词的不确定性（对那些，不管它们是多少，它们），我们总是保留这些表达方式；不过在这里，听起来有点古怪，会影响清晰度。

[9] 编者注：很显然，波兰尼此处打算引用的话 Cadamosto，但没能做成。

[10] 文件 17—29，卡尔·波兰尼卷宗：未标明日期的打字稿，作者亲自做的全面的修正。结构、标题和段落划分已经被做过编辑。原来包含的大量名单，看起来像是从笔记索引卡复制出来的：我们在这里可以看到笔者在如何一步步构建自己的思想与论据。

[11] 编者注：这里波兰尼使用了"修道院"（convent）这个词，但这并不是真正的英语单词"修道院"。它是德语单词（Konvent），意思是英语中的"公约"（convention）而不是"修道院"。对于 1792 年至 1795 年的法国"国民公约"而言，英文的"修道院"有错意，因此做了修正。

[12] 编者注：英格兰。

[13] 编者注：我们在此处加入了一些字，使句子和波兰尼的思想更容易理解和连贯。

[14] 编者注：这是手写加上的一个词，不能完全确定（可能是"元素"，也可能是"特性"）。

[15] 编者注：实现了这种正确评价的国家。

[16] 文件 20—23，卡尔·波兰尼卷宗：从 1938 年起。根据这一档案，它转载在基督教左派集团的公告草案上，1938 年 8 月第 3 页。相同的文件中有两个其他版本，而文件 18—39 将保留 1932 年的草案。

[17] 编者注：贝尼托·墨索里尼《法西斯主义政治和社会教义》，简·索姆斯翻译（伦敦：霍加斯出版社，1933，588 页），这个研究是由伦纳德和弗吉尼亚·伍尔夫自己的出版社出版成书的。意大利原版为上一年的意大利语百科全书，第 14 卷。

[18] 编者注：莎士比亚《奥赛罗》，第三幕，第三场，第 279 行。

[19] 编者注：这里可联系第一条引言，整个意思是要感谢 19 世纪的法学家亨利·梅因爵士的说法："战争似乎是像人类一样古老，但和平是一种现代发

明。"见迈克尔·霍华德的《心灵和平》的开篇（纽黑文，美国康奈提格州：耶鲁大学出版社，2000）。至于第二段引言，其来源尚是未知。

[20] 编者注：原来这里读起来语法有错或比较混乱，它只能涉及"动机"或"法院"，上下文中唯一的复数名词，但也难以理解。这种类型的错误，涉及使用英语代词，不是只有这一处，和其他地方一样，它们会在修订出版的论文中被予以纠正。

[21] 编者注：此处出现在原始打字稿中是用修理（"个人修理法院的动机"）。这显然是笔误，就像经常出现在波兰尼英语中的情况，再一次，我们记录了这一现象，因为它更醒目。

[22] 编者注：英格兰。

[23] 文件18—38，卡尔·波兰尼卷宗：吉林汉姆（Gillingham）讲座，1935-6，有不少手写的修改。

[24] 编者注：如上，第7篇，第？？页。

[25] 编者注：这里有一个读不出来的句子，是作者手写在纸边的。

[26] 编者注：出处不详。

[27] 文件17—30，卡尔·波兰尼卷宗：未标明日期的讲座。

[28] 编者注：阿瑟·斯坦利·爱丁顿《物理世界的性质：吉福德讲座集》（纽约：麦克米伦，1927），第4篇：《宇宙的运行》。

[29] 编者注：凡勃伦《有闲阶级论，制度的经济学研究》（纽约：麦克米伦，1899），第4章：《炫耀性消费》，第84页。

[30] 编者注：亨利·皮雷纳《欧洲中世纪的经济和社会史》[阿宾登：劳特利奇，2006（1936年）]，第57页。

[31] 编者注：同上。

[32] 编者注：用红墨水标记，可能是想在讲座中提醒自己可以口头扩展的部分。

[33] 文件19—26，卡尔·波兰尼卷宗：不注日期的会议，题为"在维也纳和美国的经验"。

[34] 编者注：此处为我们的修正："根据他们收入下降的某一特定时期"。

[35] 编者注：原本这里是"构想"conceived，被修改为"深信"convinced。

[36] 编者注：这个国家指英格兰。

第三部分

如何利用社会科学

第11篇　如何利用社会科学 [1]

对于这个问题可能需要思考如下两点：

第一，科学本质中到底蕴含着什么？它使得我们不可能把成果汇集在一个一般的知识体系中，这个知识体系能够让我们在任何有需要的时候吸取知识的精华。

第二，社会科学的本质中蕴含着什么？我们很难利用它，我们能否像利用自然科学那样地利用社会科学？

一、科学不能被合并

原因很简单：

人与生俱来 [2] 的兴趣是所有科学的起源。但是每一门科学都必须将它的研究主体限制在受其方法影响的特定条件中。因此，科学的主体将偏离天生兴趣的主体——母体。这就是为什么物理学、化学和心理学 [3] "组合起来"后并没有成为类似一只猫的模式；数学、植物学以及它们的中间物也没法产生一个完整的草地格局。

各种科学是怎样能够朝着不同且不确定的方向偏离母体而又能够描述事实的呢？这是一个有趣的问题。而正是"人与生俱来的兴趣是所有科学的起源"解释了这一点，人类通过不同的方式以及与所处环境不同方面的联系去寻求指导。换句话说，与生俱来的兴趣和母体都是合成物。科学兴趣以及科学主体是天生兴趣要素（factors）与母体元素（elements）相互选择适应的结果。最后，母体中的一些元素被如此排序，以此来满足天生兴趣中的一些要素，从而方法得到了进化，或是通过简单的分类，或是通过直接的预测。在这个演变的过程中，科学变得越来越具有"选择性"，或者用一个更常用的术语——变得越来越抽象，将自己限定于适应它们的方法元素中。虽然……[4] 它们中的一些部分代表着事实，但事实中各个部分之间的相似却越来越少。

科学能够解决什么，不能解决什么，方法是关键；它是适用于构成一个特定科学操作的一般原则。什么被选为它的主题以及什么从中排除，即"不科学的"事物，都能够由研究方法来区分。科学要感谢的恰恰是方法，因为它提供了科学的定义，因此也感激定义对选取元素的控制，以及拒绝母体中的那部分——现在看来是"形而上学"。

从方法上来讲，科学脱离了母体。[5] 一门科学的诞生会破坏孕育它的母体。形而上学是这个母体的残余，它在不完整的科学中幸存了下来。要成为一门科学，比如说，数学，意味着它消除了数字的魔力；同样，物理学摆脱了"事物"；化学脱离了（shed）[6]

炼金术；生理学淘汰了"生命之力"；逻辑学剥夺了"真实"。一旦科学能够实现这些壮举时，它们便被列入理论科学的层级。它们越成熟，就偏离母体越远。

最近这段时间，所有这一切都被认为是和自然科学有联系的，而与社会科学的联系却少得多。然而其中一些社会科学的发展也与自然科学有着惊人的相似。社会科学也是源于我们对生存之要务与生俱来的兴趣，这些兴趣和主体实务只有通过某些方法的相互适应才能逐渐进入某个发展阶段。在这个过程中，从方法角度来看，母体中的那些棘手的元素逐渐淡出，留下的那些元素则形成了"环境"。它们**不是**由与生俱来的兴趣所决定的，而是由我们正在讨论的，也就是方法的严格运用所决定的。那样的话，心理学也许就与大脑的主观状态没有关系，经济学也许就不是关于生产或收入，政治学也许就不是关于治理国家的艺术。如此，心理学可能就不再是关于人类灵魂的科学，经济学不再是关于财富和价值的科学，而政治学就不再是关于主权的科学。

灵魂、价值、主权——母体的这些残余没有为它们留下空间。心理学现在也许会将其领域重新定义为是关于行为的；经济学将其领域定义为是关于选择的；政治学则是关于权力的，等等。完整的科学对于原母体而言只不过是一个古老的注释。此外，科学在母体几乎缩减到消失之后，它们也许又会向意想不到的方向扩张。心理学可能会包含动植物的行为研究；经济学可能会一般性地应用到道德、美学或者宗教方面，只要它们包括了稀缺资源分配的关键因素；政治学可能包括任何能够产生权力的组织。同样，科学越发达，它们越倾向于从母体中分离出不同元素。因此，为了能够更加有效，社会科学和自然科学彼此区分，并且从方法论上扭曲了人类在生存要务中所适应的宇宙图像。

顺便说一句，我们没有煞费苦心地去为自然科学和社会科学下定义，而仅仅是接受学科的通常分类。这种差别与正在讨论的问题是相关的。不同学科之间最稳定的分界线是在这样两种科学之间，即处理自然和社会之间唯一**和**不会重复问题的纯粹历史科学，与处理一般规律诸如法律和其他抽象事物的自然科学。一个更重要但也更宽泛的划分则指涉**所有**的人类经验。我们倾向于把科学放在一边，把所有环境中我们认为不科学的东西，就像我们生活中发生的事，放在另一边——这些事情都会被描述为艺术的、道德的、诗意的、宗教的、个人的或仅仅是天真的经验。然而，在这个阶段，这两个区别都不重要，因为我们对科学本质的介绍分析已经充分展示了为什么社会科学之间的合作就像自然科学一样，在流行的需求方面[7]，比方说"经济应该更加具有政治性，政治科学应该更具有经济性"，不能够通过**融合**来寻找到。有一种十分普遍的观点认为，各种社会科学应该"不那么抽象和单向度"，应该有助于连接实际兴趣的不同领域，这是一个十分严重的谬论，这种观点甚至在著名的作家中都不罕见。托尔斯坦·凡勃伦本人是一个热诚的实证主义者，事实上，他因为一个明显的形而上学概念而谴责经济学家们，即认为他们对价值不感兴趣。更糟糕的是，20 年后，罗伯特·林德仍然赞同凡勃伦的说法，并且引用他的谴责！在自然科学中，人们很早就开始关注方法了。在 19 世纪后半

叶，形而上学消逝得非常快，这个时期将罗伯特·朱丽叶·迈耶与
恩斯特·马赫分离开来，但是却没有严肃的科学家为诸如"事物"
"虚拟运动"或者物理科学中的"绝对空间"这些形而上学概念的
复出而抗议。理论的概念性工具融合并不是解决办法，解决问题
的却是新科学的建立，或者是将独立而不同的现存科学应用到一
个特定的任务中。例如，经济和政治动机，经济和政治制度，经
济和政治权力只有在实践中才难以区分。在前现代社会，经济和
政治制度实际上形成了一个整体，甚至当它们被分化为独立的制
度体系后，它们之间的互动也很亲近和频繁。但这是否就像公开
和秘密断言的那样，暗示着政治和经济科学应该**融合**——谈到它
们的主体和方法，这两种学科就如同法律和胚胎学那样不同呢？
正确的答案只能在两种路径中找到：

一是创立与特殊兴趣主题关系更为紧密的科学。比如，经济
和政治的关系是可以由各种学科来研究的，比方说历史社会学、
人类学和一般社会学。又如生物学或犯罪学等各种科学，也是由
于类似的需求而产生的。没有一种充分的理由可以解释为什么这
种科学专门化进程不应该无限制地继续下去。一种科学是否会被
创建是一个事实性成功的问题，主要取决于在多大程度上可以找
到一个方法来有效处理寻求指导的相关情境。

这个需求也许会是为了现有科学的临时合作，将它们运用到
特定的问题中。从原则上讲，为什么社会科学不应该像自然科学
在解决实际问题中那样进行合作，这一点是找不到原因的。统计
数据、法律以及将社会保险纳为其新分支的经济学，这些学科的

运用就是这种合作方式的实例，它们可能会被无限度地增加。

总之，科学是不能被合并的。自然科学和社会科学都是这样。科学的特点是它是通过形而上学元素的消除而发展，并通过**遵循**其方法的独特性来控制事实，这个特点能够应用到**所有**科学中。如果已经证明自然科学的实际用途比社会科学的用途大得多的话，这并不是因为社会事物中缺少"知识连续体"的缘故（罗伯特·林德）[8]，因为自然科学也同样缺乏这种"连续体"。从方法的角度来看，社会科学并不比自然科学等级低下。我们必须在别处寻找自然科学具有更大实际用途的原因。

二、人对科学的主权

自然科学的实践性成功主要是它们的特别有效性和产出知识的精确性，这种说法貌似真实。当然，这在很大程度上是正确的。但这种解释的疑点在于，它们没有掩盖而是揭示了这个地位的重要特质。

自然科学可以被用于医学、技术等目的，这主要是由于人对物质环境的态度是以明确的目的为导向的，而很少被这些科学的兴起所影响。幸运的是，数学、物理或生物、化学的发展并没有影响人类对健康、对安全跨越峡谷的兴趣，等等。因此，我们能够将各种科学的结果集中起来，不是在"知识连续体"中，而是在不同**技术**为了一个共同的目的而合作所形成的**捆绑**中[9]。虽然就像不懂科学的人理解的那样，相对论已经废除了时间和空间，但

是人类仍然希望能够在没有溺水的危险中渡过河流。对实际问题
达成的协议，不受科学本身进程影响的共识，这些都是在科技或
药学进步的条件下，自然科学获得成功使用的前提条件。

恰恰相反的情况是社会科学的案例。人类对与社会环境相关
的愿望或目的很难不包括对冲突行为的一些模糊性建议。事实上，
社会科学有**双重**职能，其效用必须根据它们在两个方向的成就的
平衡来判定：知道它们在多大程度上帮助我们实现目标，这是不
够的；我们必须还要问在厘清目标时，它们多大程度上能够帮助
或**阻碍**我们。实际上，直到最近，尝试厘清我们相互矛盾的愿望
和理想才几乎成为社会科学的唯一目的。渴望"安全与风险、连
续不断与自然生发、新奇与延迟、竞争与共存"这样矛盾的事物，
渴望相同的"生存的韵律"，这都是人类的正常表现 [10]。我们可以
补充说，人类会渴望自由与平等，自由与秩序以及在为多样和复
杂的事物寻求指导时，会有那些相互排斥的理想，比如说性和战
争、犯罪和传统、时尚和商业、教育和狂欢。**在判断的传统背景
中，一个人也没有被科学分析所产生的不确定影响所阻碍，甚至是
在这种条件下**，他仍然能够下定决心，那几乎是个奇迹。问题的关
键是，当社会科学可能会增强人类实现目的的能力时，它们也一
定能够降低他知道"社会科学是什么"的能力。

毋庸置疑，社会科学对人类的愿望和目的有着巨大影响。流
行的科学会对流行的现象产生作用，比方说我们这个时代的经济、
性、道德以及政治。有些断言实际上是以一种相当意想不到的方
式进行循环论证的，即依靠他们所坚持的存在来创建想要看到的

景象——如商人的功利主义心理、接受精神分析人群的性意识，或者是社会群体中的阶级意识。而另外一群人则更倾向于自我驳斥，如他们的断言体现的是关于政治宣传、经济萧条以及合同取消后的心理，他们的说法是宣称已经找到铁定规律后的行为。但是我们承认社会科学最重要的作用在于其影响力积累而形成的导向，即就社会调整表面下的价值而言，它的作用在于创造思想的困惑。

从某种程度来讲，这种作用是不可避免的。

将如下概念从自然科学中消除，并不一定会打扰人类生存。这些概念是力、物质、事物，鬼魂和精灵，数字的魔力，以及"地球是方形的"这一谬论，或者仅仅是时空的本质；尽管有牛顿、达尔文和爱因斯坦，他们也要在时间、空间和重力，野生动物和地球母亲表面等方面表现得和以前一样。我们不想否认科学提出的一些建议也造成了困惑，甚至是混乱。对于鬼魂、地球形状以及生物物种的稳定等问题的传统回应，都和社会信条密切相关，这些信条与社会存在着直接的关系；因此，我们必须做出重大的调整。但最终这些社会调整都进行了，因为自然科学的实际效用很明显，并且决定性地支持了神学思想的重新定位。然而，自然科学如我们所假设的那样有效，这一点充分证明了人类的实际目的已经几乎不受自然科学的影响。人类仍然希望举起重物、治愈疾病，跨越河流没有太多不便。科学本身并没有向他们表明他们应该有另外的愿望。

社会科学在逐渐走向纯粹方法论的过程中也经历了类似的阶

段，就如将形而上学残余从这些自然科学中消除一样。但是在社会和自然中，这些元素所分别扮演的角色是截然不同的：无论我们怎样认识时间、空间和万有引力，河流都在其河道上流淌；我们对自然概念的认识改变并不会明显改变自然法则。而另一方面，我们对社会概念的认识改变则会从根本上影响社会存在的规律。同时，自然科学不会威胁到我们实用目的的清晰。社会科学很可能也是如此，除非我们的导向性价值是在有意识地免受腐蚀性影响，就像我们一定会回避伦琴机械之手的 X 射线影响一样。

换句话说，人的生命是朝着一个环境性宇宙不断调适的过程，这个宇宙肯定包含了科学要消除的母体元素，如形而上学。因此，当反科学力量[11]尝试通过这些元素徒劳地用概念化去与科学竞争时，形而上学就受到了谴责。但同样是因为形而上学坚持人类共同觉醒的综合特点是艺术、宗教、道德、个人生活和科学的母体，它也因此获得了尊严。为了把科学当作工具来使用，母体以及与生俱来的兴趣——或者在概念化的形式中，生命的价值——必须获得，并且科学得以产生，这其中的困难是，社会科学自然倾向于影响这些价值本身。

这个假设的含义必须使我们停下脚步。在不干涉科学进程的前提下，或者至少可以选择追求其目标的最有效方法，那么科学的母体能够维持原状吗？母体的保存是应该不惜一切代价呢，还是不应该期待我们的愿望和目的本身在科学之光中得到澄清且变得高贵呢？如果我们将科学对生活核心的影响都排除掉，人类应该如何取得进步呢？然而，在并不使生活目标发生混乱的前提下，这些启蒙工具应当如何得到保护呢？一种创造性的妥协可能吗？它将为发展留下空间，并且在寻找它的过程中保护我们免除迷路的危险。如果这样，这具有导向性的发展之要求又是什么呢？

这些问题的答案不止包含对滥用科学的文明的批判以及对知识影响人类不同方式的整体漠视。"所有知识都是好的"就如同格言"所有的自由都是好的"或者"所有的秩序都是好的"一样含糊不清。最近关于宣传科学的危害的一个例子是法西斯主义所采用的科学，他们对人类理想存有科学怀疑的态度。通过略施手段（By a slight legerdemain），[12]怀疑主义的一般方法论假设变成了对这些理想有效性的现实怀疑。今天，通过社会科学对所有事物的用途（除了那些经过训练而抵制社会科学的人）实现了一些模糊的影响，典型的改良主义者陷入了一种名副其实的恐慌。答案就在于勇敢地正视这个问题，这意味着不只是超越不限制使用所有知识的自由公理。

如果我们对知识有一些了解的话，那么我们会知道这样一个事实，即某些类型的知识能非常迅速地，并且从根本上影响人的生命，而其他类型的知识，从服务人类自制的目标角度而言，仅仅是工具型的。这种区分是基础性的。而工具型知识的使用和传播应当交给社区（community）来支配，就其本质而言，它是可能会破坏人的内部和外部生活的知识，应该在社会责任的智力保护（涉及教育和医学）下得到处理。正是通过人类和科学关系的成熟理解，在处置知识时，我们必须阻断法西斯主义对抽象自由主义的抵制。

在一个增长迅速且生存压力减少的时代，对人生目的缺乏清晰认识可能不会引起人们的注意，甚至可能觉得有利于促进社会的迅速调整。然而，或多或少在潜意识中，社区甚至会意识到它为了方便转变而支付的高额代价，并且仍然对它应当赞扬的科学权威还隐约有所怀疑。关于这一点，证据确凿。假设我们紧急呼吁社区对其基本价值观要有一个清晰和明确的定义，那么当整个世界看到对科学影响的猛烈反击时都会目瞪口呆。我们对卡夫卡对如下主题的入木三分的评论表示赞同："在这个世界上的某些地方，对才智的谴责已经达到了如此大的比例，而且有着这样深远的影响，对于我来说，这是错误的科学观念的结果，虽然是出于这个原因，但，它本身也仍然是错误的。" [13]

有一件事是确定的：无论我们内心想设计怎样的保障来保护自己免受人类事物用科学方式处置的危险，这类保障的目的都不能阻止人类进步，无论是集体还是个人自身的进步。人类将继续改变，而且这种改变的一个主要因素将是，也应该是，社会科学产生的影响。因此，天生的兴趣将不可避免地发展下去，人类也将不会仍然是他原来的样子。

正是在我们上述话语的这一点上，为存在做方向性引导的需要显得更加重要。除非人类可以定义他的命运，否则他不能希望能掌控命运。除非他的社会目标存在于个人之中，否则他在吸收新知识的过程中就会迷路。除非他对生活和宇宙的兴趣为他固定了进化的方向，否则期待着他仍然是自己变化本质的主人，并且掌握生活，只能是徒劳。

社会科学的可利用性并不是科学的技术问题。它要定义人类社会的意义，要将维护人的主权看得比维护一切生命手段更重要，包括科学。

第 12 篇　关于政治理论 [14]

通过对一般科学学科的探讨来引入对政治理论的理解看起来有些牵强。然而，我希望按照这一顺序进行讨论是合理的。

所有的科学学科，无论是物理类或是政治类，它们的存在都是由于三个完全独立的因素出现了交汇，即人类对某些宇宙"角落"的兴趣；适宜把某些元素形成一种模式的方法；最后，这些元素存在于某个**兴趣**关注的"角落"中。这个学科通过显示存在于元素中的模式记录了这些规律。

重点在于各要素之间的独立性。没有一个因素的功能可以替代另一个因素的功能。兴趣成为人类原始设置的一部分；大多数人对自然、荣耀、爱、秘密或者命运感兴趣；一些人对数学系列感兴趣；所有人都对日常生活问题感兴趣。**方法**就是特定元素操作的应用规则，类似的无数规则也许会被制定出来，但很少能形成模式。最后，只剩下**元素**本身和它们在宇宙中的实际分布。显然，这是一个机会问题，即一种方法是否能够产生一种模式，如果能够产生，模式之下的元素是否会产生在人类感兴趣的区域。

然而，除非这三个因素相交汇，否则将不会出现科学。

在自然科学中，有些方法产生了意想不到的成功，孟德尔遗传学说即是如此。按照运行的特定规则来讲，各种豌豆的杂交正好能够产生一个数值模式。尽管如此，如果我们对遗传现象根本没有兴趣，这个方法仍然不能建立一个科学的学科。

或者我们观察一下社会科学领域：它们是根据规模的优先级从稀缺方式中进行选择的一种工具[15]。当被应用到市场时，这种原本无用的方法产生了一种模式，在各种价格中，这种模式显示出了极度复杂的规律。然而，如果不是因为对市场经济中的价格现象感兴趣，这个令人震惊的结果将不会导致理论经济学学科的创建。没有它，这种模式所展示出来的规律很难……[16]

让我们将此应用到政治理论。旨在满足的兴趣大约集中在政治实体上；将之变为现实的方法是理性法则；因此而进入视野的元素，一方面是个人的部分，另一方面是共同利益的部分。

我们将展示一个理论是如何在这些基础上建立起来的。自始至终，我们的探询将依赖科学结构的三种计算。

在这样做之前，也许我应该对这三个要素的本质做一些讲解。

（1）不幸的是，很少有科学对我们的**兴趣**方向做出回应。他们就是不回答这个问题。他们只是与兴趣这个目标走得足够近或者足够清晰地限定它，以此来满足我们的**一些**好奇心。几乎没有学科能够像数学中的四则运算那样清晰，能够告诉我们 2×2 等于多少。当然，我们也非常想知道什么叫做重力。然而物理学家却一直告诉我们这个问题是没有意义的。因此，我们忍受着他们

能告知我们什么，这些告知可能让我们的一些兴趣完全得到满足，另一些兴趣部分得到满足，但是却从不会满足我们最原始的兴趣。

政治理论也是如此。对于人类来说，也许没有任何东西比他对这些政治事情的兴趣更自然的了，它们是对自己在集体中所处位置的兴趣，对政府的好与坏的兴趣，对公共事务的对与错的兴趣，对于公共福利和他自己的那一份前景的兴趣。因此，为了让自己和集体都开心，知道自己要去做什么，不能去做什么，没有任何东西能够比这些更让他愿意接受的了。他很愿意被指导如何去投票，这个政府将执政多久，他应该支持什么外交政策。总之，最好是接受这个事实，即没有任何科学可以告诉他所有的一切。

如果他能够很清楚自己社会地位的本质，总之是了解任何相关的事物，他都必须容忍次好甚至是第三好，并且必须满意。甚至那也许对于他来说很有用。再次，什么是相关的则取决于兴趣的精确本质——这种本质被自然科学轻率地假设为是认知性的，意思是"我们想要知道一些事情"。

但并不是"想要""知道"或者"一些事情"需要采用它们的精确含义。实际上，我们的兴趣也许不仅仅反映生存过程中的一个故障，它不能被归结成一个问题，因此从严格意义上讲，也不能得到解答。在这个不那么好奇的阶段，我们还没有对"一些事情"感兴趣，也没有"想要"任何东西，如果说我们想要的是"知道"，这也是不准确的。一切都取决于具体情境。甚至假设我们的兴趣已经达到了智力水平，它仍然可能只是一个愿望，即去发现如何行动的指令，以此来摆脱兴趣的缘由，这与"求知欲"是完

全不同的概念。有这样一种想法，即对于可测量数量的数字陈述
是对所有问题的最佳回复，就和物理学家的说法如出一辙，即任
何兴趣，如果不是以这样的回答为导向，就是不用讨论的。事实
上，在政治理论中，问题本身常被奚落为是没有意义的。然而，
这仅仅是证明用科学大脑无力理解人类问题的另一实例。它 [17] 保
留了方法，随意使用这些方法，从而定义了政治实体，而且实际
上没有为探询留下空间。但这意味着要把科学的"第三个维度"，
即兴趣，排除出去。如果关于"一些事情"的"知识"就是全部，
那么在这些事情中就什么都学不到。不过恰巧，在不涉及数学的
无用性或者不科学特点时，数学的情况也是如此。其实，政治理
论和数学都是有用的，只是它们的用途并不总是明显的。

　　然而，政治理论在了解什么是政治实体的过程中，迎合的与
其说是想了解的兴趣，不如说是身处其中的利益。

　　（2）理智的原则包括将个人行为与共同利益相互关联起来。
这一点隐含在如下假设里，即共同利益是个人行为的"目的"。当
它被应用到一个经验主义社会中时，如此的假设就显得非常模糊。
共同利益很可能指不同的事物，比如国家的荣耀、现存社会的存
在、个人的福利、公共生活的自由、与神立约的保持或者贸易顺
差。再者，个人行为也是一个含混的术语。从任何可能想到的视
角来看，它包括私人和公共生活的所有领域。如今，在每一种情
况中，理智的原则要求"集体利益"成为"行为"的目的。

　　这样的假设实际上将是毫无意义的，除非它被用来暗示（a）
行为是由"动机"决定的（因为以任何一种其他方式，"目的"都

不可能进入行为）；（b）"共同利益"是事态的特定形式（否则它不能成为目的）。即便如此，这种方法的应用仍然很模糊。

如果没有进一步清晰定义公共利益中的哪些因素能够与个人动机联系起来，那么对于结果而言，理智的原则将根本不会是可识别的模式。

（3）这些**元素**的分配就提供了答案。让我们从自然和社会领域抽取两个案例。一个人对聆听感兴趣。[18] 当然，大多数情况下，实际情况是在对话或者听音乐中，我们沉浸在这种兴趣中。但更重要的是认知层面的；它要求一种需要得到解释和预测的知性好奇心。但即使是这种兴趣的认知力量，也会转向一个似是而非的宇宙"角落"，那里隐藏着各种元素。"聆听"可以连接声音与人类解剖学，从而产生感官生理学这种学科；它可以处理**声音**以及物理学成功探索出的那可测量的空间和时间；它可能指的是**音乐**以及和谐的法则；它可能转向去了解乐器的历史或者歌剧的演唱艺术。每一次都会有不同的元素出现。[19] 现场的声音，加上感官生理学中的人类器官部分；声学中的集体、空间和声调；和谐理论中的音符；乐器史中的加工品和生产物；声乐训练中的乐队和身体器官；聆听声音、歌曲、音乐和人类言语都蜷缩在宇宙的那个小角落，而那里也正是我们的兴趣所直接面对的。然而，当一个个方法出现在这个区域时，不同的元素也逐渐进入了视野。各种兴趣也会以最多元的方式相互交织在一起，每种独立的学科都会满足兴趣的某些要求，但不会全部满足，即使全部学科也许也不会满足。事实上，我们最初的兴趣不仅指引了探照灯的光束，同样也将该操作的结果结合起来。只要兴趣没有受损，它就能够将不同学科结果的重要功效发挥出来。如果没有了这一点，就不可能将理论知识应用到经验现实中。

社会科学转向人类工作，它们占据着我们自然意识中完全不同的一处地方。大量事实已经表明自然和社会的元素大部分是相同的；我们的身体，我们的感觉和欲望，甚至我们的智力等都会连接我们与矿物质、植物和动物的世界。有一点一直被忽视，即虽然这是真实的，并且确实解释了在正确描述的方法指导下（就像自然科学那样）为什么人类世界的某些部分可以令人满意地得到探索，但是兴趣的特点是完全不同的。此时，生存的要务便迅速出现了，这一点在自然科学领域是未知的，即使类似的紧急情况也会出现在那儿，然而生活含义的本身也是不同的。但是，对自然和社会进行一次正式的类比，在这两种情况下，存在着不同元素的分布，很容易被一些学科所接受。

这些学科是什么呢？并且它们与政治理论有什么关系呢？[20]

当然，人类社会对人类而言不仅是具有理论意义的，而且主要是实践性的。

与人类社会相关的各种科学学科主要是社会学、人类学、政治学、经济学以及统计学的不同分支。虽然它们都和这些事物相关，即人类群体、人际关系、群体历史与群体生活以及社会中可见的人类行为规律，但是事实上，它们中间可见的元素是不同的，或者至少它们是以一种不同的形式相互关联起来的。如果把社会关系测量学与法律进行对比，把生态学与主权理论进行对比的话，即使是相同元素的分布都体现了巨大的差异。但是所有学科中最奇特的学科之一是政治理论。在这门学科中，兴趣被限定在政治实体之外的理性规则中。只有这样，个人层面才体现出了指向公共利益的意志——公共利益是一种事务的状态，比方说可以是人类目的的对象。在这里，个人是人类理想化自身的影子——一个个人意志被公民美德所决定的公民。相反，公共利益所提供的服务是合法的，因为它根植于公民的意愿之中。主权体现的是个人自由的功能。公民权利、公共义务以及合法权利的阶层是某种模式的组成部分，这种模式遮住了社会现实中的其他元素（除却被理性原则包含的那部分），以此为代价，它变得清晰而有限度。这是一个荒凉的结构，如同空洞的数学。

但是我们会发现，对于如何在有序社会中生存而言，也许没有一门学科比政治理论更加重要，没有了这门学科，任何社会都是不可能取得任何进步的。因为它的命题具有一般性，它也因此具有了更广泛的适用性。然而，这样的理论命题应用到经验现实中的可能性是怎样的，我们仍将拭目以待。[21]

再一次，答案在于科学的“第三维度”，即引起科学兴趣的东西。人类兴趣并不简单，相反，很复杂。各种兴趣以最多元的方式相互交织在一起。无数个不同角色、语气和强度的兴趣组合起来形成了简单的“兴趣”，带着它我们转向我们宇宙的不同“角落”。如今，存在于那个区域的现实元素以一种完全不可预测的方式分散存在。而由研究方法生产的、应用到这些元素中的那些模式也是不可预测的。

现在这种复杂的兴趣仍具有持久的品质。当它们催生了一种
科学学科后并没有因此消失。它们继续保持活跃，其功能是利用
在各种学科中获得的成果。虽然每种方法在"兴趣区域"分离出
一个独立区域，而兴趣，因其内在的交叉缠绕，能够联系各种模
式，因此也能够将分离的区域再次拼接起来。

第13篇　公共舆论和政治才能 [22]

接下来要谈的政客和政治家的问题，用来说明公共舆论的研
究是很有用的，即使是对历史学家，也间接地十分有用；说间接
是因为相比于他们的合作者——历史社会学家而言，历史学家从
中接受的帮助并没有那么多。

在所有的冒险故事中，最刺激的——的确——也是最激动人心
的故事是伟大的政治家战胜了狭隘且顽固的民众。在历史学中，这
是最高贵的主题。同时，几乎没有哪个当代事件能够说明公共舆论
能够更加容易地导致原本不可能发生的事。由于真正的政治战胜了
普通公共运作政治，与之相关的公众舆论突转（peripeteitai）[23]，
这种突转也恰好利用了舆论形成理念，因此，他的研究技巧就可
以高于他人。若是这样，在所有严重事件中，如果既成事实的意见
发生了突然变化，那么公众舆论调查是否应该承担向未来历史学界
提供线索的责任。或者，如果历史学家的特权是使得主题变得更加
戏剧化，那么为了揭开神秘的英勇的政治面纱，民意调查是否应该

贡献点什么呢?

　　现在，历史学家将历史定义为在一个特定时间及地点所发生的特定事件。他们所研究的政治家是一个单一的、具体的任务对象；他们想要确定的是这位政治家是怎样解决问题的。关于政治家特性的理论——或者是由其他人创建，或者是由历史学家自己创建——对于他们来说，仅仅是附属物。因为他们的兴趣仍聚焦在单个事件。与此形成鲜明对比的是，政治家的典型形象属于历史社会学家的研究领域。他们的任务[24]是去调查社会中伟大政治家的产生条件，并去探究那些政治家们成功故事的客观标准以及在这个显著的特殊阶层中他们后代的排位情况。然而社会学家的概括并不限于从历史学家那里得到数据。他们的研究领域涵盖了生育和流产事件，即存在于当代意识中的事件以及那些从来没有实现历史性尊严的事件，虽然这些事件比通过克里欧（Klio，司掌历史的缪斯女神或历史之神）的笔从地狱中被拯救出来更加真实。政治家的社会学，同战争与和平、革命与进化的社会学类似，主要是研究社会的法律问题。最后，历史的社会学永远不会和过去的事实无关，因此也不会与人类对历史的兴趣无关；虽然如此，历史的社会学自己却并非是历史学科，而是一门社会学科。

　　在我们对政治家的社会学问题进行进一步定义之前，让我们简单回顾一下编年史中的亮点部分，政治家的画像是由富有同情心的历史学家所创作的。正是这幅华丽的画像激发了年青一代的想象力，维持了成熟一代的努力，最后，为一个毫无特色的时代创造了意义。正是在这个生活和意义背景下，社会学问题的本质终将呈现出来。

　　历史学家笔下的政治家形象很突出，几乎是以超人的尺度在描述。一般是这样的描述，在一群普通政客面前，在关键时刻，一位身材高大的政治家服务于国家的真正永久利益。奖励他的是国家对他的感激之情，这或许是他很难得到的一个悲剧奖。他能够实现这个伟大的目标是由于具有超群的勇气和卓越的洞察力。国家，无论大小，都拥有他们的梭伦、特米斯托克利和亚里斯泰迪斯；都拥有他们的丘吉尔、列宁和韦茨曼；都有他们的斯马茨、甘地家族和亚伯拉罕·林肯。每一个政治家都曾是政客——现在也仍然是——但最终，因为道德勇气和政治智慧，他们的名字在胜利的照耀下都闪烁在了世人的心里，并成为政治家。胜利的公式也令人熟悉：与公众舆论之间冗长、艰苦且看起来无望的斗争，直到胜利的奇迹突然降临。

　　问题的本质在此体现。政治家是由政客成长起来的。他通过舆论支持获得权力。这个事实将他的权力限定在了促使他掌权的舆论环境中。我们看到他预设了一个完全不同的环境，其中政治意见似乎已转了好几百度，最终实现政治功绩。然而，在我们的假设中，政治家不能改变使他成功的环境。于是，我们面临着这样的一个问题：什么使得政治上的不可能在历史中得以实现？在这片白色魔法中的社会学机制是什么？很明显，我们正面临着公众舆论研究的科学问题。

　　在舆论的总体结构中可以找到答案：狭义的公共舆论，连同不易改变的深层现象，即意见的氛围。公众舆论，我们通常指的是有组织的民众拥有的信仰及感情的外在模式，它总是存在矛盾性：它对任何刺激的反映可能是积极的，也有可能是消极的。积极心理是指符合政治家本人在寻求最后解决办法时采取的方向，消极是指相反的方向。心理上的刺激，比方说一个耸人听闻的警告，一个激情洋溢的演讲，一个突然的威胁，一个危机的缓解或恶化——总之是在政客活动范围内的任何事情——原则上，对舆论也许会存在两种不同且相反的影响。甚至刻意的宣传有时也会产生与预期相反的效果。哪种对立最终会产生影响取决于建构全局的客观条件。只要条件不变，舆论的表面将会继续朝着一个不变的方向发展。在一种情况下，几乎所有的刺激都会产生或多或少的积极影响；在另一种情况下，则会产生消极的影响。

公众舆论的外在模式通过某种原理与建构全局的客观条件相关联，这种原理就是被称为舆论氛围的深层结构。舆论氛围的社会学必须为我们提供相互矛盾的表面舆论与客观建构局势之间的假定联系。

政治家与政客的区别在于他对客观局势有着更深刻地理解，从而也对舆论氛围有着更好地把控。虽然在与表面舆论斗争的过程中，两者都是存在局限的，但政治家会为了改变局势而有意地按照表面舆论采取行动——不仅是为了使自己继续掌权（所有政客都必须这样做），而且是为了能够超越政治的原意。简而言之，他一方面试图在过渡时期通过权力来组织民众，直到情况发生变化；另一方面（如果可能的话）则为自己带来一些有利的改变。虽然这个改变会很微小，但它可能就会改变舆论氛围，从而让政治刺激产生相反的效果，最后释放那些被压抑的正面能量。

　　我从古代希腊人物中挑选几位政治家作为例子。比方说，梭伦、特米斯托克利、亚里斯泰迪斯，他们都是雅典民主中最伟大的政治家。你会很容易发现社会行动的基本法规在时间的流逝面前，几乎没有受到影响。[25] 位高权重的富兰克林·罗斯福与作为执政官的梭伦有着很大的相似性。

　　梭伦，出身贵族，但是一个中产阶层，在雅典城遭遇前所未有的政治经济危机之时，被选举到元首的位置，是一位拥有独裁权力的仲裁者。自由的民众几乎陷入了债务和奴役之中。血腥冲突每天都在上演，随时有吞噬这个城市的危险：一方面，是暴民统治和向所有拥有土地阶层征收的恐怖；另一方面，是白色恐怖下残杀平民的直接威胁。在任何一种情况下，都是对城邦的毁灭。梭伦，拥有天才般的演讲能力，颠倒了他的政治程序，进行了这样的演说。据德摩斯梯尼记载：[26]

　　　　瞧，假使今天整个城市都发生了瘟疫，那就无人可逃。人们会立即陷入极其可悲的状态；从沉睡中惊醒便面临战争和内乱；战争摧毁了多少美丽的青春。就好像这美好青春是外国敌人的猎物，我们挚爱的城邦正在迅速消失和毁灭……因此公共灾难会来到每个人的家里，即使是在自己的庭院，也不再会感到安全……

　　亚里士多德对事件进行了清晰地描述，主要的问题在于心理和道德方面：陷入可耻债务束缚的人民大众不敢站起来为他们的宪法权利呐喊。梭伦首先是通过限制玉米出口来阻止饥荒；其次，他宣布解除私人和公共债务，尽管这一点很难强制执行。通过这些措施，他使民众在身体上和道德上恢复了力量。最终，正是因为这些**救济**措施使得他能够掌控**改革**的进程，也能改变宪法并让有产阶级能够接受，因此他们在保留财产的同时也会同意失去某种特权。伟大的政治妥协产生了一些党派氛围，也只有在这样的氛围下梭伦继续**重建**货币政策——在度量衡上的变化，客观地改进了国家的长期平衡——在过渡时期之后，将雅典带到了新的基础之上。

　　而 100 年后，特米斯托克利预见了波斯的报复之战（尽管公元前 490 年希腊人在马拉松大胜波斯人），他对国家军事安全有着忧虑。普鲁塔克叙述道：[27]

　　　　现在他的同胞都认为野蛮人在马拉松的失败宣告了战争的结束；但是特米斯托克利则认为这仅仅是更伟大战争的开始，于是在某种程度上，他把自己当成海勒斯的战胜者，并在全城开展特训，因为虽然还遥远，但他相信邪恶终究会来临。

　　　　因此，首先，雅典人习惯于**大家共同分配**劳雷恩银矿的收入，而只有**他敢走到大家面前，做一个手势表明不能再共同分配收入**，他要把这些钱用来建造战船，在战争中抵抗埃伊纳岛（邻近的岛屿）。这是当时很困扰海勒斯的一场激烈战争，由于雅典人拥有足够的船只，因此这些岛民控制了大海。特米斯托克利之所以能够很容易地实现自己的想法，是因为他并没有将大流士和波斯描述得很恐怖来吓唬公民——这些太离谱而且也不能让市民害怕敌人的入侵，他是利用了公民对埃伊纳的嫉妒之情才获得了他想要的武装力量。结果是他们用这些钱建造了一百只战船，有了这些船，他们就可以在萨拉米斯与薛西斯作战。

有一种说法是特米斯托克利仍然尝试用另一种方式去完成他的计划。他建议将从银矿中获得的意外之财委托给"最富有的"公民——领取象征性薪金的人 [28]——如果一年内，没有说得过去的公共目的让这些人使用这笔钱，那么他们应该将钱一分不少地返还回去。同时，国际局势变得越来越紧张，舆论环境已经改变；仅仅在一年之后，那支在萨拉米斯拯救了雅典的舰队就造好了。

最后，萨拉米战争仅仅一年后，特米斯托克利在政治才能上最大的竞争对手，同时也是一位保守的政治家，亚里斯泰迪斯提出了一个同样具有远见，但在本质上更不受欢迎的计划：即很大一部分人应该离开乡村并在城邦中定居。他的目的是抵御波斯人第二次发起报复之战，这迟早会通过武力或饥饿击溃雅典人；最后，他们建立、组织并管理了一个防御性的海军帝国，这个帝国将提供船只和金钱去保证进口玉米的安全，并禁止波斯人及其大型腓尼基军舰入海。在马拉松和萨拉米斯，雅典人侥幸地逃跑了。这种行为多久能够重复一次呢？由于主动进行村镇联合的想法——向城镇移动——农民们自然是很不赞同的，所以，他对穷人解释这是一个政府出资的公共维护计划，并通过命令和战利品的诱惑诱导富人同意。[29] 而事情的实质是拥有着 3 万到 4 万个家庭的微型雅典城不能够掌控大海，除非每个自由的公民都能够自愿参与到管理与防御的组织中来。这个计划非常的大胆。但最令人震惊的是这个为了防御国家的最高投标竟然成功了。亚里士多德这样描述了计划的细节：[30]

> 他（亚里斯泰迪斯）向他们解释说所有人在那里（在雅典）都能够生存，一些人是通过服兵役，一些人是通过驻守边防，一些人是通过参与公共事务；通过这种方式他们能够保证领导权。**这条建议被采纳了**……他们还通过亚里斯泰迪斯的建议保证了充足的人口数量。在所得的贡品和税收以及盟军的捐助中，20000 多人保留了下来。其中有 6000 名陪审员，1600 名弓箭手，1200 名骑士，500 位政务会成员，500 名造船厂的卫士，还有 50 名警卫。在国内和国外分别有 700 名法官。另外，当接下来他们去参战时，还会有 2500 名全副武装的军人，20 艘警卫船（每艘船装载 200 名海军），其他船只装载了贡品以及 200 多个靠抓阄决定的船员；除此之外，是保留在帕特农神庙的众生（persons）、孤儿和监狱长，因为这些人都是由城邦供养的。

如果说特米斯托克利使雅典人民"陷入"了武器装备的工作中，而且很快便成为武器的奴隶，那么亚里斯泰迪斯则为一个帝国打下了基础，在他的领导下，这个帝国真正成为防御性的希腊城邦联盟国家。然而在他的继承者们的领导下，这个强大的联盟几乎变成了其盟友的雅典规则，最终导致雅典在伯罗奔尼撒战争中的垮台，当然，这不是亚里斯泰迪斯的错误。

我想我不需要为了解释2500年前至今的政客与政治家的关系而再多说什么了。在20世纪30年代早期的美国，如何去遏制经济混乱引起的恐慌并避免一场社会灾难呢？在20世纪30年代末，又怎样通过巧妙地操纵和明智地判断去训练能够应对国际任务的孤立主义大众呢？一个令人怀疑的奇迹发生了：即党派的政客变形为政治家富兰克林·罗斯福。

然而机制在任何时候都是一样的。在深层的公众舆论中，对客观局势有一个本质上正确的评价，即什么是目前的危险和未来即将来临的危险；政治家感受到了即将要发生的变化；或者说，如果灾难来临了，他知道战胜危机的可能性。他最大的成就便是把政治的弱势力作为一个杠杆来转变客观局势，直到危险到来。

当所有人都说，在他一天的工作中他仍然是个处理公众舆论的政客，但是舆论的深层含义中确实隐藏着历史的力量。正如我们所见，对于什么使政治家超越纯粹的政客这个问题，答案的内涵是非常丰富的。

我相信，关于这类问题，历史学家将利用社会学中的民意调查方法。

第14篇 经济通史 [31]

我们要研究的主题——经济通史——正在关键的发展时期，其重要性表现在，它彻底改变了作为上一代学科的物理学、生物学、心理学以及经济学。事实上，没有真正的科学会静止不变的。

我在本章节中所要解决的问题有以下三个方面：一是这一进展的广泛发展范围；二是导致这个复杂变化的原因；三是指明它的明确发展方向。

一、发展范围

经济史不能仅仅是不断变化背景下的过去的经济数据研究，还必须研究**经济在社会整体中所占据的地位**，换句话说，就是社会上不断变化着的经济与非经济制度的地位关系。关于后者，我们主要提到了：（a）政治或政府氛围；（b）人类文化，其中包含了宗教、技术等多个方面。

未来，有很多学科可能会服务于这个目的：

（1）**社会学**可能会提供一种模式研究，即研究社会整体与经济及其机制的联系、结构和功效，这种研究**大致**上会遵循斯宾塞、马克思、涂尔干、凡勃伦、帕累托或马克斯·韦伯等人研究人类经济社会学问题的方法。

（2）**比较经济学**侧重关注当代经济及其主要制度，并比较它们在不同情境下的异同点。(我这里唯一想提一下的是统计员科林·克拉克，国际联盟调查的 J.B. 康德利夫以及哥伦比亚的 A.R. 博恩斯教授。)

（3）**人类学**可以采用不同的方法探讨原始社会的经济。人类学尝试去发现原始人的生活方式，即他们的谋生如何与其文化中的动机和评价密切相关（代表性的人类学家如马林斯基、理查德·图恩瓦尔德、露丝·本尼迪克特）。

（4）我最后想谈的是**制度性**和**历史性**的方法，这也是我目前的课程中主要讨论的问题。通过研究经济制度在过去社会中所扮演的角色，我们能够获得一些有价值的启示，这些启示是关于经济制度的运作原理和结构（组成），以及它们在**整个社会地位中变换角色**的条件。在经济史学家中，我不得不提一些采用类似研究方法的学者，比如英国的坎宁安，比利时的皮雷纳，俄罗斯的罗斯托夫采夫，德国的古斯塔夫·冯·施穆勒、卡尔·毕歇尔以及马克斯·韦伯。在这些学者中，马克斯·韦伯的《经济通史》最接近我的研究出发点。我在这里所做的工作可以看作是他所开创学说的一种延续。

现在我将简要地指出马克斯·韦伯尝试重构经济历史的那个时期与现在的主要区别。

（1）韦伯对于市场经济的生存能力和活力怀有坚定的信念。他并不是很重视当时刚刚出现的布尔什维克主义和法西斯主义。对大多数人来讲，俄国革命在那时仅仅是法国革命向东部的延续，推翻了绝对的君主专制，把农民从半封建的地主所有制中解放出来，也解放了被民族主义压制的少数民族。法西斯主义仍然只限于意大利。马克斯·韦伯的人生经验也局限在 19 世纪的文明。他生前没有看到 1929 年的经济大萧条，1931 年金本位制的崩溃以及接下来的世界范围内的经济系统转型。

（2）这解释了为什么韦伯坚定拥护新古典学派的经济理论原则，这是他毕生最大的成就。例如，在货币理论中，他是米塞斯和纳普方法和术语的追随者，尽管这两位学者相互充满敌意，但他们仍然是金本位制的坚决拥护者。

（3）韦伯拒绝承认他对经济史研究有任何兴趣。1895 年，他一再坚持罗马帝国衰败的研究对我们这个时代没有任何促进作用。而且他永远不会改变他的观点。

在这三点中，事态发生了急剧的变化。这表明了**发展的范围**。在讨论这些变化时，我们正在讨论学科发展的原因。

二、主题与方法变化的缘由

世界经济制度性创建的崩溃

韦伯去世后的 30 年中，继承了 19 世纪特点的世界经济组织经历了一场**转型**。这肯定不仅仅是因为像世界大战这样的灾难性事件。如果不是因为工业革命唤醒了市场经济的乌托邦特性，导致它开始坚持自己的主张，将不会产生这样的影响。

（1）经济的市场组织表明所有的经济活动都要通过市场来组

织：人们首先在市场上销售商品，所得的收入再用来购买市场上的商品。每个人都会在市场上买东西，用的便是市场上卖东西赚来的钱。

（2）这个**市场系统**表明生产、劳动力以及土地等因素同样拥有市场，并且可以在市场上购买得到。因为所有人都有东西可以出售。没有财产的劳动者则"出售"他的劳动力。

（3）市场的自我调节机制能够形成是因为生产要素同样拥有市场（市场经济）。最后，根据收益性原则，资本能够在一种投资渠道中走向另一种渠道，采取的方式是出售生产要素——原则上——将它们进行整合以产生更高的利润。**这种做法**使得市场机制能够进行自我调节。

（4）将人与自然纳入自我调节系统当时是一种乌托邦的想法。实际上是不可能存在这样的系统的。如果有，两者都将毁灭。但是，如果与社会的自我保护措施一起存在，则是可以的（双重运行）。（a）工厂法规＋工会；（b）农业关税＋土地法；（c）货币的管理——这些是三种最重要的自我保护措施。**但**恰恰是这些东西使得自我调节没法进行下去。[32] 自我调节涉及**民族主义**，这只是政体对由国际贸易系统引发的社会混乱所做出的必然反应（世界各地都是这样，除了最强大的国家——英国）。

（5）市场经济中，贸易和金钱通过市场规划并最终进入市场。贸易是指商品在市场中的流动，金钱是方便这个程序进行的交换方式。但是贸易和金钱都具有市场的功能——交换的三元素。

由于市场经济的这些附属物，它的崩溃引起了**一场与世界经济**

关联的制度性创建的转型。贸易、金钱和市场几乎不可能再回到它们原来的样子。

结果是在我们的**经济的政治**和**理论**中引起了一场极其严重的危机。[33]

我们正离开一个前所未有的过渡时代，如果我们要去寻找方向，就需要历史的引导。

（1）**制度性现实**的改变。交换——一体化的主要形式——正在退化，互惠和再分配涌现了出来。

（2）我们的经济**政策**已经过时了。

（3）我们需要对国际贸易和国际货币现象的**理论**进行改革。其平衡的基础已经被金本位制的崩溃所损害。

三、明确的进步方向

因此我们需要：

（1）使概念更加清晰、精确，这样我们能够更好地阐述民生问题，阐释时尽量接近这个时代的实际特点。

（2）通过学习人类社会经济的变迁并学习往日的文明是怎样成功创造了伟人的转变，我们要去扩大原则和政策的范围。

（3）要维护自由的制度和变化中的经济组织。

因此，理论研究的任务就在于要研究在宽泛的制度和历史基础上的民生问题。

已经采用的方法是通过思想与经验的相互依存而产生的。没有事实数据支撑的术语和定义是空洞的；仅仅搜集事实而不重新调整我们的视角则是没有价值的。要想打破这个恶性循环，必须要同时开展概念阐释和实证研究。

我们将在明天开始对概念进行厘清。

四、引言

我们要研究的主题——经济通史——正在关键的发展时期，其重要性表现在，作为上一代的学科，物理学或生物学，物理学或经济学都已经彻底改变了。真正的科学从来不会停滞不前。

在引言中，我将处理这几个问题：

（a）学科变革的理由；及……

（b）它们的指向。

更加面对事实的学科变革表明，经济史不能局限在经济制度本身的历史（商业性企业可能格局更小），它必须要研究人类社会中经济系统的位置，换句话说，要研究其中的经济机制与非经济机制之间的联系。

（1）变化的理论来源。

首先是来自相近领域的人类学发现——这些发现与弗朗茨·博厄斯、布罗尼斯拉夫·马林诺夫斯基有关，当然，理查德·图恩瓦尔德的名字也在其中。他们的见解隐含了古代祖先们所谓的"经济人"概念，也促成了原始经济学作为文化人类学的一个分支的建立。

其次，18世纪和19世纪似乎证实了哈恩[34]对历史的经济学解释，以往的调查并没有产生同样的积极成果。A.托因比、H.坎宁安、阿什利、韦伯、哈蒙德、曼托斯，甚至是以利·利普森等人在描述现代工业社会出现时，都是通过经济学解释的方法，更不用提像布鲁克斯·亚当斯和查尔斯·比尔德这样的美国作家。桑巴特和亨利·皮朗在早期创作时也成功采用了类似的方法。但是这里只举两个例子：E.D.梅耶和罗斯托夫采夫在古代历史方面的写作——后者本人是一位经济历史学家——从新的角度进行了分析。经济学解释的局限性也因此越来越明显。

这两个因素——文化人类学产生的影响以及我们对古代历史知识的极大丰富——对本世纪前15年由马克斯·韦伯和R.H.托尼所引发的讨论有着不同的意义。如今，他们在宗教道德对资本主义崛起的影响方面的论文引发了更大的议题，即经济与社会的关系。在更宽广的领域，马克斯·韦伯去世后出版的《经济与社会》仍然是一个重要的部分，但愿只是其中一部分。就如书名所示，它指出了将经济制度与整个人类社会联系起来的必要性。

（2）实践来源。

我们这个时代已经为人类的沧桑添加了一个戏剧性章节。一代人所积累起来的经验一定会对未来产生深远的影响，特别是当事件是以像现在这样明显的方式发生的。第一次世界大战后，19世纪的大部分制度系统开始瓦解，恰逢这时仍开展着大规模经济试验；只要提德国的法西斯主义和俄国的国家社会主义就够了。而不可否认的是在这两个例子中，决定成败的主要力量是政治和意识形态方面的，而非经济原因。

因此，同样，经济制度上的变革并不能用所谓的经济发展来解释，而是应该在其他领域寻找答案。

这样已经产生了累积效应：

（a）使我们意识到，相对历史的早些阶段，19世纪的经济特征更为显著——甚至与我们这个十分注重非经济因素的时代相比。

（b）表明我们不能孤立地研究经济史，而是应该在人类社会这个更宽的框架内进行研究。

我们分别考虑这两个因素，并且关注它们是怎样影响我们研究经济通史的方法的。

五、原始"经济学"

在第一次世界大战这个疯狂的历史时期，一位专业的人类学家在他自己的"领域"中孤立闲荡。布罗尼斯拉夫·马林诺夫斯基是奥地利国籍，也就是——从严格意义上讲——生活在新几内亚东南端的野蛮人中的敌国侨民。在两年的时间里，英国政府禁止他离开，马林诺夫斯基在超布连群岛的经历为他回来后的创作积累了丰富的素材，如《超布连群岛岛民的原始经济学》（1921）、《西太平洋的航海者》（1922）、《两性社会学：母系社会与父系社会的比较》（1926）、《野蛮社会的性与镇压》（1927）、《珊瑚花园及其魔力》。他于1942年在美国逝世。但是他的文字影响的不仅是人类学研究，还包括经济史的研究观点及方法。柏林的理查德·图恩瓦尔德的研究领域是新几内亚，在他近 80 岁的时候出版了他著的《美国人类学家》，这本书是对 1916 年的巴那罗（Banaro）的描述。他对盎格鲁 – 撒克逊世界的影响主要是通过他对马林诺夫斯基的影响而体现的。（图恩瓦尔德虽然被誉为一位人类学家，但是他一直是马克斯·韦伯的学生。）

　　马林诺夫斯基的文字使读者们确信原始人的做事方式总体上是可理解的。他们一些异常的做法主要是由于促使他们产生做事动机的**机制**与我们现在有所不同——当然有些情况下对我们来说也并不陌生。至于说日常生活，原始社会普遍实施的是**相互回报原则**。也就是说，一个群体的成员如何对待另一个群体，[35] 那么另一个群体（或第三个群体）就应该如何对待他们。比如说，一个村庄的男子要为其姐妹的丈夫和孩子们提供农产品，即使他的姐妹通常居住在她丈夫的村庄或者离她丈夫的村庄很近，而和她兄弟的住处离得很远——这样的做法对于勤劳的哥哥或弟弟来讲要浪费很多时间在徒步上（当然，如果这个兄弟已婚，那么他也会享受到其妻子兄弟提供的相同的优待）。除却这种母系亲属提供物质优待的家庭做法，相互的**馈赠礼物**及**回赠礼物**的机制也产生了。经济利益只是间接地呼吁要抑制非经济的动机，例如大众认为作为一个兄弟或园丁是一种美德，是一件值得骄傲的事情。相互回报机制在食物供应这种相对简单的事情上是有效的；同样，在高度复杂的"库拉"（Kula，大型"夸富宴"的统称，承载部落和族群间的大量贸易和交易）机制中也同样有效，这是一种国际贸易的美学变体。在群岛岛民中进行的"库拉"交易延续了几十年，跨越了几十英里不安全海域，覆盖了成千上万个物品，各个独立海岛的岛民通过这种交易办法互相交换礼物。整个机制是为了减少敌意和冲突，最大化地加强礼尚往来的乐趣。

马林诺夫斯基所记载的这些事本质上来讲并不是第一次被人所知。在其他情况下，相同的记载也时不时出现。虽然口音和肤色都不同，与夸扣特尔印度人的散财宴相比，"库拉"并不奇怪。美国伟大的人类学家弗朗茨·博厄斯对散财宴奢侈的排场及其故意破坏有着详尽的描述（**《社会组织和夸扣特尔印度人的秘密社会》**，1895）。

而马林诺夫斯基对"经济人"概念的精彩抨击无意中体现了民族志学者和人类学家传统研究方法的深层含义，在原始经济学中，这开创了社会人类学的新的分支，经济史学家对其有着最浓厚的兴趣。

传说中的"个人主义的野蛮"如同它的对立面"共产主义的野蛮"一样，都已经消失并被埋葬。看来像野蛮机制这样的思想与今天的我们并没有多大不同。在社会学家的显微镜下，甚至广泛实施的共同所有权也和它本应该的样子不同了。的确，土地是属于部落或者氏族成员的，但现存的关系系统是**个人权利**剥夺了"公共财产"中的大部分内容。玛格丽特·米德将其描述为人类是"属于"土地的，而非土地属于人类。行为由个人耕种特定的一块土地所承担的责任所支配，而并不是由赋予个人的处置权所支配。提到土地财产，无论是个人所有还是共同所有，财产的概念并不适用，因此这看起来就没有意义。对于超布连群岛人民来讲，他们主要是通过赠送与回赠礼物进行物品分配——马林诺夫斯基根据物品交换发生的社会学情况将其分为八类。

总之，作为一般结论，我们可以说**物质商品的生产和分配是嵌入在非经济型的社会关系中的**。没有哪种制度中独立的经济系统——经济体制网络——可以存在。劳动力、物品的处置以及它们的分配都不是由于经济动机而进行的——即是为了获得报酬，或者是害怕如果不这样将会导致饥饿。按照经济体系来解释，如果我们所说的这些行为特点都是由于个人害怕饥饿与渴望获得的动机（如果那就是我们对"经济制度"的解释），那么就真的存在经济体系。[36] 然而，如果我们应该理解经济机制的含义是，人们行为的特点是与物质商品与服务的生产分配相联系的——与经济史唯一相关的含义，那么我们会发现，**当然**存在经济体制，但它在制度上并不明显和独立。实际上，它仅仅是其他非经济机制运行的副产品。

如果我们关注基本社会组织在引导个人动机上的特殊角色时，我们就很容易理解这个情况。在研究新几内亚巴那罗亲戚体系时，图恩瓦尔德触碰到交换婚姻这个复杂的机制。在同一个场合，必须有多于四对夫妇结合进来——每个群体中出一个人，相应地，另一个群体必须有相对应的配偶出现。为了使这个机制运行下去，分组情况早已存在，将氏族成员虚拟地进行分支。为了达成此目的，人们习惯性地将妖怪屋（男人的房子）进行划分；为了实施交换婚姻制度，坐落在右边（bone）的和坐落在左边（Tan）的房子形成二级区域。图恩瓦尔德写道（1916）：[37]

妖怪屋的对称划分是相互回报原则的体现——"以牙还牙"的原则——**报复或偿还**。这似乎是心理学上"充分反馈"的结果，这种心理深深根植于人类内心。事实上，这个原则渗透在原始人类的思想中，并且通常在社会组织中体现出来。

这是在马林诺夫斯基《野蛮社会的犯罪与习俗》（1926）中的一段话。他说就如图恩瓦尔德在高布林浩（Goblin Hall）发现的一样，社会中的**对称**二级划分作为原始人相互回报原则的基础，处处存在。相互回报原则——作为一体化的形式——与**对称性**组织并驾齐驱。这可能是对著名的"社会组织的双面性"的正确解释。的确，联想到原始社会居民不会记账这一事实，我们可能会问：这么多在不同位置上的人是如何能够在如此长的时期内一直实施互惠原则的？如果社会组织通过提供现成的对称形式没有满足某种交往过程的需要，那么某一组的成员能够同样地对待另一组成员吗？该文章的解释部分对于**社会组织**的研究有着重要的意义。它解释说，除此之外，我们经常能够在野蛮社会中找到复杂的亲属关系角色，这是社会组织的**支撑**。

由于并不存在单独的经济组织，相反，社会系统的经济学被"嵌入"社会关系中，为了能够照顾经济生活在劳动力分配、土地处置、工作实践继承等方面的连接作用，必须要存在一个精简的社会组织。亲戚关系往往是复杂的，因为它们必须要为一个社会组织提供基础，而这个社会组织是被用来**替换**一个独立的经济组织的。（顺便说一句，图恩瓦尔德评价说，只要独立的政治—经济组织发展了，亲属关系就会变得简单，因为他说"不再需要任何的复杂亲属关系"。）

原始社会经济系统在社会关系中的**嵌入**形态引起了经济史学家的浓厚兴趣。

（1）如果一个基于特定经济动机的经济系统与市场体系是相同的，那么大部分的人类历史则是在没有任何独立的经济系统下存在的。（当然，这可能是程度的问题，因为独立的市场、市场体系和市场经济形成了分级。）

（2）经济机制应该**在整个社会的框架下进行研究，而不是仅仅在政治和社会历史的背景下进行**，它们应是作为社会组织的一部分。

六、经济学解释历史的局限性

我们说，另一个因素是认识到这样的一个事实，即相对而言，从 18 世纪和 19 世纪的历史视角，从整个历史的视角去用经济学解读历史，产出的成果注定比较少。用经济学解释历史的写作所产生的印象比普遍意识到的要更深远。经济史学家或者是受马克思主义分析的影响，或者是自己得到了相类似的结论。我只提一下德国的桑巴特和马克斯·韦伯，法国的曼托斯，比利时的皮朗，英国的 A.托因比、韦伯、哈蒙兹以及美国的比尔德。非马克思主义作家像德国的兰伯特或英国的 H.坎宁安也深刻感受到历史中的经济学因素的重要性。事实上，之后的大多数关于经济学解释的局限性说法并不是来自于像桑巴特、马克斯·韦伯和亨利·皮朗这些对立学派的学者们，大体上，他们是支持用经济学来解释历史的。

然而，马克斯·韦伯在其著作《新教伦理与资本主义精神》中的分析使人们接受了这一事实，即宗教伦理发展及对日常行为的影响，与资本主义的实际发展是同样重要的。

随后对韦伯立场的指责并没有动摇他的关于新教对于西方资本主义发展的重要性的论点。后来，他将这个论点进行了发展，并且他提出了西方文明的起源命题，他将这个命题视为一个特别的城市产品，即西方文明是在城市中源起的。他断言历史上不存在现在的西方城市。如今，城市公民超越了部落和种姓——马克斯·韦伯将这个结果归功于基督教的影响。犹太人超越了魔法，使之变得邪恶而非美好；基督教超越了血液和种族，于是创造了西方城镇的世界公民。我只是记录下了这些观点，**并不是支持它们**。

W. 坎宁安，另一位支持用经济学解释历史的著名历史学家，他通过宣布体力劳动的尊严得到了一个结论，即中世纪的基督教伦理在**修道运动**中创建了一个强大的经济先锋元素——西欧文明。

亨利·皮朗，一位支持历史唯物主义的历史学家，总结说尽管十字军东征产生了巨大的经济效益，但是也必须被视为宗教运动。根据他的说法，伊斯兰教也是一个特定的宗教运动，虽然它产生的经济效益无疑是巨大的。

然而，虽然这些作家有着不同的学科背景，却一致接受 **18 世纪和 19 世纪西方历史中**的经济决定论。实际上，经济决定论好像是**市场体系**唯一的另一个名称，在市场体系中，经济学并不是嵌入在社会中的，恰恰相反，社会是嵌入在市场体系中的。解释这个发展的原因很简单，是由于为**劳动力和土地**创造了竞争性市场。因为在本质上，劳动力是人与土地的唯一别称[38]，人类社会的内容被包含在市场体系中。这也难怪存在"经济决定论"的说法。马克思主义反映了19世纪社会在本质上是一个经济社会这个认识。就像过去一直存在有宗教决定型或政治决定型社会一样，我们的社会的特点是由其中的经济制度所决定，也就是市场体系。马克思主义不对的地方是他认为经济决定论是人类历史的**一般**法则，其实并不是。关于过去，经济决定论仅仅是一个时代错误。关于未来，它也只不过是一个偏见。这一点对哈耶克、伯纳姆等人关于自由必将消失，并最终被**计划**进工业社会的预言是一个侧击。他们指出我们目前正享受"自由"发展带来的结果，发展也带来了资本主义市场组织。我相信这是对的。但是，他们接着说，**"自由必须消失"**——连同"不受监管的市场"一起消失。我认为这就是要去承认在市场经济范围**之外**用经济学解释历史的有效性，这一点并没有任何依据。从逻辑上讲，很难去推断市场经济缺失，会对以经济决定论命名的市场经济中存在的法律力度有多大影响。

事实上，我们想要创造和保卫多少自由，就将会在未来收获多少自由。制度化的个人自由保障在原则上与任何经济体系都是兼容的。仅仅在市场社会……[39]经济机制对我们发号施令。这样的状态并不是人类社会的普遍特点，而是一个不受监管的市场经济的特点。

这是由经验证实的结论。劳动力的冻结以及义务兵役都没有废除美国人民的基本自由。战争期间，英国全面引入了计划经济，英国的公共自由从来没有达到过战争时的高度。一旦事态发展超越了市场机制的范畴，经济决定论关于未来发展的论点便没有了科学的基础。我再重复一次，经济决定论仅仅是那个机制的另一个名称。

这些对其他历史时期的认识（并非是我们这个时期）以及对其他体系（并非现在的体系）的认识，显然是指向我们所指示的发展方向的：

（a）塑造经济制度的包含了非经济因素，如军事和政治因素；

（b）应该将社会**作为一个整体来**研究两者的关系；

（c）我们这一代人的经验。

我们这一代人对时代的经验和认识，都来源于俄国和德国的巨变。这两个国家有着不同的民族特点和发展趋势。而总体来说，新政是在市场机制的背景下发生的，因此它在很大程度上是由经济决定的，苏联和纳粹的经验——虽然二者的特点和走向完全不同，从本质上来讲，是非经济决定的，它们所开创的历程超越了市场经济的机制。作为一般的历史规律，俄国大革命可以看作是对经济决定论最完整的驳斥。斯大林曾命令俄国共产党员俄国已经不再实行经济决定论。他指出："在社会主义国家中，没有哪个客观经济条件能够决定政策。"[40] 他的意思是，在市场经济之外，是不存在经济决定论的。在经济的其他方面，共产主义俄国的思想是极其落后的。

我们可以做出如下的总结，首先：

第一，发现原始经济学；

第二，意识到用经济学解释历史的局限性；

第三，我们这个时代历史经验的影响——在相同的**一般指向上**，有许多因素影响着经济史研究。

其次：

第一，**经济和非经济**因素的关系，应该放在社会的整体结构中进行探讨；

第二，我们应该认识到，19世纪社会对经济体系在社会中地位的解读，有着严格的时限，例如，19世纪创造出来的独立经济体系不能理所当然地认为也存在于各种类型的社会；

第三，作为一种规则，**经济制度与非经济制度的相互融合**，同时，研究经济历史的主要任务——正如马克斯·韦伯所认为的那样——就是在不同的人类社会中确定其中的**经济生活的地位**。

总体来说，今天对经济制度历史的研究涉及一种新的方法。这种方法与马克斯·韦伯相类似，但本质上又不同于他。

A. 与马克斯·韦伯相似的地方在于：

第一，他们都使用**概念**分析，如：

i 术语的定义；

ii 明确的方法。

第二，将调查范围扩大至社会中经济的地位。

B. 但不同点在于：

第一，将调查扩展到了人类文化学；

第二，避免了用理性定义"经济"的经济学和市场化研究方法。

据此，我们的任务将会变成：

（1）明确"经济"的定义；

（2）以某种方式给经济体系进行分类，这种分类不会预先对这个问题进行判断；

（3）通过**历史案例**阐明经济在人类社会不断变化中的地位。

最终，通过这个研究，我们能够掌握两个东西——既能够**把握经济体系**，又能够对**经济史**有一个更加清晰的理解。

这里，当"一般"这个词应用于经济史时，你对这个词的理解将会有一个显著的变化。传统意义上，它意味着所有的西方的文明民族以及他们祖先的古代文明。

今后，经济通史可能意味着文明人或非文明人的**经济体系的一般特征**，要使用具体描述来阐述。**真实的历史**绝不会丧失它的重要性。事实上，仅仅它就可以为经济系统在人类社会的地位提供证据。

正是在这个维度上，经济史的重心开始转移。在我们生活的时代，制度不断变迁，它可能成为一门主导性的社会科学。

在这门课中，我们将要致力于对经济通史的研究。

第15篇　古代的市场因素和经济计划 [41]

我将会努力用简短的方式向你们说明当下对古代经济史的研

究现状。正如你们所知道的那样，这项研究并不是一门远离热门话题的学科，因为它诞生在不久之前。平心而论，不管这个事实是归功于我们迅速增长的对古代的认识，还是由于不断变化着的对"价格限制"的理解，从公平角度出发，它都应该是报纸头条所要关心的。

让我用接下去的内容来开始我的演讲。

85 年前，洛贝尔图斯·亚格措夫，一位普鲁士容克社会主义者（卡尔·马克思就曾从他身上学到过很多），发表了一系列关于罗马帝国税收的文章。现在这些文章仍然是讨论古代经济问题最合适的例子。文章[42] 所引发的许多争议促使人们通过**漫长的努力**，去发现古代社会的真实特点，避免产生古代是现代社会的一个副本的先入之见。最终，这种对批判思考似乎是简单而明确的要求——不要用现代的方式简单解释过去——几乎可说是介入了对我们体制概念的一次革命。

据此，我**首先**会解决被称为"奥克斯家庭论战"的问题——这个论战十分出名，其中一方是卡尔·布赫，另一方是爱德华·梅耶尔。那么，这种长期冲突的观点究竟会带来什么样的结果？甚至在 1941 年，罗斯托夫采夫还将这些争论视为仍待解决的问题。**其次**，我将试图去阐述**全新的，甚至是更为广泛的**话题，它将替代毁灭性的话题，并追溯到希腊、罗马之前的历史，去到尼罗河流域和美索不达米亚平原的水利帝国。**最后**，为了理解过去，如果有可能的话，更好地理解现在的问题，我会努力评估目前研究的整体结果。[43]

一、奥克斯家庭论战

若要以公平的眼光审视现代主义，就必须承认，在面对"奥克斯（oikos）"这类完全自给自足的家庭（包括家庭、家产和房产）时，洛贝尔图斯和布赫都是错误的，或者说，他们应对（自己）粗鲁、夸大的说法感到愧疚。洛贝尔图斯写道，我们的祖先并没有现代化的税收体系，因为他们不知道人们拥有不同类型的收入，比如来源于市场分化带来的土地、劳动和资本市场等的收入。国内的和种植园的奴隶组成了一个大型的、完全自给自足的家庭模式，被他称为"奥克斯家庭"。土地和劳动力资源（奴隶们）是种植园主的财富，且原料的生产与有效消费都是**在家庭范围内的**。这是"奥克斯家庭"这个说法的起源。30 年之后，布赫吸取了自给自足的"奥克斯家庭"的说法，并且由它推广到整个古老原始的经济生活特征。比起现代社会，他更喜欢原始社会（这种自给自足的经济形态）。

现在，我要指出的是，罗马种植园的奴隶制家庭并**不是**自给自足的。作为一种准则，他们更像是在坚持某种交易。布赫（所勾勒的）没有文字的社区图景也存在类似的错误。他（认为）的原始人，从事"孤独的狩猎"，这纯粹是一个忽略了所有原始经济学发现的概念。

然而，这还不是要点。尽管有不准确之处，洛贝尔图斯的**"奥克斯家庭"的说法**暗含着一个重要的警告——不能假设经济活动与市场活动是等同的。布赫号召将社会人类学作为研究古代的指南，而这已被证明是卓有成效的。即使洛贝尔图斯和布赫没有充分意识到他们所持立场的影响，但他们的首创精神最终指引马克斯·韦伯完全改写**古老的资本主义问题**，并且带领我们解决巴比伦经济谜题。

这就引出了我们争论的焦点。早在 1893 年的时候，卡尔·布赫就反对那些伟大历史学家的演讲稿里暗示的现代化的意思，这包括尼布尔、格罗特和蒙森。关于古代政治史，这些学者曾在正确的方向上做出过巨大努力，但他们却不能对古代的经济现实做出公正评述。他们打破了有着悠久历史的传奇史学传统，并最终提出了希腊和罗马的故事。这些故事并不是神与半神的故事，而是用日常语言讲述的人类自身的故事。但不可避免的是，他们自己的日常性周围环境（正如我们现在所处的）非常不同于古罗马——包括我们周围的环境、工厂、城镇、股票交易所、殖民扩张、雇主和雇员间的阶级斗争以及社会主义和资本主义间的思想冲突。所以难怪，银行家帕西翁的形象让他们在公元 4 世纪的雅典感到如在家中般轻松自在，也难怪，布鲁特斯的高利贷（发展到殖民政府）和马术公司发起人带来的投机热潮，提醒着他们关于法律和"泡沫"[44]，也提醒着我们要努力接近事实。同样，雅典和罗马商贸阶级力量不断提升，庶民的反抗以及其他社会主义和共产主义的运动——这些在他们的眼里都是熟知的（对于我们来说，仍然也是熟悉的），于是古代生活被他们赋予了现代性色彩。

古代的世纪末景像与洛贝尔图斯无市场、无交易的奴隶家庭观点完全是冲突的，甚至和布赫的原始主义之间的冲突更加明显，原始主义的观点主要是剥离古代地中海地区诱人的现代性，并将其降至非洲的原始水平。1895 年，当爱德华·梅耶尔仍在着迷于古人繁荣的商业贸易时，布赫已经从巴比伦的银行和工厂入手，他坚持认为，在西方国家建立之前，没有什么能够称得上是国家经济——德国经济——换句话说这是一个相当复杂的领土经济。

事实上，这正是一个正面的观点碰撞。现代派和原始派之间的冲突首先都会涉及整个领土的事实以及对它的解释。必须承认的是，在仔细分析它时，我们发现，双方分歧更多的是对它的解释而非事实本身。但是，人们要花费很长时间去发现这个（事实）。至于要清除这些障碍，就要花费更多的时间了。我可能会说，研究者们总体上并未走出最后一步，而这将会成为我今晚展示它能够成功开始的话题之一。的确，除非我们解释古希腊和罗马时能避免对它们不恰当的现代化，不然就不能更好地理解巴比伦、苏美尔、阿卡德和亚述文明。

现在，我们要谈论关于矛盾的**现实**本身。自然情况下，讨论会首先围绕经济生活的各个方面展开，主要是关于古希腊。古希腊贸易的实际范围和总量到底是怎样的？它包含了多少为出口而生产的制成品？雅典工厂是以多大的规模在运作的？他们雇用了多少奴隶？雇用了多少自由打工者？存款机构、货运公司和保险公司是如何工作的？雅典银行的活动和商业手段是什么？商法的状态是怎样的？新成立地区和殖民地之间贸易的活跃强度怎样？货币政策和货币改革背后的想法是什么？雅典的贸易政策是什么？到了什么程度会引发商业战争？贸易和商业利益在塑造内外政策的过程中有多大的影响力？梭罗和克里斯提尼革命（Solonian and Cleisthenian revolutions）中有哪些精确的社会经济内容？诸如此类的问题。

我们已经得到了很多细节性的知识，但研究的总体结果还是一个简单的概括。大体上来说，我们对事实了解得越多，与生产规模、贸易组织水平、银行的细化、私人公司的贸易范围等有关的夸大其词的现代性说法会变得更少。最终，不仅是事实本身，还有对事实的阐述都会显得没那么重要。正如梅耶尔和贝洛赫所讲授的那样，公元前 8 世纪至 7 世纪希腊人庞大的殖民活动，已经被证明并**没有**受到贸易利益的驱使。尤尔（Ure）教授曾表示，公元前 7 世纪到 6 世纪的暴君并**不是**超级富有的雇主。格洛茨、劳顿、弗格森和罗斯托夫采夫认为，雅典出租行业的**停滞**不前并**不主要**是由城市制造业造成的。普尔曼相信，殖民改革并**不是**来源于城市中产阶级的壮大和与新兴无产阶级的结盟。许多史学家都认为，阿提卡地区的对外政策并**没有明显地被贸易利益改造**。事实上，阿提卡地区在历史上曾持续征收 2% 的进出口关税，这为工业贸易保护主义的缺失提供了确凿的证据。顺带提一句，罗马也模仿了阿提卡的这种做法，并将关税提高到了 5%。

然而，另一方面，在铁一般的事实面前，我们不可能去接受原始主义者的胜利，然后为他们颁发奖杯。地中海地区的克里特世界贸易一直持续到了 2 世纪中叶。几个世纪的空白之后，到了公元前 8 世纪，腓尼基人世界贸易逐渐被希腊人的贸易所取代。

这个范围可以从亚述湖开始一直到大西洋，从多瑙河到尼罗河流域。同样不可否认的是，雅典银行机构注定要对希腊人的经济生活形态产生深远的影响。因此，这不仅是世界贸易存在的证据，同样也是希腊金融机构存在的证明。我们是否可以合理地怀疑，公元前7世纪到4世纪以来，世界贸易和银行已经有了少数高级形式的贸易和信贷，从而使它可以从根源上攻击原始主义？

总之，这个结果是令人不安的。当原始社会的殖民地、战争和阶级表现出了几乎所有特征，唯独没有体现"现代性"时，贸易和资金的使用就会毫无疑问地大规模地存在，其规模可以比得上现代的开端。

其实这个解释十分简单。原始主义者和他们的反对者没有意识到，将人类社会的"现代性"与"原始主义"做对比就意味着将"存在与不在"进行对比，而这种"存在与不在"不是关于贸易或金钱的，而是市场机制方面的。

在我们眼中，使社会变得"现代"的不是别的，而是**市场**机制产生的广泛影响——是供求价格机制——对总体文化，尤其是对群体的经济生活产生的影响。市场机构与特定的动机与局势，以及营销的技术和文化特质密不可分。当代生活中鲜明的现代性特征，比方说投机和广告、恶性竞争和商业游说团体，它们的这些特征与市场体系的效应以及附属品紧密相连。因此，当"现代"这个术语用以形容经济生活时，并不像它显得那样模糊和肤浅；它包括了许多特点，并且在社会的市场组织中都能找到其共同的根基。

当然，这是我们完全应该期待的。在不得已的情况下，现代的生产组织其实就**是**市场组织；现代的社会**阶层**实际上**是**通过特定市场上的收入决定的；现代的社会斗争其实是经济阶层之间的斗争——就是说，群体的社会地位是由市场条例来定义的，其中的冲突也是与这些条例有关的冲突。当然，布赫在参照自给自足的"奥克斯家庭"经济时，都是很**含蓄**的，因为缺少了交易和市场，这也正是洛贝尔图斯声称是属于"奥克斯家庭"的准则。但是，布赫和洛贝尔图斯都没有**明晰**表达出他们的意思——在争论原始社会的特征时，他们只讨论了市场体系的缺席和一个**市场体系而已**。因此，他们在讨论**交换机制**总标题时，犯了**集成贸易、资金和市场**的分析错误，阻碍了他们对所有有益的制度的分析。没有对贸易进行区分——也就是如何从很远的距离获得商品，以及金钱如何进行非交换性使用，另一方面是从市场中获得商品，他们将这些融合到了一个制度性的三位一体中。因此，只要有劳动分工，就会存在贸易、金钱和市场。顺带说一下，语义表述上的弱点也让人几乎不能探明事实，特别是碰到关键的、存在或不存在有组织的市场的时候，因为它会导致一种错觉，让人觉得有了钱的交往，就可以**假定**有了贸易；有了贸易，就可以**假定**有了市场。

实际上，这些假定是来自现代条件的后遗症，并被传统的交换经济概念所加强。引人注目的是，尽管洛贝尔图斯和布赫拥有知识分子的勇气和方法学的激进主义，他们却错过了一个决定性的构想，而单就这个构想就可以让研究论述变得明确。他们未能将市场作为现代性的起源从而将它**分离**出来，从而也就未能从贸易和资金的角度**对比**市场制度，而这些恰恰是相对独立的市场机制。贸易——金钱——市场的三位一体其实是**我们现代市场体系**的突出特点。在现代市场体系中，所有的贸易都是通过市场来实现的，换句话说，是通过供应——需求——价格这一机制实现的。在我们身边，贸易通过市场实现，在此范围内，金钱的**作用**就是一种交换的手段。但古代社会的情况刚好相反。贸易并不是主要由市场决定，金钱作为交换手段也可有可无。

由于明确这一点对于理解古代（经济社会），甚至是对于理解过去几个世纪以来所有经济历史都有着至关重要的作用，因此我想补充这一点。贸易可能——大多数是发生在过去——采取了**非市场**的形式，如礼品贸易、远征贸易、礼仪贸易、特许贸易以及一些为了整体而非个人的其他贸易形式。与此相似，最普遍存在的**用钱对象**，或者说是**可量化的对象**，主要是（a）**支付手段**和（b）**价值标准**，这两个功能并不一定由同一事物决定。在制度化的市场之外，使用金钱作为（c）**交换手段**是一个例外。我的意思是，它们自己应有明确的发展，我们不能因**贸易**或是**金钱的非交易用途**而理所当然地认为它应该存在。因此，从原则上来说，市场的缺席是能够与较高频率的**贸易**活动和资金多样化的**非交换用途**相互兼容的，比如，支付手段或价值标准。简而言之，贸易和资金是一方面，市场是另一方面，它们必须被明确地区分开来。

在这个角度上，"奥克斯家庭"冲突的实际结果并不显得是相互矛盾的。没有证据显示，古地中海的**世界贸易**或**银行业**是通过"供应——需求——价格"机制来进行的。在这些条件下，古希腊社会及其经济生活并没有让我们觉得很"现代"也就不足为奇了。此时，应该注意到**世界贸易**和**银行业**这两个术语是非常具有误导性的。不是它们不适合——因为银行是存在的，现存世界的尽头也是包含在贸易中的——而是因为我们现代化观点中伴随着的**进化论的谬误**。上古贸易并不是一个高潮（其实现在也一样），而是一个对外贸易的**起点**，而且它还可能是新石器时代唯一的贸易形式，正如古老的殖民已经显示了发展的势头，它选择的是远走他乡而非最近的地域——这些被殖民干预过的区域最终都将被占领。这是发展的一个规律。很久以前，爱德华·梅耶尔就曾列过一张与探索历史相似的表，它从古埃及开始，到环绕非洲的瓦斯科·达伽马和更现代的哥伦布。为哥伦布说句公道话，不能因为他没有到达他所期望的印度而指责他。显而易见，如果他早知道实情，他会认为美洲离他家乡港口太近而没有价值。

至于银行业，（我们）再一次（强调），它应该被作为一种处理金钱和信用的先进形式。实际上，那个时期——也就是公元前4世纪——如果没有人从事测试和改良硬币这项（卑贱的）手工活儿，钱币根本就不能使用。但就连自由民帕西翁也不能安全地保护他的存款、刚拿到的薪水、典当（物品）以及非商业性保护的贷款。当然，至关重要的一点，我必须再次重申，古代社会的经济生活并不是通过市场来实现的，因此，就无法产生**信用工具**，而这恰恰是现代银行业所需要的。与其说罗马的银行业比希腊高出了一个台阶，倒不如说它其实不如希腊，托勒密王朝时期的银行业发展的是银行交易的"种类"，而不仅是钱。因此，当判别古代经济时，银行业会被认为是世界贸易"现代性"的一个评判标准。
我想再一次强调，在"贸易—金钱—市场"这个三位一体中，正是
原始主义者思维里的现代潜意识，及其严格的进化论主义，允许
现代学者们可以将古代世界贸易和银行业作为例子，作为古代世
界里"现代"特点的证明。

我们可能会得到这样的结论，由洛贝尔图斯和布赫引发的广
泛辩论已经——相当多地——为他们（在学界）的重要地位平反，
其中虽然仅仅是依靠体制性的洞察力（他们本身并没有察觉到）。
同时，我们应该补充，他们完全忽略了这样的事实，即文明社会
里市场体系**最重要的起点**其实大约开始于公元 4 世纪后半部分的古
典时期。没错，在战争社会，原始主义框架里发展形成的市场体
系，致命性地限制了其生产力和扩张力。这让我们进入第二部分，
进入一个**更广泛的议题**，它将代替对"现代性"的各种争论。

二、新议题

当然，这些结果与马克斯·韦伯所诊断的古希腊和罗马城邦
社会特征是完全一致的，即城市作为移民人口的定居地，人群的
领导层从未停止去组织一个优待战士的群体，因此，民主就涉及
所有人口和阶层，主要是农民阶层被优待了。本质上，这就是一
个掠夺性的社会 [45]，这个社会里的组织主要服务于战争、征服、
掠夺、强行殖民、制海权、苛捐杂税、剥削等一些野蛮人的行为
方式。**贵族领袖**和**平等主义者**都要求通过部落遗产中社群的形成

来维持公民。我们拥有一份有关最高机构的文件，它向我们展示了一系列真实的细节，即通过分享权力，人们会共同努力来维护共同的利益。亚里士多德《雅典政制》一书的手稿在 1891 年失而复得，这本书展示了一系列的历史进程：公元前 479 年，在战胜波斯人之后，贵族因服务于萨拉米斯而享有很高的声誉。亚里斯泰迪斯和特米斯托克洛斯就是人民的领袖，他们领导人民并主导政治。亚里斯泰迪斯建立了提洛同盟，雅典就是这个同盟建立后最主要的获益者。这件事发生在公元前 478 年，亚里士多德继续写道：[46]

　　在这之后，亚里斯泰迪斯看到了城邦在不断壮大，财富在不断积累。于是他建议人们要紧跟联盟的领导，并且离开乡村到城市定居。他指出，在城市联盟里，人人都可以谋生，一些人可以去服兵役，另一些人可以加入守备部队，还有一些人则可以参与公共事务；通过这些方式，他们能够保障联盟的领导权。**这个建议被采纳了**，而当人们开始设想更高的控制权时，他们必须以一种更加专横的方式对待他们的同盟，其中，女同性恋者、萨默斯岛上的居民是被排除在外的。正是通过亚里士多德所指出的这种方式，他们保护了自己的帝国，使宪法不被改变，使统治时代得以延续。他们还通过亚里斯泰迪斯的建议保证了充足的人口数量。在所得的贡品和税收以及盟军的捐助中，20000 多人保留了下来。其中有 6000 名陪审员，1600 名弓箭手，1200 个骑士，500 位政务会成员，

500 名造船厂的卫士，还有 50 名警卫。大概在国内和国外分别有 700 名法官。另外，当接下来他们去参战时，还会有 2500 名全副武装的军队，20 艘警卫船（这意味着还有另外的 4000 名男性），其他船只装载了贡品，以及 2000（两处原文不一致，前者是 200）多个靠抓阄决定的船员；除此之外，是保留在帕特农神庙的众生、孤儿和监狱长，因为这些人都是由城邦供养的。这就是人们谋生的手段。

几十年以后，公民的价值已经达到了历史最高纪录。在伯里克利统治时期，无论男女，每个人都会因自己的祖父母是雅典居民而感到自豪（在这个很小的城邦里，统治阶级常常与希腊的王子或者统治者联姻）。基于这样的原因，如普鲁塔克的西蒙就摆脱了贫困（西蒙是米太亚得的儿子，米太亚得则是雅典一位著名的将军，他是伯里克利时代最受欢迎的保守党领袖）。普鲁塔克曾写道：

因为西蒙已经很富有了，对于竞选活动所带来的收入，他便十分慷慨。对他的同胞来说，赢得对手带来的荣耀是更加伟大的。他拆除了他领土周围的篱笆，于是外邦人和贫穷的公民将会更加惬意地享受这块土地上结出的果实。每天晚上，西蒙还会邀请穷人到他家里吃晚饭。这看起来真的很简单，但对很多希望能够进来的穷人来说已经足够了，房屋因此也得到了修缮，西蒙却没有花费任何的努力，使他能够自

由地致力于公共事务。（普鲁塔克，《西蒙》，10）

虽然没有交换，但互惠和再分配已经成为阿提卡地区原始经济统治一体化的形式。确实，在公元前 8 世纪或 7 世纪，**互惠**的基础已经与逐渐宽松的家庭纽带一起削弱（因为家庭常因世仇、土地利益和不可剥夺的财产而分崩离析）。礼品贸易和其他贸易则迅猛发展，史诗时代普遍存在的对销贸易现在已经逐渐消失。但是，部落生活的**再分配**形式并没有以相同的形式消失。**城邦**接受了部落的大部分再分配遗产。土地、战利品、拉乌利翁煤矿的分配——同样还有锡夫诺斯岛上的金矿；紧急情况下要分配玉米和保养费的要求；参与公共活动或者为那些履行公民职责的行为支付酬劳的主张——这些对于**古典社会中再分配因素**的力量来讲，都是非常真实的献礼。城邦经济组织的基础就是对公共活动的收入进行再分配，同时分享战利品和贡品，它们来自土地征服和殖民冒险，来自与第三方贸易中获得的收益。

我要通过亚里士多德的反思来提醒你们。一些著名学者——比如维拉莫威茨——拒绝接受亚里士多德对雅典组织的阐释，他认为，亚里士多德的观点是对亚里斯泰迪斯和暴民统治的一种讽刺。我认为，在与事实相反的情况下，最古老的偏见应大打折扣，确凿的证据应发挥它的作用。

但是，在讨论公元前 4 世纪时，我们总是将经济与原始主义分开讨论。希腊人对原始经济生活的最大贡献正是由市场和私人贸易所组成的，尽管雅典勇士们的行为和新世界贸易之间的关系更像是寄生关系而非积极的参与关系。城邦——这是古代社会学研究中的重要事实——它**不仅拥有一个免费的宪法，还拥有一个城市市场**。这两者使城邦变成了一种生活方式。我将会首先讨论市场。城市市场新发展的时间无法精确追溯，但我们可以合理地假设，梭伦时期阿提卡地区早已出现市场，不过，它在公元前 560年僭主政治 [47] 没落之后才得到充分的发展。

我认为其中一个很主要的原因是僭主政治本身的发展、统治和没落。为了支持这个说法，我们也许会说，僭主政治是城邦的特点之一。它是城邦对市场习惯的一种接受。

（1）僭主政治的产生通常是迫切需要公共服务发展的结果，公共服务主要是由个人来提供的（虽然，作为一个规律，贵族也因此诞生了）。这些公共服务包括警察、守夜、土地测量、收税，以及像建造、修复、重建庙宇、灌溉、港口设施的建设、雇佣兵的招募、钱币的铸造、市场会费和征收海关关税等公共事务。这些事务都涉及雇主：技能熟练的工人、本邦和外邦民工、陌生人、农场里的囚犯、奴隶。波利艾努斯很擅长分析这种文化特质的来源。他认为第尼阿斯、法拉里斯和塞隆的实力发展几乎是通过相同的方式，即看他们是如何承包了公共服务、庙宇建造、守夜、土地测量和收税这些事务，又如何在活跃于这些公共事务中的人们的帮助下积蓄了力量。

（2）僭主政治**出现**之后，就开始了它的**统治**。在新国王的带领下 [48]……，公共服务成为全国性的事务。他的雇主开始成为新的官僚机构。庇西特拉图就是一个伟大的例子。在他的统治下，政府承担了公共事务，包括建造庙宇和自来水厂这些事务，虽然没有任何合同的约束。他私人的铸币厂变成了公共的铸币厂，他的"猫头鹰"成了未来几个世纪内阿提卡地区贸易的标志图案。那么，他是如何**养活**公共事务中塞西亚奴隶警察、他的雇佣兵、技能熟练的工人和劳动者的呢？很显然，他是以征收实物的方式来做到的，在雅典，这是前无古人后无来者的做法。亚里士多德的一篇文章就对这个方式进行过阐述。

统治之后，僭主政治就**没落**了。除了国有化服务的私人化我们还能看到什么呢？城邦的财政收入和公共事务再一次被承包。没错，雅典保留了对矿山、铸币厂和塞西亚警察的所有权。一些公共服务也都大打折扣，或是被放在经济情况下考虑，其中，两个较为重要的是军队和税收。因此，阿提卡提出并委托军队的将军去这么做（其中一部分还来自于公共基金）。同时，阿提卡还征收**非常财产税** [49] 以防万一——我们可以认为，这是一个应急的税收。但是，大量最新的国有收入现在就非公有化了，农民、工人和政府机构一个又一个地落入私人手中。

基于这一点，我们相信，市场习惯获得了强大的公共重要性。传统的组织劳力方式，通过财力和它对部落首领、庄园领主的政治影响——这种古老的手段——已经不再有效。而且由雇员组成的公共联合体——有很多——现在必须让他们从集市上通过支付，来促成一些相关规定。有一个领域我们可以进一步认识：那就是军队。在伯罗奔尼撒战争的后半段，或者更确切地说，是在小亚细亚的阿盖西劳斯这里，市场决定了军队的规定。将军在规定中提到了"提供""储备""准备"（这几个概念）。希腊军人购买他们自己的食物并负责他们自己的薪水。

只有当没有市场时，将军才会以其他方式满足预期的需求（比如通过突袭或征用同盟国，或者是通过规定的临时军营小贩和市集方式）。这种市集方式的使用看起来是极具重要性和启发性的，它用市场的方式养活了我们今后会遇到的公共服务中的所有工作人员。

但是，当**市集**变成**城邦**生活的一部分，外来私人贸易的迅速发展将永远不会被城邦所接受，至少当时的雅典是不会接受的。（早期柯林斯和罗德岛就有着完全不一样的特点。这两个城邦就像斯巴达一样小。雅典最后代替了它们，成为城邦的原型。与东方式的农村模式不同，**国家**成为希腊主义的核心问题。）士兵们需要的补贴从未停止。在人类早期社会的两种贸易类型中，雅典人只能够明白其中一种。属于社会团体的个人、有社会地位的商人，苏美尔和巴比伦的当卡（damkar），并没有在早期的雅典得到发展，在后庇西特拉图的雅典，也已经没有他们（存在发展）的空间。另一种商人是没有"归属"的人，比如外邦人和陌生人。像腓尼基人和贝多因人中的商人（他们很少），或者是与社会分离的人，是灾民等。当这里的人口饱和了，作为希腊的客籍居民，就会流动到巴勒斯坦。这些商人可以通过人们讨厌的职业去获得名声和地位。当地中海贸易不再是腓尼基人的贸易后，它成为了希腊的贸易。但是这个意义上的"希腊"并不意味着雅典或者斯巴达，即它 [50] 没有成为雅典城邦里可以被接受的公民职业。

城邦的重要结构可以从两个方面推断而出：一方面是紧密联系的公民和内部的**市集**布置，另一方面是**城邦**的对外贸易关系。雅典从来就不是骄傲商人和自由人的家乡。成百上千模仿雅典而形成的**集市**，从未渗透进它的核心区域。集市的政治社会学框架并不允许这样的事发生。这是一个公民的组织，城邦从未放弃它一直以来的限制。如果最后希腊的市场体系失败了，或罗马帝国无法在它的迅速扩张中适应这个体系，以应付成为世界帝国的任务，那么这个限制反而成为其最后的解决办法（海歇尔海姆的一些观点可能在隐约之间就已经被采纳：新石器时代的市场，并没有持续发展为青铜时代城邦中的灌溉帝国，或是没有在惊人的教化力量爆发之后，表现出可与之匹配的经济活动的增长速度）。

这就产生了古代历史一个新的、决定性的问题。雅典，而不是巴比伦，是市场的诞生地，这个认知使得经济活动一体化的市场及非市场问题发生改变，而且是以多种方式展开的。这种经济活动一体化的非市场形式也是以多种方式展开的。这些非市场化的手段是以**互惠和再分配**为基础的——我们将它们统称为计划。市场因素和经济规划两者之间表现出了一种新关系。我们对巴比伦经济进行确切描述的能力将是一个测试。埃及并没有走在美索不达米亚之前；因为在美索不达米亚平原，当经济活动开始迅猛增多时，市场也在形成中——这个活动包含了交易和金钱的使用，以及更宽泛的商业交易。正是在美索不达米亚平原，这个新观念将得到验证。比如有关金钱的几个实例：金钱作为可能的价值评判标准，同时也作为支付手段之一，它是如何在市场缺席的情况下，作为一种交换手段使用的？这些类似的问题都需要得到解答。

在早期的巴比伦第一王朝，银被作为价值判断的标准，与此同时，在决定性的经济部门，大麦被作为是庙宇间进行交换的单位。事实上，大麦是收缴税款、租金、发放薪水等唯一的手段。

法律明确规定，一个希伯来银币等于一定数量的商品。那么这个公式究竟意味着什么？在漫长的历史进程中，这个有着惊人稳定性的等式有什么目的？我们发现，为了保持这个等式的平衡，人们常改变测量的实际标准，而这么做的目的又是什么？（顺带地，在没有被打断的情况下，计量系统里用来实现此运算的设置是什么？）[51]

类似的问题需要更多的知识来解答，而我们目前的知识储备并不能给出一个满意的回答。但这么多问题也许已经能够说明，我们还没有预判出可能忽略的问题：传统社会正逐渐走向一个圆满的市场经济，这是对过去不适当的理解。市场因素一直与我们同在，当领土突然扩张，市场组织面临失败时，非市场因素就开始脱颖而出。对市场和非市场因素的机制研究其实是相互交错的，在各种历史时期中，它们都扮演着重要的角色——它们在过去和不久以后的未来同样重要，因为我们会面临相似的问题。人们迫切需要古代历史研究这个工具箱。因为它能帮助我们从观念上把握日常生活中的问题。

注释:

[1] 文件 19—21，卡尔·波兰尼卷宗：未标明日期的打印稿，可能写于 1939 年后（波兰尼引用林德著作中的出版日期，标志着一个时间节点）。打印稿的边角处有损伤，有些字词已经被撕坏，但是它们大多是肯定可以重新拼接起来。

[2] 编者注：本文中，波兰尼经常使用 "native（天生的）" 这个词，但很显然他的本意是 "innate（与生俱来的）"，在某些情况下也与 "天然的" 意思接近。

[3] 编者注：译者推测的。这个词经常容易打错（可能是把 psy 打成了 pys），剩下的 is lost in a lacuna。

[4] 编者注：原来就是有缺漏的。不幸的是，这个页面的边角缺失了，其中第一个字母（很脏）可能是 o、s，或者是 a。

[5] 编者注：这句话的意思可能是说科学是在方法的帮助下从其母体中发展出来的。

[6] 编者注：我们的推测是单词 shed——只能看清楚 she 三个字母。

[7] 编者按：或者可能是单词 desiderata（迫切需要得到之物），在 "de" 后面的字母已经缺失。

[8] 编者注：我们增加上去的（详见下文对林德的介绍）。

[9] 编者注：由于该页毁坏，最后一个单词 ends（目的）无法找到。

[10] 编者注：出自罗伯特·林德著作《知识是为了什么?论社会科学在美国文化中的位置》[普林斯顿，纽约：普林斯顿大学出版社，1970（1939）]，42 页。

[11] 编者注：就是形而上学。

[12] 编者注：由于原稿边侧损坏，leger 这个词也无法找到。

[13] 编者注：出自库尔·特考夫卡著作《格式塔心理学原理》（伦敦：伦德汉弗莱斯，1935），选自 1：《为什么是心理学》中的《科学的危险》部分。

[14] 卡尔·波兰尼卷宗：未标记日期的打印稿。

[15] 编者注：并不确定这个猜测：这里的单词不容辨认，也许是打印错误（看起来像 "cscrace" 或 "csorace"）。

[16] 编者注：作者对这句话进行了很大的修改，变得有些支离破碎；后面的句子已经缺失。

[17] 编者注：指的是科学大脑，"它" 是从手写的 "他" 纠正过来的（或许波兰尼把它认作是科学家了，但这样的话从上下文来看是不通的）。

[18] 编者注：波兰尼这里所说的 "试听" 指的是原始意义上的听力。

[19] 编者注：这里有一个文稿错误（应该是 screne），但意思仍然很明确。

[20] 编者注：这个问题是紧跟在已经被删除打印稿中的副标题之后的。

[21] 编者注：原稿顶部破损导致词语"to be"和"empirical"的主体部分有缺失，但他们的修复是没有问题的。

[22] 卡尔·波兰尼卷宗：一个在美国民意调查研究协会发表的演讲，新泽西州，1951 年 6 月 22 日。

[23] 编者注：波兰尼在这里近乎讽刺地使用了亚里士多德诗学的一个术语：peripeteia，意为"突转"（复数形式为 peripeteiai）。Peripeteia 在文学作品中代表转折点，引申到现实生活中也代表时运的大逆转。

[24] 编者注：原文这里是"it"，我们能够推测这个肯定是其所指。

[25] 编者注：波兰尼在这里有书写错误，应该是 how like.

[26] 编者注：德摩斯梯尼 19 卷（使团辞）254 页及以后。

[27] 编者注：普罗塔克的《特米斯托克利传》。

[28] 编者注："Dollar-a-year men"（领取象征性薪金的人）指的是那些在两次世界大战和朝鲜战争期间为美国政府提供服务的经理人，他们只是象征性地领取薪酬。

[29] 编者注：原先的稿子里有"Attica"（阿提卡，古代希腊中东部一地区）——很明显这是一个失误：波兰尼倾向于用整个区域所在的地理位置来指代城邦。

[30] 编者注：伪亚里士多德，雅典宪法，24 页。（亚里士多德的宪法并不是出自其本人，不过它产生于其学校，从这个意义上来讲可以说是亚里士多德学派的。）

[31] 卡尔·波兰尼卷宗：在哥伦比亚大学经济通史课程上的导论讲稿，纽约，1950.2。

[32] 编者注：也就是自律。

[33] 编者注：关于这个说法，波兰尼的手稿上标注出了两点（A）和（B），但是墨迹近乎褪色，（B）观点是以 "econom…" 开头的。

[34] 编者注：打字稿现在是没法读，不过大概是参考了著名经济学家阿尔伯特 L. Hahn，他的信用理论是 20 世纪 20 年代经济学界的争论热点。

[35] 编者注：在这里文本并没有用"members of a group as such"如此更隐晦的说法。

[36] 编者注：这句话大部分都不是很确定（笔墨已经褪色），但是这句假设的意思应该是："如果我们认为经济体系是这样的，那么就会存在一个合理的经济体系；当然，就如我接下来阐述的一样，情况并不是这样。"

[37] 编者注：理查德·图恩瓦尔德，《Bánaro 社会：新几内亚宗族部落的社会组织和亲戚体系》，《美国人类学协会回忆录》，3.4（1916），251—391 页，在 258 页。

[38] 编者注：波兰尼的打字稿这里有个错误：another man for man.

[39] 编者注：无法辨认。

[40] 作者标注：来源未知。

[41] 文件 42—44，卡尔·波兰尼卷宗：耶鲁大学未曾发表的讲座，可能可追溯到 20 世纪 50 年代。

[42] 编者注：这里参考的是 J.K.Rodbertus 的文章，《有关历史上奥古斯都贡税的经济学与统计学》（德语），1865 年出版，341—427 页。这单篇的随笔与之前一系列随笔形成了鲜明的对比。这一系列的"随笔"代替了"讲稿"。所以，卡尔·波兰尼已出版的一些文章似乎可以被视为某一系列公开演讲和讲座的文稿。

[43] 编者注：这是个没有实现的构想。波兰尼划掉了这句话，因此这个话题并不包括在这里。

[44] 编者注：这指的是密西西比泡沫事件，这是一场灾难性的金融事件。它发生在法国 1718 年，始作俑者是苏格兰冒险家约翰·劳。

[45] 编者注：也就是说《城邦》。

[46] 编者注：请见第 13 篇波兰尼的批注。波兰尼同样引用了亚里士多德《雅典政制》中的内容。这里，他给出了完整的一篇（24）并且为下一篇章开了个头。

[47] 编者注：波兰尼使用了"僭主政治（tyrannis）"这个术语，它来自于英化后的古希腊词语"turannis（τυραννν??）"。这个抽象的名词在希腊古典时期被用来指定主权一般和特定的机构。

[48] 编者注：无法阅读。

[49] 编者注："非常财产税"是一种非常直接的税种。公元前 5 世纪，在波斯入侵雅典之后，这个税种被提出，并作为一种战争应急的紧急税种。

[50] 编者注："它"指的是成为一名商人。

[51] 编者注：这句话被作者划掉了。

第四部分

危机与变革

第 16 篇　当下至关重要的问题：一个回答 [1]

在杂志《新地球》[2]25/26 期上刊登的《机构的共性》[3] 一文中，F.W. 福斯特教授对比了布尔什维主义及基督教——托尔斯泰的观点。这促使阿黛勒·耶利内克在杂志的 29/30 期上对此做出（题为《社会主义的伦理价值》）的回应。[4] 在 31/32 期中，目前的评论者们都着笔于马克思主义世界观的重大贡献，这恰恰是以福斯特立足点中体现出来的积极精神作为基础的。这篇文章以《意识形态的危机：F.W. 福斯特〈机构的共性〉》为题。它的开篇如下："今天所盛行的马克思主义和社会主义的融合是所有现代思想的妖怪。每位知识分子都试图去强调我们时代中最迫切的社会问题。他们陷入了这种思想的泥沼。"（第 458 页）造成的结果是，"功利主义伦理学、唯物史观的历史、实证主义认识论、确定性的哲学，这些思想在新局势中将不再可行。但是，马克思主义，作为一种意识形态，是在这些思想的基础上建立起来的。它的时代已经结束"（第 461 页）。

只有现在，我才看到弗里茨·米勒在《新地球》第 36 期上的反驳。在杂志中，他讨论了福斯特和我。这篇文章的题目是《关于基督教无政府主义者和危机的预言家：以福斯特、波兰尼等人为例的讨论》。[5] 对于福斯特，米勒的文章在形式上极为恭敬，在实质上却是彻底的傲慢。对我，他形式上显得极为傲慢，在实质上是彻底无视。然而，这两者的结果是一样的。福斯特被认为是一个贵族，因此他的观点就是正确的——即使像其他有关贵族精神的观点一样，它们必须保持一种无关紧要的特性。相比之下，波兰尼由于一些不为人知的原因，被看作是"前匈牙利共产党员"的代表，波兰尼与他们是一类人。即使他的观点是正确的，显然也会因为这个原因而变得无关紧要。在这种情况下，米勒并不会采取与我此前提出的相同立场，他只会参与一些文学运动。这些文学运动本身有着极其重要的事情要去完成。因为我从来都不是一个社会主义者，不管是新或旧信仰，但早已被视为匈牙利反马克思主义意识形态的追随者，所以我要再一次强调福斯特的观点，并试图以一种客观的方式捍卫我们共同关心的事情。[6]

随着资本主义时代的到来，所有社会思想都已经分裂成两大阵营：一个**遗憾的**阵营和一个**社会主义的**阵营。后者要求废除所有的剥削，并将其自身作为创造自由社会和平等人权的目标。

19世纪社会主义学派主要有两个方向：其一是马克思主义者。作为改革派的政党，他们自称为社会民主党，现在作为一个革命的政党，他们自称为布尔什维克党（即共产主义党员）；另一个是自由社会主义者——那些作为改革派、被称为激进派和土地改革者，并作为一个革命的党派融入不同的无政府主义团体。

马克思和恩格斯提出的马克思主义社会主义被视为是统一的（思想）大厦，它被视为是马恩二人的封闭遗产。与此相反，自由社会主义代表着 19 世纪独立的知识分子群体。这个群体一直从杜尔哥、亚当·斯密开始，经由凯里、蒲鲁东、杜林和巴斯夏，到 H. 乔治、H. 斯宾塞、克鲁泡特金、赫兹卡（Hertzka）和奥本海默。**他们工作共同的主题已经超越了所有不同和分歧，并表达得更加清楚和重要**。这个中心主题如下：

自由是所有和谐的基础。自由产生的条件是一个自然条件，这个自然条件的和谐立足于其本身，并且是坚固且不可动摇的。它不是"自然法则的要求"，自然法则的要求最终通向人类理想的生活。与此相反，是什么让自然法则的概念居于首位？这才是这个必要理想的含义。这个明确和杰出的概念已经远离任何专制主义（Willkur）。这个条件所需要的、清晰的概念就是无暴力，这是真正和纯正的自由必然导致的结果。

一、经济理想

英法大革命的目标是实现经济自由。但是，革命并没有完全实现这一目标。封建体制中的土地垄断从革命中幸存了下来，并因此产生了自由经济的一股新势力。**只有自由的土地所有权和自由迁徙，才能够带来工作与自然力量的一种自由关系**。这带来了资本主义：一种暴力和自由的混合，一种由过去的原始力量和未来新生力量共同产生的低等产物。资本主义远不是一个"必须的发展阶段"，相反，它实际上是历史发展有缺陷的产品。在这一阶段里面，它发展迟缓的创造力第一次得到了充分的体现。资本家的利益并不来源于纯粹的土地出租（李嘉图的差价出租扮演了次压制的角色）。他们的利润是贫瘠土地产生租金的结果。强行的土地垄断（Bodensperre）[7] 意味着总会有一些流离失所的工人会倾向于用比他们的劳动力产出更低的薪水来雇佣自己。剩余价值从没有土地的阶级那里流向拥有土地的阶级，并且根据后者所享有的"资本"被分配给独立成员。只要这种土地剥削存在，不仅仅是土地，更是所有的资本都会"产生利润"。没有哪种薪水能够凌驾于农业"边缘劳工"的薪水之上，因为后者的饥饿工资决定了工资金字塔的基本水平。因此，资本利润是建立在纯地租上——而不是建立在地租的资本利润上，这正如马克思主义者假定的那样。剥削并不是来自于盛行的自由竞争的经济法则，而是来源于**政治**法则中盛行的土地强制性属性，它使自由竞争变得无效。

从远古时代以来，顺从的劳动形式一直是暴力政治的结果。奴隶制和奴役以及政治征服的结果，都是经济剥削的基础。作为榨取剩余价值的工具，资本主义就是建立在这种顺从的劳动形式之上——它真正的名字叫做土地垄断（Bodensperre）。廉价的劳动力大军到处都是，他们被饥饿驱使，从乡村进入城市，成为资本主义工业发展的根本原因。这本身使是当时顺从的劳动形式和土地垄断的结果。

如今，是垄断而非自由正在经济领域盛行。土地垄断不是"自由经济的结果"，正如马克思主义主张的那样，正是它阻止了自由市场经济的产生。"超经济力"（马克思）阻止了自由和平等的人之间的经济，并将当今所谓竞争变成了对立的两面：这是财富拥有者对无产阶级的剥削。剩余价值并不是依照自由市场经济的价值产生的，而是与之相矛盾的，因为自由经济受到了强制财产的限制。

欧根·杜林第一次总结了这个想法。他这样写道：

> 奴隶制加上工资的束缚，再加上他们的双胞胎兄弟——基于强力的财富，必需被视为社会经济的一种纯粹政治性的宪法形式。并且，到目前为止，在他们所构成的框架内，自然经济规律的结果可以单独显现。[8]

弗里德里希·冯·恩格斯将这个观点描述为杜林整部作品的"基本主题"，他试图去驳倒这个观点，但在我们看来是徒劳的。

对于自由主义社会主义者来说，资本主义的**根本问题**是，不公平的经济法规以及它的剥削，是限制真正自由劳动力的后果。

资本主义的**次要**问题来自于同样的源头。

在一个完全从剩余价值中解脱出来的经济中，供与求要和谐地调节生产与分配。这里是没有合适工资以外的"企业家利润"的。这里没有危机，因为价格不再隐藏剩余价值，它只体现平等的劳动价值。理论经济会带来产品与社会需求之间的矛盾，并且转化为社会利益的有效保障。

在这种社会制度中，自由合作开始成为一般形式的合作。消费的组织和生产合作社自治的有机结构由市场本身进行**组织**，延伸至完全排除所有中间贸易、投机等其他寄生虫式的做法。然而，**这**是一种有机的组织形式，而不再是机械的形式。每个成员都能够在一个消费、生产或者其他所属的公司企业的狭小范围内**调查**他所处的地位。他能够根据直觉推导出双方的经济自我利益的冲动，能够不断地重新审视这些冲动，能够保持并滋养他的整个个性。危机的第二个来源——市场组织的缺乏正以一种有机的方式被改变，而非破坏活跃的个体——这个有机整体的不可见的驱动细胞。

自由社会主义所构想的社会生活，实际上是一个**有机的整体形象**。经济是一个生命似的生存过程，没有办法被机械设备式的运作方法取代，无论其设计是如何精细和巧妙。（人们）希望通过使用统计方法来确定**社会**的需求、能力和利益，以此来建立一个相对应的系统。然而，该系统的运作并不针对个人的需求、能力和利益。那么，就自由社会主义而言，这种希望是完全没有根据的，同时也是徒劳的。

"统计测定"的方法被一个基本的谬误所困扰，即可以计算的东西并不是按照它们的大小来决定的。人们可以"计算"人数、商品、工作时间、土地、作物产量和马力，却不能计算这些人的需求和能力、他们工作的强度和质量、土地的肥力，或者是一项发明的技术可能性，然而这些才是经济生活过程中需要计算的因素。把被数值分析的市场所说明的经济血管组织等同于必须被监控的实际经济，就像把我们大脑中意识最清楚的部分等同于我们潜意识中潜在和隐性的内容（其功能是这个意识本身的功能）。在字面意义上，市场是一个特殊的感觉器官，如果没有它，经济的循环系统就会崩溃。然而，实现这一感性功能的市场运作则是**自由价格的形成**。

能想到的用来分配社会劳动产品的方法有两种，即把**依靠市场**作为价格网的中心，按照用户需求来发售产品；或**不依靠市场**，直接进行分配。前者是现状；而后者，在国家和世界经济中则是不可能实现的。没有什么可以取代价格形成，因为价格不能体现现有产品和现有需求之间的比例关系，举例来说，至少在理论上，商品价格是能够被想象到的，但也是不现实的。相反，价格是一个浮动的指标，虽然没有体现出明显的需求和明显的工作量，却体现出了在这些表现背后所隐藏的工作需求和手段的**变化的时时刻刻**。纵然不是真实的大小，却是经济这整个有机生命过程所展现的差异。正是规律性与价格表现的相对一致性掩盖了他们纯粹的功能性。价格当然不是商品的特性，而是生产者之间的种种关系。然而，这些关系的形态被无数经济细胞的密集网络所掩盖，不被我们所知，我们所知道的仅仅是它们整合后的结果。这一结果是价格。期待价格能根据统计结果进行自我调节就像期待压力计按照出厂设置运作一样徒劳。但在市场经济和无市场经济之间没有中间地带，这就好比人的四肢里带有一套活跃的循环系统，或者是一个活生生的人装了一个人工心脏。

这就是为什么合作社会主义与市场经济是同义词的原因：作为隐藏在价格中掠夺剩余价值的领域，资本主义利润经济的无政府市场并不能够得到实现，而与自有劳动力等价的有机结构市场却能够实现。

这种自然的直觉意味着自由社会主义原则上是**重农主义**的信条（杜尔哥、卡蕾、奥本海默、A. 丹尼尔）。作为一个整体的生产对于农业产量的依赖关系是自由社会主义的基本原则。因此，对于自由社会主义而言，产业组织形式必须始终是一个次要问题，即它不能单方面确定土地的宪法形式。城市运动的含义和内容都是在农村决定的。虽然机械化的生产能力提高了资本主义早期的工人**平均**标准，而同样受益于此的农村劳苦大众也使得城市工人的工资远低于中世纪帮工和工匠的工资水平（弗朗茨·奥本海默）。此外，所有工业社会化的作用是提高生产，并且，从长远来看，这种作用也会随着**农业**工人生活水平的不断提高而更加凸显出来，这一切便是政治革命的结果。

因此，由于自由社会主义是作为一种自由主义和重农主义的经济概念出现的，因此**农业合作社**的问题便得到优先考虑。当然，这必须是一个自愿的组织，否则根本就不可能是一个合作的组织。同样，在被迫合作和自由合作之间也不存在中间地带。理论上，它们有可能无法辨别；而**在现实中**，它们之间的不同就像一个自由人与一个犯人之间的差别一样。它们的构造，它们的动力，它们的新陈代谢，以及由此产生的耐久性和最重要的功能都是完全不同的。先撇开 K. 考茨基对农业问题缺乏重视这件事情不谈，重要的是他对合作社问题的随意处理铸成了大错，导致了历史性遗漏。这个遗漏又导致了一个严重错误，即把合作社当成了过于修饰的附属形式，仿佛在共产主义国家的经济中可以把它作为主要形式。这就好像是在说，在无市场经济条件下的合作社是可以想象的。过去的几十年中，关于合作社的问题，马克思主义理论与实践的纰漏并未如此严重；同样，在这一点上他们也从未如此为自己雪耻。

一个**由国家创建的合作社**只不过是一个大型的公共企业，参与者的关系只能是通过强迫的方式来完成，而不管这种强迫让人感到有多么的公平和合理。这样一个合作社存在的原因不是由于个人的洞察力、目的或利益，而是源于他人的意志，也由此产生了共同的命运。个人力量的隐性来源并不是可以自行支配的。参与合作的劳动者最终所花费的努力（即使很微小），与共同完成商品价值的增长预期（即使也很微小）之间，其具体所占的份额决定了他的生产率。相反，如果没有这个微不足道的时刻，合作社就无法超越雇佣劳动。在雇佣劳动的情况下，资本家挥动着饥饿的长鞭，正是因为他们想用获取利益的狂热来压榨工人最后的劳动力 [尽管不一定到这样高的程度（能力）]，而这一切正是**为了资本家的利益**。

但是，封建庄园是最后一件可以通过法令转化为共产主义"大型合作企业"的东西。这里存在**两种不可能**：第一，是刚刚概述的那种不可能——不可能为所有合作社颁布法令，也就是说不可能强制农业劳动者、雇工、佃户等群体进行自由和自愿合作；第二，不可能同时强制他们把本应该是用于交换工业产品的劳动产品认为是有公共属性的。这就相当于迫使半奴役的农村人民从事自由合作，而同时又从事无市场的国有经济。这完全是在做无用功。对于自由社会主义来说，他们认为只有自愿的合作社才能生存，而对其他一无所知。在匈牙利的苏联时期，刷红色漆的大型封建企业是革命的波将金村的原型。也许在内战期间这样做很有必要，这实际上表明了他们在国家经济背景下站不住脚，当然这绝不是否认其真实性。

自由社会主义从根本上是**反对武力**的。因为对于自由社会主义而言，无论是把国家当成是一个对人行使统治权力的有机体，还是当成各项事务的一名管理员，实际上来说，都是一种必要的恶；而从理论上来讲，是一个多余的、有害的构建。任何企图用国家权力来取代只能通过个人生命和行为来达成的力量都会带来毁灭性的后果。

"共产主义国家经济"只有**在其思想产生的领域**是可行的，这是城市企业的领域。类似的企业数量庞大，地位举足轻重，同时，他们的社会化是迫切和必要的。但是产业重组不应当取消市场经济，否则经济本身将走到尽头。另一方面，它不能延伸到农业领域，这是关于合作社的最终关注问题所在。社会化也不应该是国家经济的同义词。国家不应该是社会化的机构，或者至少它不应该是企业的终极所有者，而机构才应该是最能够进行经济自治的载体，正如他们的组织、工人委员会以及其他自主消费和农业生产代表所展示的一样。不仅仅是这样。这里我只想表明，自由社会主义认为主要机械生产方式的社会化是一个迫切需要的措施，并强烈为之呼吁，当然，他们并不违反自由和合作的市场经济这一原则。

因此，对于自由社会主义而言，"共产主义"具有双重必要性，虽然这不会导致无市场经济，亦不会导致共产主义。一种必然是永久性的，另一种是暂时的。前者是大规模工业所关注的社会化问题，后者是每一场战争以及每一次革命所带来的共产主义，这是两军交战或内战的策略配置的结果。**这仅仅是无产阶级起义的伴奏，而不是它的历史意义**。这部分内容将会在本书中的政治—历史部分进行更详细的解释。

在进行政治—历史部分之前，我想简要列出几条建构自由社会主义社会可行的实用手段。

（1）将可耕地自由分配给愿意耕种的人，即对土地的完全解放。

（2）确保所有农业工人的财产安全，同时保证生产合作社以及其他任何形式的大型合作社财产安全。

（3）让相应的大型工业企业转型为完全的经济自主企业，其代表是有组织的经济机构，把有机的经济自治（即议会和元老院系统）与所有的民主彻底分离。后者无权干涉经济。

（4）将脑力劳动和体力劳动进行彻底均衡，只有两者平等的展现形式才是最公正的。与劳动者签订自由工资协议。

（5）全面停止所有价格和工资管制、征用和分配土地（Requisitien und Rayonierung）、所有关税和配额以及阻碍自由市场的任何做法。越快越好。

二、政治—历史视角

布尔什维主义的历史是短暂的，但是它产生的结果却可以进行总结：

14 个月前，布尔什维克的政策提出者这样描述俄国革命的教义：

布尔什维主义在俄国的政治胜利意味着共产主义经济的彻底失败。苏维埃政府的每一次胜利都是以放弃中央集权国家经济的需求为代价的。在俄国，我们看到的不是无市场交易，不是通过社会或为社会进行生产，亦不是土地的国有化。相反，我们能看到的是市场、土地私有化、自愿自由的合作社作为食品市场的主导力量、支付货币工资的计件工作以及所有由内战带来的必然的堕落形式，尤其是黑市交易、投机、国家担保的公司利润、熟练劳动力人为地被压低随后又人为地被提高、减产以及过度剥削。那时，有一件事人们不理解——或最多是误解了——苏维埃政府的政治全面胜利以及中央集权的国家经济的完全崩溃，而这一点在今天却是公认的历史事实。如今统治俄罗斯的是在自己的土地上进行生产的全新的、自由的俄罗斯农业合作社所拥有的政治及经济权利，他们已经形成了一股资源性的、强大的威力。而同样的事实却遭到了匈牙利政府的反驳，他们认为苏维埃的政治力量是低级的，仅仅是因为它的严重性和能量，使其最大限度地实现了经济纲领。如果不经过慷慨但完全失败的共产主义经济的尝试，匈牙利苏维埃政权如今仍将掌握大权。无论是俄罗斯还是匈牙利都教会我们一件事：那就是无产阶级专政的政治成功和无产阶级专政的经济成功是互斥的。在这里，政治胜利指的是试图将国家权力集中在工人阶级的手中；相反，经济胜利是指试图按照共产主义经济结构调整经济，也就是无市场的、中央集权的经济。**除了共产主义的经济，所有其他的社会主义经济都与工人阶级的政治权利相兼容**。而这一事实将决定欧洲的未来。

布尔什维克运动的历史意义并不是共产主义。它的真正含义在无产阶级专政中得到了实现，具有两方面的意义：（a）它将永久地抹去历史状态中令人窒息的边界；（b）它将大型农业庄园和垄断资本主义的权力从经济土壤中连根拔除。如果这块土地上被解放的力量没有及时致力于重建任务，或者他们不以唯一的社会主义合作社的形式进行，那么这种影响在理论上具有本质的破坏性，将会在几十年内留下一个经济混乱和政治专制主义的欧洲废墟情景。

资产阶级的地位提升创造了民族国家，工人阶级的地位提升将会创造世界国家。然而，资产阶级革命是由革命阶级，即资产阶级的物质利益所支撑的，它的胜利越全面，这个阶级所达到的标准就越高。没有什么政治反响能在经济上消除它的胜利。相反，对于工业无产阶级而言，共产主义道路却意味着斗争过程中的艰难，由斗争所导致的艰难以及一旦政治失败所带来的艰难。但是，正如上文所言，每一个经济优势从长远来看都必须使至今仍然代表乡村无产阶级的苦难大众受益。所有这些都表明这是一场政治革命，而非经济革命。昔日的"高级阶层"所拥有的最后的政治、法律以及垄断特权都将在这场革命中被摧毁，自有土地上的自由劳动力将被赋予全部的权利。然而，这并不是一场最深刻的经济意义上的革命，因为它并不代表反转，而是对法国大革命就开始的运动的终结。**只要人类社会能够在这场动乱中幸存下来**，那么它就能够走进未来，这是最重要的经济进步。

只要战争和革命的内在共产主义必要性没有被伟大世界革命的真正意义所搅乱，人类社会就能够迈向未来，伟大的世界革命并非共产主义，而是在解放的世界里由自由工人的自由合作而最终创造出来的产物。因为这个世界最终将会毁灭或者幸存，用F.W.福斯特的话来说就是："这是最大数量自由人之间的合作交往的最终结果。"[9]

三、当下至关重要的问题

今天，至关重要的问题是，我们需要明白，自由主义不是昔日的政策，而无政府主义也非明日的政策，但它们共同的思想内容构成了今日的现实。

今天，至关重要的问题是，我们需要明白，今天正在被满足的需求是自由主义和无政府主义社会主义者在过去的一个世纪里所提出的，这种需求的提出并不是以乌托邦的形式，而是按照他们自己的实际政治内容提出的。世界革命不会带来共产主义，但自由社会主义则会。

今天，至关重要的问题是，我们最后需要明白，合作经济与共产主义并不相符，因为前者只能存在于自由合作、自由交流互动的环境中。

今天，每一个富有战斗精神的人一定能够深刻地感受到，他没有被号召去逼迫人类完成自我救赎，而是去重建人类的自由。同时，他内心中一定有一个信念，即能够拯救世界的别无他选，只有自由。

这就是至关重要的问题。

鸣谢：

感谢加雷特·戴尔给我提供卡尔·波兰尼未曾发表的 1919 文章 *Worauf es heute ankommt: Eine Erwiderung* 的八页文稿的图片，这篇文章存放在康考迪亚大学的卡尔·波兰尼档案馆里，同样感谢加雷特·戴尔帮助我对文中几处做出了翻译。文稿中有大量的打印错误和错别字，其中大部分用铅笔进行了修改，大概是由作者本人修改的。此外，一些段落几乎无法辨认，有一段完全无法辨认。然而翻译所带来的困难在强大的信心面前都会荡然无存，至于那段无法辨认的段落，在乔治·雷斯塔的帮助下得以解决——因此，在翻译中我并未注出来。

译者：恰兰·克罗南

第17篇　现代社会中的冲突哲学 [10]

讲座一

这个主题被普遍理解为"法西斯"和"共产主义"对民主的挑战。

本次讲座的目的是要发现这一挑战的真正实质。附带地，我们将会寻求以上表述是不是对涉及问题的精准描述。

1. 英国和欧洲大陆的民主理想

我们习惯于用**民主**来描述政治哲学。但是，将一个**相同的**术语分别放置于英国和欧洲大陆这两种具有不同理想的民主中，这合理吗？

一般认为，英国民主和欧洲大陆民主是同一物种的不同变体。威斯敏斯特的议会经常被称为议会之母。欧洲大陆议会被认为是在英国的模型上形成的。

英国民主与欧洲大陆民主样本之间的差异不过是由于模仿自身的缺陷。因此，欧洲大陆民主制度的危机不是因为他们坚持了民主哲学，而是他们没能够充分地坚持民主。这个理解正确吗？

（1）理想

a. **英国民主**

英国民主制度的重点是**自由**思想。这种思想使得人们可以在最大限度的同意以及最低程度的胁迫情况下，将社区事务完成。能够体现英国民主的人物是主席，欧洲大陆中并没有类似的人物。实际上，欧洲大陆总统的职能几乎与英国主席的职能相反。主席的任务是确保在所有的讨论和审议中，参与者对**相关问题的各种不同意见都能够清晰表达**，当然，其他不同的意见最好都有证据支持。理解"会议精神"应当包括要预先判断会议议题。在执行这些决定的过程中不可避免地只能采取强制方式。特别是，一般来讲，对少数群体的强制程度不会超过会议中持相同意见的绝大多数人，即对正在讨论的问题而言，他们是属于多数群体还是少数群体的意见没有关系。正是通过这些方法，群体里最大程度的自由得以实现。

如果会议是由一个永久选区定期选出的**代表机构**，那么为了防止出现多数群体强迫少数群体服从的权利滥用现象，进一步的保障就是通过（轮流执政的）**两党制**，通过超越不可避免的限制去强制少数群体。多数群体将会滥用它代表最大共同意见的功能，因此，在下一次选举中，它基本会自动沦落为少数群体。

因此，两党制体现了英国民主的主要特征。它不仅**把事情做好**，而且是在**最小程度地使用强制手段**的前提下把事情做好。因为，如果没有稳定的服从多数原则，议会将无法为一个有效率的政府提供支持；而如果没有一个政党[11]的更迭，服从多数原则就会相当于是对少数群体的专政。

在此，指出民主作为一种旨在确保自由的政府形式具有内在局限性，也许是恰当的。显然，民主不可能将任何抽象的原则转化到实践中。但我们所指的是原则本身所固有的局限性。把事情做好的需求本身就是自由的一个重要组成部分。它不仅是社会生活中的一个现实需求，与社会上实现自由的主要问题没有关系，相反，这里有一个原则性的问题，即事情应该被做好。比方说，想象一个由于缺乏足够的政府机器而不能达成目的的社会，那么你会立刻意识到服从大多数是民主作为一种实现自由的政府形式的先行条件。然而，服从多数原则的建立意味着个体和群体对信念和利益占主导地位的多数服从。当然，服从少数原则也同样如此。因此，无论是个人还是永久的少数集权都代表着民主的固有限制。就像人们常说的那样，他们应当按照常理被处理（这只是"我们所依照的工作的原则已被打破"的另一种说法）。

作为一种治理方法，民主会尽可能地在自由的精神中最终试图克服它自身的局限性，这是民主的一个基本特征。由于种族、语言、国籍，地理因素，宗教信仰，特殊经济或职业兴趣的方面的不同而形成的永久性少数民族，依照民主国家的"权利必须在其本质上是有限的"这一原则，将在一定程度上受自我否定的条例保护。正是这种限制体现在了地方和职业自治原则、宽容原则、文化和宗教自主权原则、不干涉工业和经济事务原则中。

自由这一治理方法要求它即使在两党制的界限之外，其精神也应该被应用到政治中。

b. 欧洲大陆民主

欧洲大陆民主是围绕平等原则（与贵族或寡头政治相对立）建立的。因此，民主是一个目标，即民主使得人类平等能够在真实的社会条件下得以实现。在实践中，这意味着出生和财富的区别是次要因素，而个体的自然能力差异则具有更重要的意义。国家成为平等的保障，它的目的是防止一个人对另一个人，一群人对另一群人的统治。这种民主的结果是**一个强大的国家**，但却很少考虑持异见的少数意见，同时，它拥有一个广泛的管辖权和很强的执行力。

很大程度的社会民主得以实现。罗马教会的权贵、帝国军队和奥地利高级公务员中的绝大多数人都是从下层的中产阶级和农民的子女中招募的。

（2）制度

a. 英国

宪法建立在封建特权和人民主权原则的基础上，特许权仅仅限制在几十万选民之中，大众化教育成为一个新的特点；事实上，英国自 1891 年开始就实施义务小学教育，自 1903 年以来实施义务中等教育。[12]（欧洲大陆）自 1867 年以来，奥地利的公立小学不仅是义务的，而且不允许孩子上其他类型的学校。上层阶级（家庭）也要把孩子送到公立小学。顺便说一句，这就是为什么学校达到如此高水平的原因之一。中学分为两类：低阶段的有多达 14 种，高阶段的直至大学，但实际只有一种高等学校。因此，教育是一种民族团结的杠杆，而不是一种阶级区分的表现。

因此，两种截然不同类型的民主一定能够区分开来：英国的自由政府形式是建立在民主之上的，它对国家和社会等级分层拥有有限权力；与之相对的是欧洲大陆的平等政府形式，旨在确保社会公平、强大的中央政府、普选权以及教育平等作为其主要的制度特点。

那么，自由和平等是社会组织中互相排斥的两个原则吗？

2. 自由和平等

远远谈不上互相排斥，自由和平等其实是相互关联的，也就是说，它们是基督教中关于人性的推论。

自由是人的精神本质。事实上，它只是人之精神的另一名字。基督徒发现人格就是发现了一个真理，即每个人都有一个需要拯救的灵魂，从这一决定性的方面来说，所有人都是平等的。

但是，万事万物都必须遵从这一主张吗？有一些人会认为它只适用于一个理想的社会，例如那些与教会有共同点的社会。但具有这种想法的人将很难去解释为什么他们继续为社会的完善而工作。但是，不管怎样，我们通常认为自由和平等的原则都应该适用于这个社会习以为常的现实生活。

我们的问题正是由此而发。因为基于一个原则的制度成果必然只是它的**部分**成果，或者说在某种程度上只是它的一个伪证。难怪它必须与同样部分实现的另一原则发生冲突。事实上，平等从来不是通过法律而实现的，而是以自由为代价的。自由也不是在一个不平等的社会中得到保障的，而是以保持不平等为代价换取的。

在制度的成就这一领域，我们必须寻找朝不同方向发展的原因。为了这个目的，我们必须追溯到英国和大陆民主国家所拥有的共同起源，即1000年以前。

3. 自由的两种来源

当日耳曼部落及其部落社会接触到罗马文明时，其血脉纽带就让位给土地，土地成为经济和政治的新基础。弗里曼社区的形成是注定的。在血缘关系的基础上不可能建立国家主权的组织。庄园系统作为经济和政治生活中一个新的地方单位而出现。

但如果国家领土主权建立在采邑制度的基础上，只有两种方式可以采用：

一是通过庄园领主的国家联盟，即贵族的共和国，此时，国王仅仅是一个**长者**的角色，这是纯粹的封建制度情形，例如法国；

二是通过绝对的君主专制、君权神授、对国王的所有臣民拥有直接和有效的主权，无论他们是贵族、自由民、恶棍或奴隶。

西欧的历史，主要指欧洲大陆和英国，从800到1800年大致是两者交替的历史。

建立国家主权的两种方法都成为自由的来源：

a. 贵族限制国王的权力；

b. 国王限制贵族的权力。

第一种自由通常被称为宪法自由，经常与奴役臣民的贵族所重获的自由同名；[13] 第二种为社会自由。

在英国，奴隶、低级佃户、农奴、技术工人等都把他们的自由归功于国王。从试图阻止奴隶贸易的征服者威廉，到制定"行政长官审讯"（Inquest of Sheriffs）[14] 的亨利二世，再到对圈地进行限制的默顿法令[15]，这些举例都说明了这一点的正确性。政治上，就如同欧洲大陆，国王都与非封建阶级结成联盟，共同反对贵族（经济紧急时期除外，比方说黑死病时期）。

另一方面，贵族负责不断加强防守，防止国王实施强权。

这样，自由就从两方面进行了保障：宪法和社会。

欧洲大陆和英国的情形基本上是相似的。国王也是尽量遏制贵族权力，同时贵族们也会一直强调他们的宪法权力。国王和贵族们为达到自身利益会和其他阶级结成联盟。区别在于他们与哪个阶级进行结盟。此外，斗争何时开始也取决于经济发展的阶段。

如今，英国的发展先于欧洲大陆。例如，采邑制度在德国一直持续到 19 世纪的前 25 年，而在 14 世纪的英国就已经衰落。这是羊毛贸易的结果。到 14 世纪末，服务业主要存在于庄园中，同时，农奴时代至此结束。新的农村中产阶级以承租人的角色出现，新羊毛产业不使用机器，这是很重要的因素，因此它仍然是一个农业产业。在工业革命开始前的几个世纪，英国就成为一个工业国家。这一发展历程中没有出现工业无产阶级。当宪法斗争的决定性时刻来临时，新的中产阶级在这一时期大多数已经融入乡村的绅士群体，为之战斗时他们是为自己而战。工人阶级不会去和谁站在一起，也不需要为了赢得谁的支持而去向他妥协。

在欧洲大陆，起决定性作用的斗争是在工业革命开始或之后进行的。国王和中产阶级都不得不努力争取支持。法国大革命时期，在废除封建主义的战争中，工人阶级是中产阶级的有效盟友。1830 年以及 1848 年之后，类似情况以小规模的形式发生在整个欧洲中部。最后，在 1917 年和 1918 年，同样的过程蔓延到东欧，巴尔干和俄罗斯。

顺便说一句，与盎格鲁－撒克逊（无论是英国还是美国）相比，欧洲大陆工人阶级运动的阶级意识特点就得到了解释。工人阶级在过去承担的历史角色成为这个阶层阶级意识的构成要素。这样，社会平等和多多少少的社会主义理想就天然成为欧洲大陆民主的一部分。

讲座二：放任和大众的政府 [16]

当探讨我们这个时代的民主所带来的挑战实质时，我们已经对英国和大陆式的民主进行了区分。我们发现一种是围绕自由，另一种则是围绕平等的。一种可以称为**自由主义者**，另一种为**平等主义者**。我们必须要追溯过往去找到分歧的源头。我们发现，英国政府的民主形式是在工业工人阶级还没有出现的时候确立的，即工业革命之前的 100 年。在英国，中产阶级自己建立了政府的民主形式，建立的基础是自由。在欧洲大陆，政府的民主形式是在战斗中产生的。同中产阶级一道，工人阶级在战斗中发挥了历史性的作用。如在法国、普鲁士以及后来的奥地利和俄罗斯帝国，都是这样的情形。除此之外，"平等"民主只出现在这样的国家中，民主虽然建立得很早，但却是反对外国封建主义**民族**革命的结果。比方说 13 世纪的瑞士，16 世纪的低地国家或者 18 世纪的美国。

1

因此，我们能够更准确地提出我们的问题，即对民主的挑战主要是对大陆式民主的挑战。然而，仅仅是**主要**的挑战。因为议会政治的危机嵌入在一个更大的危机中。在过去的 5 到 10 年里，同属于我们这种文明类型的大部分人（人数可达 50 亿到 60 亿）都经历了政治或经济体制的变化。如果把俄罗斯、美国、意大利和德国的人数加起来，大概会有 40 亿人；如果把奥地利、波兰、葡萄牙、希腊、南斯拉夫国家以及几个其他小国（比如日本，同样在发生一场根本性的系统变革）的人数加起来，人数会达到 50 多亿，近 60 亿。在所有这些国家中，无论是宪法政府的政治制度（如在德国和意大利）或是经济制度（如在俄罗斯）都已消失，或更确切地说，两者之间的关系已从根本上发生了改变。

这就是现代社会的**矛盾哲学的历史背景**，也正是我们在这里所要讨论的问题。

2

为了探寻这场危机的根源，我们必须追溯到现代社会历史的早期阶段，我们还必须要探讨**经济自由主义**与**政治民主**之间的关系。

我们这个时代的文明特征是社会中存在一个独特的**经济领域**。无论是在采邑制度下还是在之后重商主义制度下，政治和经济体制只不过是社会组织的不同方面。人类社会是一个集法制、道德和经济为**一体**的组织，通常也正是因为它的这个特征，使得强调这些方面的差异性显得很不自然。因此，目前的事态之所以是独一无二的，是因为一个独特的经济领域已经**独立于政治**发展起来。为了使术语便于理解，我们将经济自由主义称为**放任的政府**，将政治民主称为**大众的政府**。这就让我们更加明白我们脑海中经济自由的政府和政治民主的政府分别是何种类型。

3

我国现行经济制度的基本原则是：社会商品的生产和分配在没有有意的干扰和计划下进行。经济领域的氛围是**自主的**（autonomous），换句话说，它受自己的法律保护，这种法律也会规范它的发展。这些运行过程是**自动的**（automatic），也就是说，不需要外部干预使它们运行或者维护它们的运行，它们能够进行自我调节。经济氛围不欢迎对自主的侵犯，即对其自动主义的干扰。在规定的时间内生产的材料总和往往会由于干扰而降低产量。

这个系统是以何种方式进行调节的？它接受价格的指导。有用的商品叫做商品价格，资本的使用叫做利益，土地的使用叫做租金，劳动力的价格叫做工资。这些价格在不同的市场中形成，分别是商品市场、资本市场、土地市场和劳动力市场。

我们无需强调这样一个系统在多大程度上是人为操控的，只要让你想起土地和劳动力的商品特性就够了。显然，在土地和劳动力仅仅是一种用于买卖且根据市场规律进行生产和复制的商品时，社会是不可能存在的。首先，土地是不可能严格被生产的。而且，社会生活质量在不止一种方式上依赖于社会对土地的利用。劳动成为一种商品是因为它作为附属物和人进行了连接，这使得把劳动看成商品几乎成为一个邪恶的笑话。当然，除了在经济理论层面，劳动从来没有这样被看待过。对经济自由主义的看法如同经济自由主义本身一样古老。

用更一般的方式来讲：经济自由主义，如果是要掌控社会物质生活的整体，它几乎会瞬间摧毁社会。社会确实是部分由物质生产和物质产品组成的。生命则包含了许多其他的价值，而这些价值在商品生产过程中会被破坏。随之，社会也将瓦解。

事实上，在工业革命早期，这样的说法是耸人听闻的。早在自由放任政策能够支配整个工业生活之前，对基本价值观的摧毁就已经非常明显，不容忽视。在工业革命的条件下，人与自然、与他的工艺、他的家庭以及他的传统之间的关系就已经彻底被毁灭了。

这一过程引发了两方面的后果：一方面来自于那些珍视传统价值观的人，也就是由威伯福斯式的基督教改革者所领导的开明保守派；另一方面来自于本瑟姆式的自由主义者，他们的社会批判是基于人类理性的力量。正是在这两个方面的来源中，我们发现了金斯利—毛里斯式的后来的基督教社会主义者的祖先以及莫里斯式的社会主义批判。同样的分类也见于其他国家，比方说俾斯麦"结盟"了拉萨尔。无论在哪里，传统的封建阶级和新的工业阶级对**放任式**政策的扩展都反应很强烈。

19 世纪的历史主要表现为由社会作为一个整体对其中新发展的反应。政府职能的巨大延伸是其主要后果。在英国，国家权力是有限的，像贸易工会、合作社、教会这样的自愿协会出现了，它们在不同的方面限制了任意竞争原则。

实际的情况是工业和政府的相互制约和相互渗透，即自由放任和大众政府的并存。

4

显然，平等式民主将会遇到一个特别的难题。政府越受大众的欢迎，议会就越倾向于成为经济自卫的工人阶级的工具，特别是在遇到危机的情况下。

正是在这一时刻，社会的阶级结构对形势做出了反应。封建等级制度在伟大的革命中稳定了下来；但是生产设备的所有者与被指使工人之间的区分很大程度上取代了以前的采邑制度。在工业体制下，只有所有者才应该，而且实际上是能够对提供就业产生影响的。但是，如果这个体制不起作用或者作用很小的话，工人们就不可避免地要利用他们的政治影响力来保护自己不受工业体制不足的影响。顺便说一句，人类价值观是以工业领域中越来越多的困难为代价换来的。几十万经济体制中残酷的自主主义或将缩短贸易周期，但它的成本是几十万人的生命，他们本可能是饿死的。但是我们的文明能够接受把牺牲人类原则作为其生产商品的一个组成部分吗？如果它还希望继续是一个基督教社会，那么答案就是否定的。

通过这一分析，很显然，一旦工业体系崩溃，自由放任和大众政府将互不相容。其中一个将退出历史舞台。

但是，主要的危机**本身是不可避免的**。因为上文所描述的放任政府和政府干预之间的微妙平衡使得价格体系越来越僵化，并且适应性不强。税收、社会保险、市政活动、关税、工资条例等都倾向于固定费用，从而使整个系统不那么具有弹性。

在国际范围内，弹性的需求非常巨大。金本位制、自由贸易、资本输出只有在国家的价格体系适应了国际形势的情况下才能发挥作用。换言之，国际经济体系的这些巨大特点是由国家体制内的弹性适应所制约的。但情况恰恰是适应能力在逐渐消逝。我们这个时代中联系紧密的国家在战前时期就已经预先建立了联系。

战争之后，全世界都需要进行**重大调整**。为了适应而做出的巨大努力都以失败告终。战前的随意干预主义不得不让位于一套成熟的国家工业和经济体系的统一。这就是当前危机的背景。

5

因此，冲突的来源分别是工业和政治组织范畴，但是根据不同哲学体系就有了不同的变化。让法西斯主义冒头的局势的本质，为这种转型提供了契机。

这时，政治系统和经济系统都不能较好地发挥作用。社会上普遍存在一种不安全感。法西斯式的捷径被采用，以保障生产，而代价是牺牲民主。民主只能随着财产制度的改变继续存在下去。

因此，民主制度的破坏是工业体系得以延续的一种保障。

民主哲学倾向于社会主义。以放任为理念的哲学往往是反民主的。

讲座三：自给自足与国际贸易

1. 引言

在第一次讲座中，我们对英国和欧洲大陆的民主理想进行了区分，并且对自由和平等的类型进行了对比，我们发现主要是后者陷入了民主的危机。

在第二次演讲中，我们认为自由放任和大众政府的哲学理念是相互联系的。在 19 世纪，自由主义经济学与大众的政府达到了一个微妙的平衡，却丧失了经济体制的弹性。国家和行业的相互渗透导致更多联系紧密的国家联盟出现。当战后所有国家的重大调整都变得势在必行时，一些相对刚性的系统开始试验。就在各国为适应新形势而不断调整时，当今时代的两个主要特征得以呈现：

（1）在**国家**范畴，独裁政府的崛起；

（2）在**国际**范畴，更向**自给自足**状态迈进（自给经济）。

今晚我们所关注的问题正是后者的发展。自给自足的发展带给人们的惊讶程度并不小于独裁政府所带来的震惊。

2. 自给自足的起源

在自给自足的发展中，决定性的因素是迫切需要对一个日益僵化的经济体制进行立即的大调整。让我们首先考虑正在消逝的弹性的影响。

在战前时代，国际金本位制被认为是国际经济体系的轴心。长期贷款是依赖于金本位的，而且，用以保持收支平衡的贸易流量自由也是如此（关税不一定会阻碍这一流量）。

但金本位意味着一个国家的物价水平不受阻碍地出现上升或下降。在我们目前的体制下，这可能意味着繁荣与萧条及失业之间的差异。当价格下降时，如果不完全陷入停顿、生产就是在蒙受损失，因此不受鼓励。总之，坚持金本位的决心意味着必要时愿意接受任何后果。只要没有发生灾难性的后果，命题就总是合理的。

战争和条约破坏了不同国家之间一贯的经济平衡。如果平衡没有被打破，就需要不断地进行调整，这将意味着工业活动的完全停止，而且在许多情况下，意味着百姓要挨饿。

更令人印象深刻的是，各国都竭力运用传统方法来恢复金本位。正是在战后时期的前半段，进一步发展的种子被播种了。

让我们区分三组国家：

（1）包括俄罗斯在内的中东欧“战败”国；

（2）西欧的“战胜”国；

（3）美国。

第一，在 1922 年至 1925 年，货币在第（1）组国家中得到恢复，包括俄罗斯、德国、奥地利、匈牙利和其他几个小国。第二，在 1925 年到 1926 年，货币在战胜国得到恢复，如法国、比利时、英国。第三，美国自 1927 年以来一直帮助英国继续保持金本位制，为了能够达成此目的，它一直保持低汇率，从而在国内造成了隐藏的或者说潜在的通货膨胀。最终在 1929 年，发生了历史上最为可怕的商业危机。

总之，事情是这样的。第（2）组国家说服了第（1）组国家恢复金本位（正如我们现在所知，这样做是不成熟的），为了帮助第（1）组国家掩盖其收支平衡赤字状况，他们不断地提供长期贷款，为此，他们也必然付出了代价。

自 1927 年以来，美国的做法与第（2）组国家类似。最终她承担了这第（1）组国家和第（2）组国家赤字之和。至于她拥有的财富量，则很难用通货膨胀来掩盖。

这看起来纯粹的人道主义行动的原因在于美国人民不愿接受这个事实，即整个世界，包括他们自己，都会因为战争变得更贫穷，而非更富有。他们试图通过禁止贫穷领土上的欧洲人和欧洲货物进入他们海岸的方式来远离欧洲的贫穷。如果他们没有这样做，大量的贫穷移民，或者贫穷者所生产的廉价商品必然会压低美国的过高工资和收入水平，从而使美国和欧洲的工资标准趋于一致。只有这样，人和货物在战后才能恢复自由运动。即使这意味着美国要长期 [17] 为欧洲国家提供长期贷款，她也不愿意让欧洲移民和欧洲货物进入她的海岸。

　　在通过**传统方法**试图调整的这一时期，实际上是从停战日到 1929 年 12 月底，当华尔街风暴发生时，巨大的压力放置在了国民经济之上。在欧洲，他们急剧削减社会服务和利润预算，通过压榨工资来增加出口也是必然的。在这一时期，中欧和东欧人民的苦难是令人震惊的。

　　在英国，贸易萧条持续，失业率很高，收支平衡正变得越来越被动。

4. 自给自足

　　在第一次经济大萧条中，不稳定的平衡又一次被打破。

　　美国放弃了与英国央行的非官方货币协议，并最终在 1933 年自行废除了金本位，他们丝毫没有考虑英国的需求，而在当时，英国是十分热衷于稳定的。

　　令全世界震惊的是，英国废除了金本位，禁止外国贷款，且不顾及中欧和东欧国家的局势。

　　中欧和东欧国家又回到了熔炉状态中去了。

　　然而，相关国家虽然被迫废除了金本位，但他们没有放弃这块吸金石。他们非常努力地恢复金本位。但是这一次，为了保护国家货币，他们不得不引入严厉的贸易限制手段，例如配额、禁运、关税优惠、结算系统、限制货币等。然而，正如我们所料，这样做并不是为了实现自给自足，相反，是为了**防止**相关国家在稳定货币的斗争中对其**进行孤立**，悲剧是他们从来没有摆脱过被孤立。

尽管付出了努力，所有国家最终还是以失败告终。非弹性系统没法再进一步受压和变形。为了稳定其货币，各个国家都下意识地建立了半控制、半自给自足式的经济。他们认为这些措施是暂时性的。而实际上这就意味着国际货币市场以及国际商品市场的金本位制的终结。也正是因为他们的努力，目前被孤立的经济适应了传统经济的国际体系，独裁政权才得以消失。这就解释了为什么自给自足的趋向是世界性的。今天世界上所有的国家都已经管理了货币，控制了外来的借贷，并且以各种方式控制了国外商品的流入。

我们现在可以来明确富国和穷国（have and havenots）的问题。有一种传说是由于缺少原材料和殖民地使得一些国家不得不采取自给自足的经济政策。显然，这种说法是本末倒置的。只要能够保证可交换货币的国际经济体系、资本流动以及商品不受限制地进行流动，那么对于国民经济来说，缺乏原材料和殖民地就不是障碍。对照一下比利时，或瑞士，或事实上德国自己在工业上的辉煌成功。正是在有条件的经济自给自足政策下，国家主权才获得了特别的经济重要性。因为用自身内部货币来购买原材料所带来的优点，**在管理通货的状态下**，可能就是资产。

富国和穷国商务的真正重要性是这样的：在经济自给自足的状态下，如果没有普遍的贫穷，我们的经济体系将不可能持续。另一方面，殖民地财产中的任何转换都可以修补这种恶。富国并不是拥有他们所需要的一切，而穷国是绝不可能拥有他们所需要的。劳动力的国际内部分工必须再次被实现。

基于这些事实，意识到以下两点很重要：

（1）国际贸易的 19 世纪哲学已经到了全盛时期：将国际主义与国际金本位、自由贸易、自由资本流动联系起来是不合时宜的。战前的国际经济体系不会也不可能回来了。

（2）必须从建立**新的**国际经济合作制度的需要来判断其自足的意义。

管理通货、均等化的资金、控制外国的土地借贷以及对外贸易都稳定下来了。它们是半控制或完全控制的社会在其经济关系中的新器官胚胎。作为经济战的一个工具和一种经济合作，它们比以往时代的方法都更有效。真正的选择有**两种方式**，在这两种方式下，它们都可以被利用。

正是在这一点上，我们可以衡量富国和穷国企业的真正意义。所谓的穷国是指那些支持"帝国是高效新国际组织"观点的强有力国家。为了实现这一观点，他们准备好以最激烈的方式去利用自给自足这个新器官的战斗价值。所谓的富国是指倾向于在世界事务中将法规作为国际经济新秩序的基础的那些国家。最能够充分表达这一思路的政治短语就是**集体安全**。要想看一个国家是否希望去适应这种生活模式，可以通过**它如何解释对自给自足的需要来判断**。有些人认为自给自足不仅是一种经济战争的工具，而且是在他们的邻国身上发动最致命现代大规模战争的先决条件。另一些人则在这一警告中看到了重新建立一个国际社会的迫切需要，而且，更重要的是，**自给自足也是实现这一目标的工具**。各国自给自足经济的哲学观差异表明了什么最有可能成为今天国家之间最真实的分界线。

讲座四：社会主义俄国

在探讨我们这个时代的民主所带来的实质挑战时，我们已经进行到这个阶段，即针对今天欧洲制度实际发展情况的讨论已经成为可能，特别是在苏维埃俄国、法西斯意大利以及国家社会主义德国。

在第一次讲座中，我们对英国和欧洲大陆的民主理想进行了区分。两者的区别可以追溯到它们的历史渊源，即民主制度建立的时期。在英国，是发生在工业革命之前，而在欧洲大陆，是发生在工业革命的开始阶段。因此，工人阶级在两地的作用是不同的。英国民主主要由农村和城市中产阶级建立。在欧洲大陆上，工业工人阶级是中产阶级的盟友，大陆民主的平等主义特点也正是受到这个事实的影响。

谈到社会主义俄罗斯，我们必须牢记：

（1）俄罗斯最先跟随法国大革命发动斗争，并在整个欧洲范围内向东传播其思想。这些革命废除了基于贵族社会和封建土地所有制形式的半封建专制主义。此外，随着法国革命的开始，国民意识的崛起也在继续。首先在德国和意大利，然后在巴尔干半岛，后来还在多瑙河盆地和东部欧洲的中部，最后在俄罗斯西部的众多国家。同时，居住在俄罗斯中部、东部、西伯利亚地区的人民获得了本民族语言和文化的自由。专政的落幕、半封建土地所有制的废除以及在俄罗斯帝国中一百多个小国家的解放是斗争的最后阶段，而它的起源是 1789 年的法国大革命。

（2）在**工业发展**过程中，封建制度的垮台越晚，工人阶级的影响力就越大，民主也越趋向于平等主义。在封建主义持续时间最长的俄罗斯，平等的思想是以其社会主义的形式出现的。当然也不会有其他的发展方向。

在废除俄罗斯的专制主义和半封建土地所有制的过程中，工人阶级自然起到了领导性作用。因此，取代专制政治体制和半封建主义的制度将是社会主义民主。

但在什么意义上是俄罗斯社会主义？俄罗斯的发展在多大程度上是由民主理念所决定的？可以说这两个问题总结了今天苏维埃俄国所发生的重大哲学冲突。

1

俄国革命的领导人在政治行动中受到了**马克思主义哲学**的启发。

以下三点对我们的研究主题有特别的参考价值：

（1）从封建社会到社会主义社会的道路要经由资本主义。在社会主义阶段，由资本主义及在其中开发的生产装置都可由共同体来接管。

（2）历史是由人创造的，而不是由所谓的伟人一时兴起而成的（"伟人"是那些认识到他们时代的必需品，并将他们的能力使用在为这些必需品服务的人们身上）。**工业发展的必要阶段不能被忽略**。

（3）在这个过程中，人的本质得到自我表达和自我实现。在现代社会条件下，一个没有剥削、强迫和高压政治的社会是最终的理想。

本着这些原则——即列宁主义原则——列宁主义者断言：

（1）第一次世界大战已经由敌对的帝国主义引发，它必将导致世界革命。

（2）俄罗斯不能带头建立社会主义。这样的一个领导可以从西方资本主义国家的工人阶级中产生。

（3）社会主义只能是有计划地被建立的，也就是说，在一个成功的世界革命的过程中被建立起来。

因此，他们的政策主要概述如下：

①不惜一切代价地去结束战争，并且将世界大战变成世界革命。

②在预期的反革命企图面前，保障俄罗斯**中产阶级**抵制沙皇专制**革命**的胜利；阻止中产阶级骗取其工人阶级联盟的共同胜利果实，如同在其他大陆革命发生的情况一样；为了实现这些目标，尽可能深入地展开革命进程。

③在国家落后的情况下，不要忽视了俄国革命所面对的**限制**：a. 农业的性质；b. 缺乏文化和缺乏工业纪律。

"社会主义"一词在这里被用作"共产主义"的同义词，当然，这两者的区别是在不同的方面体现出来的。

（1）在讨论要实现共产主义社会所必须经历的不同阶段时，社会主义这个词适用于第一个阶段，共产主义这个词适用于第二个阶段和最后一个阶段。区别在于，商品或收入分配（此时这两个词语可以互换）发生时所依照的原则。在社会主义条件下，原则是根据服务、成就或功绩来给予报酬；在共产主义条件下，假定充足的物资已经实现，原则是每个人根据自己的能力和需求来进行劳动分配以及物资和服务的分配。

（2）在讨论要实现社会主义和共产主义所使用的不同方法时，两大党派出现在工人阶级的运动中，分别是：社会主义政党和共产党。他们的主要区别是为了实现目标所采用的方式，即，一种是采用和平渐进的资本主义社会转型方式；另一种是采用无产阶级专政的方式。当然，社会主义政党采用了第一种方式，而共产党采用了第二种。

2

正是依照列宁和他的追随者们的马克思主义原则，我们才能够最好地理解革命的主要过程。

俄罗斯的工业和商业中产阶级，他们支持了 1917 年 2 月的克伦斯基革命，相比而言，他们在人数上比较少，在凝聚力和纪律上也比较缺乏。而与之同盟的工业工人阶级则拥有较多人数，而且有很高的凝聚力和纪律性。

俄罗斯的产业人多集中在现代企业，那里雇用了一大批工人。如果说法国在 1789 年有一群相对原始的工匠和工业工人，如果说中欧在 1848 年有一个更先进的工业无产阶级，那么相对世界上任何一个国家而言，1917 年的俄罗斯则在其工业无产阶级中拥有一个更大比例的现代工厂工人群体。中产阶级的软弱与工人阶级的相对更强的实力决定了俄国革命的进程。

（1）情况很快就变得清楚，在反革命的沙俄将军的确定攻击面前，如果克伦斯基不依靠工人阶级全心全意的支持，那么克伦斯基的中产阶级政府是不可能有希望自立的。另一方面，在这种情况下，工人阶级的支持必然会包含新民主主义的社会主义特点。

（2）新民主主义和社会主义的"社会主义性质"对于列宁及其追随者而言是两个非常不同的东西。甚至在 1917 年 11 月布尔什维克们夺得政权以后，他们也拒绝在俄罗斯建立社会主义。实际上，这种拒绝是其政策的基石。直到雇主和工业家的破坏活动迫使政府接管了对工厂的所有权，苏维埃政府才超越了对工厂工人的控制。

（3）所谓的**战争共产主义**，部分是由于外来干涉和内战所带来的军事必要性的秘密合理化结果。事实上，一部分布尔什维克人肯定是迫切要求立即建立共产主义社会的。托洛茨基在那群领导人中是最重要的人物，他们拥护通过向一般劳动力征兵来实现劳动军事化和对农民群众（最穷的农民除外）进行残酷的战争。众所周知，列宁本人是不赞成战争共产主义的，所以他当然拒绝用社会主义理论使其合理化。这是与他的主要政治学说相违背的，即在一个农业国，工人阶级必须充分考虑农民，把他们当作革命同盟。本联盟首先应建立在贫穷村庄的基础上（但应只排除富裕的农民），同时，试图中立或最好赢得大部分农民的支持。

（4）1921 年大饥荒时期，战时共产主义的彻底失败导致了新经济政策（NEP）的战略撤退。列宁认为，在农业上，部分回归资本主义的方法应该能为革命提供一个喘息机会，用以积攒力量来追求它的主要任务，即促进世界革命。如果不这样，俄罗斯社会主义制度就不能指望在资本主义国家政府的联合政府面前继续存活下去。

（5）列宁去世后很长一段时间，社会主义政党仍然继续实施新经济政策。但是，世界革命却没有实现，反而资本主义的稳定成为如今社会的秩序。正如列宁所预见的那样，新经济政策不可避免地提高了自耕农的政治影响，同时，也像列宁所预见的那样，这种影响逐渐复辟了俄罗斯的资本主义。另一方面，布尔什维克政府针对供养城市人口和工业发展的行政措施，必然给农民带来惩罚性措施和不断的干扰。俄罗斯的情况和西欧是一样的。自由经济和大众政府是互不相容的，特别是如果后者的行动是由工业工人阶级的利益所激发的话。新经济政策开始行不通了，因为农民越来越抵制政府干涉，并且拒绝因为任何别的原因在农场继续（工作），除非有利可图。其后果是农业原材料的大幅度下降。1926年以后，重工业工厂的迅速恶化就变得越发明显。

（6）工业的五年计划和农业土地集体化是向社会主义前进的一个具体行动。俄罗斯不能再等下去了。被列宁认为是战略性撤退的新经济政策，不可能从一个短暂的状态变成一个永久的状态。如果革命不会遭遇反动剧变，工业在政治上就必须独立于农民。新经济政策，其本质是资本主义和社会主义之间的停滞状态，是不能持续的。在几个中欧国家中，一种类似的停滞状态导致了一个法西斯独裁统治下的资本主义，而俄国则不同，它在工人阶级专政下建立了社会主义。诚然，斯大林下台的理论意义是非常重要的。的确，他的计划意味着社会主义可以在一个国家建立，而在这种情况下，它只不过是一个大陆而已。俄罗斯的生产方式主要是由社会进行管理。只有绝少数人是被雇主或某个合作社雇佣的。在生产工厂所有权名下的剥削已被成功地废除。总而言之，俄国是一个社会主义国家。

（7）但是民主呢？正如我们所了解的，至今为止，几乎没有哪次社会动乱推行了如同俄国革命的"受制于领导人社会理念"的措施。如果有哪个社会转型的过程是通过其创始人理念对社会进行的恰如其分的判断，那一定是俄罗斯。因而，对于我们提出的问题，马克思社会主义哲学是答案中最重要的因素。但从各个方面来讲，这一理念也仅仅是在一个复杂的工业社会条件下个人主义的一贯性延续。其政治哲学的一个基本原则就是自由。安全起见，革命的职业必须从字面上去理解。这些最终都是为了建立新的民主形式。

讲座五：意大利和奥地利的总体国家

在我的第二个讲座里，我努力展示自由放任经济学和平等主义的大众政府之间的不相容是怎样导致了"法西斯局面"的。

意大利所谓的总体国家最好地展示了法西斯主义的解决方案，它主要在于抑制代议制民主机制，其中工人阶级可以在政治和经济领域中表达自己。议会和工会都被取消了。剩下的就是社会的资本结构。这种根据行业部门而组织起来的国家，就是在**实践中**的总体国家。

在理论上，总体国家声称拥有更多：整个经济生活受到国家的监管。这一点上，有个很大的问题凸显出来。我们已经描述了大众政府干涉行业时所遭受的困境。干扰价格体系和市场导致了自由竞争制度的瘫痪。那么，法西斯国家是否成功地解决了如何在不承担损失的情况下干涉私人企业的问题呢？（没有资本主义企业会永远亏损。这是公理。如果是国家导致的损失，那么必须有一些永久性的独立资金进行补助。但这**在经济上**是不可能的。）意大利的总体国家是否找到了解决方案呢？

总体国家的真相是什么？

意大利法西斯革命的集团阶段从 1922 年持续到了 1926 年。

企业联合组织是指雇主和雇工按照分支机构和地区而分别联合起来的组织，它们构成了一个平行的组织。两者都是工业的联合组织。该联合集团主要是关注劳工问题，即工资、工作时间和一般劳动条件。如果出现分歧，将由劳动法院决定（这个组织只不过相当于在全国联盟和联合会联盟下的雇主与雇工的强制性组织）。

法西斯联合组织没有进行正式的垄断，但却实行了事实的合法垄断，因为只有法西斯联盟可以代表有问题的部门；可以签署具有法律约束力的协议；可以向所有属于这个部门的组织收取会费。

劳动宪章（The Charter of Labor）不是一份具有法律约束力的文件，但它是一份原则宣言。

总体国家时期是从 1926 年开始。

联合的国家是一个被国家、党派以及专家代表所组成的有硬性支撑的联合组织。

这样，联合组织应该是一个**国家机构**，实际控制着行业。也就是说，这些机构应该能够允许国家实施行业管理。这个组织又进展到何种程度呢？

1928 年，联合部门；

1930 年，联合议会——从 800 个候选人中得到提名；

1932 年，国家联合委员会；

1934 年，联合组织（截至年底）；

1936 年，应急原则被接受（军工原则）。

讲座六：纳粹德国的党派、国家和工业

我们的课程即将结束，现在该进行总结了。今天关于德国的演讲应该围绕"德国的发展将会在多大程度上确认我们的命题"这个问题来进行。在关于**今日欧洲**的课程中，我们主要是从**冲突哲学**的角度来进入主题的。这种冲突通常是通过法西斯主义和共产主义对民主的挑战方案而最终引发的。我们提出要通过寻找我们这个时代对民主的挑战的基本性质去探讨民主这个模式的有效性。

我们得出如下结果：

　　"民主"作为西欧国家的一种传统统治形式的名称，是**非常模糊**的。当提及自由主义式或平等主义式的民主时，它指定的是一组不同类型的机构。从历史上看，这取决于这些机构建立时产业发展的阶段，因此，也取决于哪些**社会阶层**与君主专制制度的废除最直接相关。在英国，中产阶级进行过反对王权的战斗（君主专制），在斗争过程中，他们与乡绅逐渐融合为社会的上层阶级。结果是没有任何社会平等因素进入民主观念中。当英国民主制度建立之时，现代工人阶级还未产生，因此也从未参与过民主。在欧洲大陆，工人阶级参加了反对专制的斗争，并且在民主制度上刻上了印记。它成为平等主义式民主。工人阶级越现代，其民主就越倾向于社会主义，换句话说，在恰当的系统内强烈要求这样的变革，**就如同允许工业社会中的人民要用心并且负责地参与政治一样**。如此一来，因俄国革命是一系列始于法国大革命复杂动乱的最后一幕，它必须被视为民主理念的结果，条件是：（1）政治民主在反革命面前不能继续下去，除非它以社会主义的形式呈现；（2）社会主义的形式会由于社会主义已经建立这个特别的条件而产生特定的发展，比方说，文化水平低下、缺乏工业和民主传统等。

　　因此我们无法消除民主的两种非法替代品，它们通常使事物变得模糊不清：（1）独裁的角色；（2）自给自足（自给经济）。两者都不特别针对法西斯主义。

　　独裁是紧急时期的一个普遍特征，从**强硬的领导层**这个广泛的意义上来说，它是我们这个时代的一个普遍特征。**在这方面**，俄罗斯政府与德国、日本、意大利、实施新政的国家或 1931 年的英国政府含（9/10 的议会），这些国家之间没有本质区别。很大的不同之处在于**民主的意图**或是其他刺激政府的条件。

自给自足的趋势也是我们这个时代的一个特点。这是国际经济生活组织崩溃的必然结果，而这种经济生活是自由资本主义下的产物。差别在于各个国家单位面对新的自给自足机构是以**合作**还是**对立**的方式来开展工作。这些机构本身对于各国而言很常见：管理通货（带有或不带交易均衡基金）、资本出口控制、双边对外贸易管制。民主和非民主国家之间的不同在于，当在新的基础上用这些机构来恢复国际经济组织时它们会采取不同态度。虽然法西斯国家提出这样做的前提是帝国身份，即通过一个控制（就是他们自己）下的政治统一，民主国家还是希望通过和平的合作方式来实现这一目的。在所谓本国经济的社会主义转型中，如果没有明确的举动，那么这个目的是否能实现，我们还将拭目以待。

但是，我们认为，这种危急时期的实质是什么呢？在危机时期，无论是强势政府还是独裁政府，都仅仅是偶然的共存产物。

1. 危急的性质

我们的工业和政治组织的基本原则已变得互不相容——这是问题的核心。放任经济和政府不能同时继续存在。两者在战前实现的微妙平衡不能持久，因为它们没有提供必要的调整，尤其是在**国际范围**内。现有的国际经济组织依靠民族工业和贸易来进行自动再调整，从而改变世界环境，然而这种调整越来越困难，由于国家和行业的不断渗透，而且需要更多更大型的变革，所以国民经济变得越加艰难。受世界战争和条约的影响，突然间要不可避免地进行大的再调整，几乎所有国家都面临一种危急情况。19世纪 20 年代，全世界都遵循着旧的自动适应条文来努力应付这个紧急情况，但它在 1930 年完全失败了，大萧条的部分原因是这些努力的结果。经济生活的国际组织，似乎曾经恢复过，然后崩溃，各国都参与了一种生存和死亡的斗争，试图挽救至少内部稳定的各种货币。在这个时期，**自给自足和强大的政府**成为一种普遍现象。正是在这一阶段，法西斯主义倾向突然出现了。在平等的民主国家中，他们取得了胜利。这些（法西斯主义）倾向的原因是什么呢？

2. 法西斯对民主的挑战

在这一危急情况下，各国政府被迫**大规模地**干预产业体系。很明显我们的经济体系不会从**外层**进行干预。虽然经济体系的运行在很多方面都不尽如人意，但如果对其进行干涉，从长远来看，它会变得更加不理想。因为在生产资料私有制的体系下，如果国家对产业进行干预，结果往往与预期相反。缓解失业的措施可能导致失业率的上升。另一方面，在危急情况下（见上文），自由主义经济显然将不可能持续。在这种情况下，工业界的领导人对大众政府则怀有敌意，他们试图破坏民主党派的权威；作为替代，大企业则为**它自己的政府**提供由行业巨头直接管理的社会事务，即出现资本所有者和他们任命的管理者。民主议会开始躁动不安，倾向于借社会主义措施来进行紧急时期的立法。在这些条件下，政治和工业机制都不能发挥作用。**整个社会**都面临着一个僵局。民众们惧怕政治和工业系统**都**会突然垮塌。如果像美国一样，金融业与大企业的领导者坚持怀疑的态度，那么这场运动就会趋向政治权力的转正（被称为罗斯福新政）；如果大众政府笼罩着阴影，这场运动将会走向资本企业和工业企业拥有者的专政。**法西斯主义就会出现**。

民主遭到了法西斯主义的挑战。当民主不能有效干预经济体系时，法西斯主义就有必要进行干预，这也是挑战出现的原因。法西斯主义也成了必然。

3. 法西斯的解决方案

因此，法西斯主义的特性是它所导致的变化。研究法西斯主义的关键不是法西斯主义运动，而是法西斯主义制度。它们提供了一个现代社会的图景，其中，民主机构已被取消或已从运动中出局，从这个意义上来说，劳动人民不可能在政治或工业领域产生影响，劳动党和工会组织都已经被废除。在工业领域，没有本质的变化。所有权制度仍在继续。生产资料的私有制也仍然存在。法西斯主义的基本要求是，在这些条件下能够应对他们对资本主义的三大投诉，即贸易萧条和**缺乏规划**、对雇员任期保障的缺乏以及不公平的两端收入差距。

正如它所暗示的那样，法西斯主义意味着基于这些原因，承诺对资本主义进行改革，代价是要永久消除自由、平等与和平。从表面判断，一旦工人阶级所产生的影响被消除了，资本主义工业和国家之间的相互兼容看起来就是不可能的事情。那样，自由资本主义将被法西斯主义国家中所谓的公司资本主义和大众民主所替代。这就是公司国家的含义。

正如我们之前谈到的，公司系统在意大利还**没有**试验过。法西斯国家是否能够作为独立力量来干预工业是存在疑问的。**军事工业**是现实的情况，也就是说，它是一种新出现的事物，而并不是一个系统或者最后的解决方案。

那么德国呢？

1933 年朝着标准化（Ständestaat 德语）的运作停止了，政策 [18]……军事工业时期。

组织的原则有一点竞争的含义，并没有明确地意识到所涉及的问题。

于是，法西斯主义挑战主要表现在三个方面：

（1）技术上或者组织性上：**法西斯主义能用**这三种方式**改革资本主义**吗？

（2）**政治上**：和平的问题能够用帝国的解决方案解决吗？

（3）**道德上**：我们能够为此付出代价吗？

第 18 篇 消失的恐慌和社会主义的前景 [19]

市场经济的机制在 19 世纪工人阶级的政治斗争中发挥着重要

作用。它对斗争形势及机会所产生的深刻影响往往被忽视。在我们这个年代，这个机制正在经历一个重要的转变。由此而言，社会主义运动已达到一个崭新的重要阶段。

就像自由资本主义估计的那样，市场经济原则上是在进行自我调节。从本质上讲，它是一个包括劳动力市场、土地市场和货币市场的市场体系。三点必须牢固地建立在与市场机制相关的基础上。首先，它的运行会对人类社会的结构，特别是对人类及其自然环境带来严重危害，从而不可避免地引发保护的反应。其次，由于这些反应包括随意干预市场机制的运行，因此，从严格的经济学角度出发，它们很可能是有害的。再次，任何有关计划干预的建议，虽然在经济上是有利因素，但会引起金融市场的恐慌。只要这种威胁存在，所有的社会主义解决方案都必须表现为最冒险的措施，当然也会激起令人绝望的政治阻力。

1

市场经济所产生的危险是建立这种经济所需条件的直接后果。这些条件包括废除所有社会保障的传统安全措施。在社会的前资本主义体系里，习俗和法律都会使人们在工作和土地所有权方面产生安全感，以此在工业和农业领域中提供保障措施。

在自由资本主义制度下，传统的劳动力和土地组织被自由竞争市场的手段所取代。深谙这种特殊的安排并不能使我们无视如此差异中所包含的对社会存在元素的不当处理，即对人及其自然环境的不当处理。如果任其不受约束，一个竞争性的劳动力市场或类似的房地产市场必然会破坏人类及其周围的环境，也就是现在我们讨论的问题（凭借一种特别的虚构），就如同它们是商品一样，即是为了销售而生产的物品。

劳动力市场机制带来了彻底的破坏，这种威胁非常明显，不再赘述。把人类劳动力作为一种商品意味着要把人当作一件待售产品去对待。在现实中，劳动是一种人类活动，它与商品没有共同点。它是人的生理、心理和道德功能的重要组成部分；它的"供给"不是为了出售而"生产"的问题，我们所讨论的人类劳动问题不是"为了销售而生产"，而是出于一系列完全不同的动机。为了能触及"出售劳动"这个话题，我们必须进行一些虚构。首先，必须以这样的方式组织起来，即通过安排人的工作来替代所有有用的人类活动，由一方来指挥和支付，由另一方从事工作。这种情况就可以被理解为商品，即"劳动力"从生产工人到消费者之间的传递，等等。

当然，问题的关键并不是这些假设的虚构特质。无论是将劳动力定义为具体合同主体的法律叙述还是将稀缺但有用的物品定义为"劳动力"商品的经济学叙述，都没有影响这实实在在的世界。在这里和我们相关的是假定的、被称为劳动力市场的人类处境。它迫使一个 5 岁的孩子扮演一个商人，这个孩子运用自己的自由意志来处理事务，参照合同安排的对象，即他的"劳动"，努力让他的劳力出售有利可图。比方说，出售 12 个小时，或者 14 个小时，又或者 16 个小时。作为一个商人，商品交易的时间、地点和条件并不重要。事实上，商人已经成为他自己货物的一个简单配件，他必须遵循货物的命运，即使他可能会在这个过程中灭亡。在一定程度上，这个例子适用于任何人。难怪在一代人之内，这个系统的城市人口正在失去人的所有相似性。

土地的情况也是一样的。一旦它被分配给个人，就会被人类按照利益需求任其处置，包括任意使用、不当使用和乱用以及无限制的租赁、出租和销售——总之，土地的命运由人决定的，这意味着：拥有者、占有者以及劳动者对它的糟蹋以及对设施和周围资源的破坏，包括土壤本身那"坚不可摧"的力量和影响国家的气候、健康、安全。土地若是为了销售而生产，就会如同人类一样渺小，它就是自然的一部分。在法律和经济虚构的帮助下，土地的命运能够由地产市场进行支配。而总体而言，这两个虚构就和劳动力情况一样。实际上，土地是人类的聚居地，是所有活动的场所，是生命之源，是安全栖身之处，是一年四季，也是最终的坟墓。甚至连土壤本身也不能忍受这种商业的处理。土地被侵蚀、摧毁和粉碎，它们都无法恢复为原始森林、沼泽或者沙漠。资产流失破坏了人们的未来。资源异化威胁国家安全。不允许稳定居住的居住权形式、良好的家庭条件或卫生的生存形式使那些正在萎缩的种族力量再次缩减。从一个自由的农民降级成为一个废料持有人或者无能的无产阶级也许意味着这种出身的结束。人类的生活太接近自然，最终导致了对农业的破坏。因此，除非生产性土壤的经济命运是为了那些工作在这片土地上的人去过一种普通的生活而组织起来，农业才能得以继续存在。

干涉主义的根源在此得到体现。市场运行的外部干预是整个社会作出的反应，它们对于社会结构抵制市场行动的负面影响起着关键性作用。一些干预措施是来自政府或立法机构的，其他则来源于志愿协会，比方说，贸易工会或合作社；还有一些是来自道德生活或公共舆论组织，比方说教堂、科学组织或者报社。至于劳动力，主要对工厂法、社会保险、教育和文化（作品）、市政贸易以及各种类型的贸易工会活动等进行干预。关于土地，保护主义者的干预形式主要是土地法、农业法、租赁和宅地法，包括一些形式的农业保护主义。很明显，这些干预中所包含的法则、法规、限制和非市场行为的社会价值就在于使劳动力和劳动、人和自然能够远离不可弥补的损害。

2

保护性干预的优点主要是社会性的，而缺陷主要体现在经济上。前者是由社会的自身结构带来的，它阻止了对人类及其自然环境的破坏；而后者可能会减少社会红利。因为一般来说，市场机制中孤立或随意的干预手段会使得整个系统比在其他情况下运行得更为不成功。当然，相反情况，即全面的有计划性的干预也是一样的，它将社会性保护与经济优点结合了起来。然而，少许带有"社会主义"特点的措施都将会带来一场信任危机，也会使整个系统坍塌。

这样的情况必然会对工人阶级政治的形式和机会产生深刻的影响。市场系统发挥着防御机制的作用，保护统治阶级以防止大众民主的增长，更有效的是，它可以防止民主利用自身权利去要求得到社会主义解决方案。

大众民主在自由资本主义中所处的模棱两可的位置主要是这个形势带来的结果。而市场的行为则唤起了广泛的反响并帮助形成了对大众政治影响的强烈需求，这样获得的权利功能被市场机制的本质严格地限制了：从社会性原因看，无论孤立的干预有多么紧急，它都是对经济有害的，而在经济上有用的计划型干预是不会被考虑的。在政治上，零碎（peacemeal-piecemeal）的改革被怀疑是破坏性地干预了市场的运行，彻底的社会主义解决方案，本来在经济上是有优势的，也不得不被排除在外。在这样的条件下，大众民主的惊人力量必然是受限的。

第19篇　关于现代转型的五个讲座：19 世纪文明的消逝 [20]

引言　制度方法

这几个讲座的主题是一个庞大而独特的事件，即在 20 世纪第一次世界大战和第二次世界大战之间这短暂的时间里 19 世纪文明的消逝。

在这一时期开始，19 世纪的理想是至高无上的，事实上它们的影响从未如此强大。到了 19 世纪末，这个系统几乎没有剩下什么，而在这个系统下，我们的社会类型曾经是世界的领导者。在国家的边界内，**议会制民主**一直在维护政权的自由，所有文明国家的国民幸福感在**自由资本主义**的统治下大大增强。权力的平衡使人们免受长时期毁灭性的战争，保证了相当大的自由，而金本位在全球规模上也已经成为一个庞大的经济合作系统的坚实基础。虽然世界还远远不够完美，但是看上去她正在走向完美的路上。突然之间，这个独特的大厦倒塌了，我们这个社会赖以存在的环境永远成为过去。我们相信，如果不是在这个大事件的背景下，我们目前面临的任务就不会被理解。它既是国家的也是国际的，既是政治的也是经济的，它包含了我们所有的制度。历史学家们对于从哪里开始着手研究这个问题感到困惑。

一、保守的 20 年代和革命的 30 年代

总体来说，1914 年至 1918 年的第一次世界大战非常符合 19 世纪的特点，即两大强国结盟之间的战争，对峙和中立，士兵和平民，商业和战争，每一个方面都既独特又分离。战争的失败导致一个条约，意在确保生活继续像以前一样。这场战争并没有什么特别，也没有解决任何问题，但是它比以往的任何战争都要可怕。

显然，20 年代的趋势是保守的。1917 年到 1923 年之间进行的壮观的革命和反革命，甚至当它们不仅仅是由于惨败而导致动荡时，也并未给东方社会带来任何新的元素。不仅兴登堡和威尔逊，而且列宁和托洛茨基都是属于 19 世纪传统的。那个时代的癖

好就是建立或最终重新建立与 17、18 世纪英美和法国大革命理想普遍相关的系统。激进政策在为传统目标服务。基本上，第一次世界大战期间一直都在尝试克服自这个世纪初期就阻碍系统发展的困难，但无果。在和平的 20 年代，这种努力变得更加用劲，但是战争产生的影响只能是增加了它的难度。

突然间，在 30 年代早期，带着一股令人敬畏的气势，一场变革来临了。其标志是英国终止金本位，其他国家也随之终止；五年计划，特别是俄罗斯的农庄集体化；新政的推出，国家社会主义革命；平衡力量的崩溃，并被自给自足的帝国所取代。1940 年，工业系统的一切痕迹都消失了，除了少数聚居地，各民族都生活在一个全新的制度环境中。

二、外部因果关系理论

纵观 1914 年到 1939 年这四分之一个世纪，很明显，变革是突然的，也是世界性的。在此期间，各个国家展现了极为不同的社会和政治局面。只有在外部原因的作用下，才可以产生如此的效果。很自然，同时代的人本应该在第一次世界大战（1914—1918）的血雨腥风中看到这一事件。但正如我们所看到的，即使是在这个短暂的时期内，第一次世界大战及其战后革命都是 19 世纪的延伸，它们只是一个更大的深度和幅度过程中的一个阶段。因此，我们被迫得出结论，一些国际发展已默默地塑造了历史的进程，直到 **20 世纪 20 年代**末，巨大的转型突然袭来。我们认为，这一基本的综合性事件就是**国际制度的解体，而我们的文明已在不知不觉中依赖于它的生成和发展**。

导致这个结果的变化早在 1914 年至 1918 年战争前就已经存在，但是当时人们并没有注意到。实际上，自世纪之交开始，该系统就一直在逐渐增大的压力下运行。在**政治**上，反对联盟的形成标志着权力平衡的结束，它预设了一些独立国家政策的存在，因此与永久的权力集团系统互不兼容。在经济上，随之而来的是贸易竞争给国家系统带来了过度的压力。但是 1914 年到 1918 年的第一次世界大战只是使这个世界变得更加贫穷和粗暴，而并未减轻世界的烦恼：最终的西方条款甚至集合了各种麻烦。因为很容易就发现战败国永久地解除武装意味着消除权力制衡的基础，从而使政治问题变得无解。这样就再次降低了世界经济通货再膨胀的机会，同时，除却金本位制其他的缺点不说，除非与国际政治体系共同采取一些和平的措施，它是不会发挥功效的。既然避免毁灭性战争的防御已经消失，更不用说那些想恢复金本位的所有尝试是注定要失败的。**在其努力缓和紧张局势，即 19 世纪的政治和经济机制正步履维艰之时，第一次世界大战早已彻底地削弱了那个秩序**。20 年代的艰苦恢复性努力注定要失败，它们的高潮证明了灾难的开始。当国际体系最终崩溃时，没有一个国家能够幸免。

三、事实

国际体系解体理论被一个事实所充分证实，即世界各地的危机都聚焦于国外事件，主要是对货币和汇率问题的关注。在欧洲，几乎没有一起国内政治危机不是源于货币问题。汇率是 20 年代无所不包的因素。从中欧货币丧失外部价值到十多年后的世界经济会议，几乎全世界都在努力回归到战前货币体系。一系列的货币危机将贫乏的巴尔干半岛与富裕的美国连接起来，而途径则是通过弹性的国际信用体系传递恢复货币的不完全压力，先从东欧到西欧，然后从西欧到美国，直到美国自己也被世界上大部分国家积累的赤字压力所压垮。1929 年华尔街爆发的贸易萧条变成了一场飓风级的灾难，也是由 1919 年潜伏在多瑙河和莱茵河的紧张局势所造成的。当两个盎格鲁－撒克逊国家在 30 年代放弃了金本位时，他们就走过了两个历史时期的转折点。当 20 年代仍然朝着阻止金本位的最终坍塌而努力时，30 年代则已逆转了这一趋势，并且将精力集中在让自己适应既成事实的坍塌。在某些情况下，相对于经济问题来讲，外交形势更多取决于政治问题。但是，在这一阶段我们不需要去很精细地区分国际体系中的经济方面及政治方面。任何危机分析都已经考虑到外部因果关系原则，这就够了。

四、国际体系

事实上，国际制度既是政治上的，也是经济上的。金本位制已经成为世界经济的基础，在国际范围内，它包括资本市场、货币市场和商品市场。这种状况是事实，但它不是合法的，从中获益的人几乎意识不到它的存在。在政治领域，甚至没有什么能够完全与这一非正式组织进行比较。权力的平衡保护了国家免遭重大战争，没有了它，像金本位这样的世界货币系统就不可能存在，相对于金本位制，它具有更少的法律制度特性。但是社会组织并没有依靠正式的批准来运行。一般来说，直到一个社会所忍受的制度消失了，它才会意识到那些制度的真正本质。

然而，在国际体系中，经济因素的盛行不能被忽视。世界上有效的组织是经济的，而不是政治的。恰恰是经济压力引起了帝国战争并且将其延伸成为世界大战。20 年代的政治家们鞠躬尽瘁正是为了重建战前的经济体系：赔款、汇率的稳定、国际贷款、国外债务、贸易禁运和生活费用指数都是政治家以及群众最关注的事情。在 30 年代，经济自给自足是普遍的主导趋势。

但是国际经济体系的崩溃本身需要解释。这种尝试将会让我们走得很远，因为进行这项工作不只是要定义当前危机的性质和起源。换句话说，它还包括用一般人类术语去定义我们的基本制度，即资本主义和民主。

这是我们下一次讲座主要讲述的内容。

第20篇　关于当今转型时代的五个讲座：
走向和谐社会的趋势 [21]

一、政治和经济的分离

19世纪的社会是建立在自由资本主义和代议制民主这两根支柱之上的，但其经济和政治领域却是分开的，这是它迅速垮台的迹象。因为它对这只是国家暂时性状况的期待只能是一个幻想。如果一个社会在其自身轨道内包含了一个独立的、自我调节的、自制的经济领域，那么这个社会就是一个乌托邦。

从表面上看来，这似乎是一种自相矛盾的说法。经济和政治这两种制度区别明显，就如同它们所服务的需求一样。对于我们来说，没有什么比一个社会应该包含这两种制度体系更明确的事情了。因为难道人类没有经济需求吗？比方说食物。人们难道没有政治需求吗？比方说安全和被保护。无论一个人有多么爱黄油胜过爱枪支，或者爱枪支胜过爱黄油，只要他还意识清醒，他就永远不会把枪支当做黄油。看起来正是由于事物的本质使得社会中应该分别存在经济制度和政治制度。

然而，经过更深入的调查，我们发现这是一个不必要的假设，仅仅通过几代人的习惯就可以证实这一点。人类必须有食物和安全，但他们不需要有一套单独的制度来满足这些需求，也就是说，制度是基于一个独特的动机，并由一组单独的按照这个动机行事

的人指导的。相反，除了一些 19 世纪社会的有限经验，过去的所
有人类社会似乎是基于社会的统一制度的，换句话说，有一整套
制度的目的是服务于社会的经济和政治需求的。

二、价格或市场经济

自由资本主义本质上是一种价格（或市场）经济。这意味着商
品的生产和分销是由**价格**控制的，而价格又是产生于**市场**的运作。

所有商品都存在**市场**：各种商品的商品市场，如使用资本的
资本市场，使用土地的土地市场，使用劳动力的劳动力市场。在
这种方式中，生产的每一个因素都有其市场。

相应地，所有商品也都存在**价格**：商品的价格，叫做商品价
格；使用资本的价格，叫做利息；使用土地的价格，叫做租金；使
用劳动力的价格，叫做工资。因此，生产的每一个因素都有其价格。

市场行动的**结果**是双重的：商品**生产**是根据其不同的数量和
质量而确定的，一个国家的资源，无论是土地或劳动力，资本或
商品，都是自动处理的。

由此产生的货物**分配**是由相同的机制决定的。因为其中的一
些价格形成了出售某些商品的收入。因此，资本使用的销售者获
得了利润；土地使用的销售者获得了租金；劳动力使用的销售者
获得了工资；最后，各种商品的销售者获得了利润，利润是销售
价格超过成本的盈余（当然，后者只是生产正在讨论的商品所需
的商品价格）。全部收入购买在一定时间内生产的全部商品。这样，

定价系统会自动分配给其机制运行下生产出来的商品。

　　市场经济的裸露机制就讲这么多，我是以图表的方式进行呈现的。设想一下，如果成百上千的精致商品是由数百万人所生产的，再通过这种机制在他们之中进行分配，这种机制对科技、金融、消费过程中的每个细节进行调节，那么你一定会同意这是人类思想的成就，与之相比，埃及的金字塔似乎都微不足道。难怪当它第一次出现在我们的视野中时，我们就感到眼花缭乱、不知所措，好像眼睛被太阳直射。因此，欧洲社会所孕育的工业革命和机器时代成为灵感的源泉，它足以带着人类走过早期工业化的地域，直到这个系统巨大的物质效益开始显现。

　　但是关于自由主义经济学者的教条主义还有另外一个理由。因为一个价格或一种市场经济越发达，它对其自身原则的应用就会越极端。如果说像亚当·斯密这样的早期自由贸易者都有点教条的话，那么与后期曼彻斯特学派相比，他们的教条主义就真的不算什么，并且与如今的自由资本主义的领导者相比，曼彻斯特自由主义者们一直显得犹犹豫豫、不断妥协。与昂内尔·罗宾斯或者路德维希·冯·米塞斯坚定的狂热相比，科布登和布莱特就仅仅算是机会主义者。

　　原因非常简单。如果一个市场经济正常运行，那么只要你不干预价格（无论是商品价格、租金、工资或是利润），它就会一直运行下去。因为一个价格的自我调控系统是依赖于销售价格超过成本的盈余，如果没有盈余的产生，也就不能够生产商品。因此，如果销售价格降低，成本也将会降低。这与人类的意志、情感和理想无关。一直亏损的生产自动被这个游戏的规则所排除。

　　这就是为什么在这个系统之下必须要存在一个生产所有要素的自由市场。不仅是生产商品，还包括土地、劳动力和资金。除非这个价格系统有弹性，并且允许价格按照市场间的互通来自由调整，否则即使在原则上这个系统也不再会进行自我调节，巨大的机制也将会坍塌，直接导致人类陷入大量失业、生产中断、收入损失以及随后的社会无序混乱等危险。

三、社会和市场

　　但是这个看起来很简单的假设，即生产的所有要素必须拥有自由市场，实际上暗示着整个社会必须从属于市场系统。在生产的要素中，**土地**和**劳动力**，只有在多多少少虚构的基础上才能被看成是商品。因为劳动力意味着组成社会的人类，土地也仅仅是他们赖以生存的大地母亲的另一名称。在试图在社会中建立一个独立市场经济的过程中，整个社会是从属于市场经济需求的。不知不觉中，一种从未听说过的事物出现了，即**经济社会**，也就是一个基于假设"社会只依赖于物质商品而存在"的人类组织。

　　这种假设显然是错误的。性命的安全至少和食物一样重要，如果只能在活命与直接被杀死之间选择，人们就不会挑剔活着的方式。但是如果社会要一直存在，它就必须提供一系列的必要条件，比如说我们与环境之间相当稳定的关系，也就是说与大自然、我们的邻居、我们的技能之间的关系；社会成员的军事素质，包括健康和体格；一种对未来足够稳定的展望，如允许奠定人类性格的基础并且抚养新的一代。显然这些条件并不能单靠物质的丰裕来提供。市场的"撒旦磨坊"很快就会处置一个允许其土地消失或闲置的社会，一个允许其劳动力过度劳累或任其存亡的社会，一个允许其信贷系统按照一套盲目机制的反复无常从而遭遇通货膨胀或节流业务的社会，正是由于这套机制的本质，它远离了任何一个人类社会居住社区的需求。

因此，与市场乌托邦分不开的危险本质就变得很明显。为了社会，市场机制必须受到限制。但是这免不了要给经济生活以及整个社会带来灾难。我们陷入了两难的境地：要么在通往破坏的乌托邦之路上继续前行，要么立即停止，放弃这个绝妙的但是极其虚假的系统。

四、社会的原始统一和整合趋势

政治与经济领域的分离是我们这个社会类型的特点。无论是部落，或是城邦国家，抑或是过去的封建社会都没有这个特质。所有的这些社会中，一组制度用来满足人类的各种需求，比方说安全和保护、正义与秩序、物质商品、性生活和生育。部落和封建社会的宗教、仪式、家庭和其他制度不允许这样的分离。另外，重商主义，现在社会的前任，是一个基于社会制度统一基础上的政治—经济教义。

市场经济中的乌托邦特点解释了为什么它从来没有被真正付

诸实践。它更多是一种意识形态，而非一个事实。如果存在一个无限制的土地和劳动力市场，那么工厂立法和保护主义，贸易工会和教会将是突出的抵制因素。换句话说，经济与政治的分离从来没有完全生效。而在市场经济运动到达高潮之前，社会的整合就已经开始了。

但是这种发展只是增加了社会系统的压力。因为行业和国家、经济与政治的相互干预并不是由更高原则所管制的。工人阶级利用民主国家的制度来保护自己免受竞争系统带来的最严重后果；而就企业的领导者而言，他们则利用工业产权和金融来削弱政治民主。这是一种错误的整合，19 世纪晚期的社会在这一点上给出了许多例子。市场经济的拥护者们指出，关税政策和垄断工会的做法通常是衰退加剧和贸易限制的罪魁祸首。但他们不明白的是，这些国家和资源组织的保护性措施是通过拯救社会让大家免于灭亡的唯一手段，而这些都是通过市场机制的盲目行为来实现的。

在战后的欧洲，经济和政治的分离发展造成了一个灾难性的内部局势。工业领袖破坏了民主制度的权威，而民主党议会则不断地干预市场机制的运行。当社会经济和政治制度刚好突然陷入瘫痪时，便达到了一种状态，即很明显地，社会需要进行重新整合。

这是法西斯主义起源的关键事态。有两种选择：一种是在民主的基础上，通过政治权力来实现社会统一；或者，如果民主过于微弱，在独裁的基础上，在一个集权社会，以牺牲民主为代价来实现统一。

　　我认为，美国社会系统并未面临着这个悲惨的困境。但是由于自由的丧失应该被避免，它就不得不同时采取两个步骤，即接受整合的必要性，**并且**通过民主手段来实现。

注释:

[1] 文件 2—9，卡尔·波兰尼卷宗：德文文件《事到如今的回复》（Worauf es heute ankommt: Eine Erwiderung）。

[2]（意大利文版——全书同）编者注：这极有可能就是奥地利杂志《新地球》。

[3]（意大利文版——全书同）译者注：原始标题为 *Maschinerie der Gemeinsamkeit*。

[4]（意大利文版——全书同）译者注：原始标题为 *Der sittliche Wert des Sozialismus*。

[5] 译者注：原始标题为 *Von christlichen Anarchisten und Krisenpropheten.* （Zur Diskussion F·rster, Polanyi, etc.）。

[6] 译者注：Um die gemeinsame Sache sachlich zu vertreten，波兰尼对 "Sache" 这个词用了双关，翻译过来是 "客观的兴趣"。

[7] 译者注：弗朗茨·奥本海默使用这个术语来描述德国土地乡绅，即容克贵族的土地垄断。

[8] 译者注：欧根·杜林，《国民经济学和社会经济学教程》，出版于 1876 年，这里引用了恩格斯《反杜林论》的说法。详细网址为：http://www.marxists.org/archive/marx/works/1877/anti-duhring/ch13.htm （accessed April 7, 2014）.

[9] 译者注：这可能是在开篇提到的《机构的共性》"Maschinerie der Gemeinsamkeit" 的一个引用，如果不是的话，那就无从定义了。

[10] 文件 15—22，以卡尔·波兰尼卷宗——讲座《现代社会中的哲学冲突》为题，伦敦大学，埃尔特姆伦敦郡议会的文学研究所，1937 年 8 月。这个主题一共包含六个讲座，每个讲座都在右上角以 "讲座一""讲座二""讲座三""讲座四""讲座五""讲座六" 的形式注明。这个讲座的标题从第

二个题目开始，而不是第一个。显而易见，这六个讲座形成了紧密联系的一个整体。在第三个讲座开始的地方，波兰尼将前两个讲座称作是"第一个讲座"和"第二个讲座"，他用这种方法来总结（并且，有两个类似的交叉引用）。

[11] 编者注："执政党"（"in power"）一词被作者删去。

[12] 编者注：我们应该有一个新的副标题"（b）欧洲大陆"。

[13] 编者注：我们猜想，原始的"re-rained"很可能是一个错误，它可能是，"re-gained"。

[14] 编者注：最开始的英语商规于 1235 年达成一致。

[15] 编者注：在 1170 年由史蒂芬二世提出。

[16] 编者注：基于这一点，在第一个讲座的结尾，在第 10 至 11 页之间，波兰尼插入了一页"10a"，它包含了一个总结英国和欧洲大陆自项目的总表。遗憾的是，这个表格不够清楚，无法再生产出来。

[17] 编者注：原始版本里，波兰尼写的是"the continuously increasing flow"，他后来把这种写法删掉了，改成了"the continuous flow"。

[18] 编者注：此处难以辨认。从"In Italy …"开始的笔记都是手写的。很显然，作者草草地写下自己的想法，想在别处修改完善。

[19] 文件 19—27，卡尔·波兰尼卷宗：未标明日期的文件。

[20] 文件 31—40，会议一，卡尔·波兰尼卷宗：在哥伦比亚大学，这个讲座被作为是一门课程五个讲座中的一部分。

[21] 文件 31—40，会议二，卡尔·波兰尼卷宗：这个讲座未注明日期。在哥伦比亚大学，这个讲座被作为一门课程五个讲座中的一部分。

意大利文版跋

对卡尔·波兰尼的法律—政治思想的观察

玛丽娅维多利亚·卡坦扎瑞蒂

这一卷中的论文对大半个世纪的世界史进行了仔细地观察。话题种类宽广，时间维度从 20 世纪 20 年代跨越到 50 年代，是卡尔·波兰尼典型的科学研究成果。由于他的人生轨迹与重大政治和历史事件有着很多交叉 [1]，因此波兰尼见证了 20 世纪的几个重大历史时期，从第一次世界大战前的美好时期到第一次世界大战——一战期间，波兰尼站在奥地利—匈牙利一边——再到 1918 年和 1919 年，匈牙利革命以及两次大战期间的激烈转型，再到冷战的第一阶段。

西方的历史，都与他的人生故事有着千丝万缕的联系，也同时成为塑造波兰尼作品的伟大熔炉。他受到律师专业的培养，工作时成为一名记者，尔后又成为一名四处流荡的流亡者，一名来自资本主义社会秩序的"侨民"。然而，他一直是一位细心而缜密的思想家 [2]。

要简化波兰尼的作品的复杂性绝非易事，但是我们也许能够辨认出作品中那突出而又持久的重点：建立与人类存在相宜的民主兼容性（compatibility）。对于波兰尼来说，这就意味着社会行动主义的目标[3]。他的思想发展史是"非墨守成规"的，并且也是服务于这个目的。

如前文所述，卡尔·波兰尼完成了法律专业的学习，虽然他从未认为这个领域将会是他努力的主要方向。事实上，与对经济的思考对比，波兰尼作品中对法律理论的思考是相对边缘的。虽然如此，在某些段落，我们至少还是能够从有限的痕迹中发现他对法律的态度，在波兰尼关于法律的制度性的观点方面，为读者提供了精神食粮。这一卷中的各种写作突出了他思想的维度。他有意地疏远形式主义，这使他支持标准模式，在此过程中，法律现象可以成为理解"嵌入性"[4]和"经济学谬论"的工具。

这种"背叛效应"引发了一种人类学的思考，这种人类学解构了很多传统类别，尤其是自治和标准系统中的类别。几乎没有例子可以让我们很容易辨认波兰尼在法律上的立场，因此，虽然对其作品的编译可能会减弱其原有的份量，但我们也算有了些依据。同样，在法律学者尝试用"非法理学家"的目光去审视法律时，标准范式起着重要作用。

波兰尼总是用一种事实的姿态来研究法律：他很留意决定规范的社会因素，[5]并采取真实生活中的事例进行社会学分析试验。这个最新的方法将应用在原始社会研究中，尤其是涉及全部社会事实的存在，它与马林诺夫斯基[6]和莫斯的观点是趋同的，这些事实是指每种类型的机制有交叉：宗教的、司法的、道德的、经济的、法律的[7]。然后，它们加入那些非经济机制的范畴中，致力于将经济因素融入社会。

有一段落与此十分相关，即《恐慌的消失与社会主义的前景》，其中，波兰尼写道：

> 无论是将劳动力定义为具体合同主体的法律叙述还是将稀缺但有用的物品定义为商品"劳动力"的经济学叙述，都没有影响这实实在在的世界。在这里和我们相关的是假定的、被称之为劳动力市场的人类处境[8]。

那么，社会"说服力"问题似乎遭遇了规范指示的问题。[9]接下来，他更直接地写道："但是社会组织并没有依靠正式的批准来运行"[10]，而是依靠建立在个人和他所处环境及社会背景之间形成的真实关系来发挥作用的。[11]

对于波兰尼来说，法律性的叙述是关乎自身的，是自然而然的，与社会性的叙述是平行的。他在《大转型》中对济贫法进行的社会学分析，既非法律的，也不是历史的，是一个很好的案例[12]。波兰尼集中关注如何在特定环境下理解人类状况和社会手段的效果。[13]例如，为了支持英格兰穷困百姓而起草的法律，从1601年的济贫法到1834年斯品汉姆兰法令的废除，并没有改善那些接受补助人民的生活条件[14]，原因在于那些法律并未根植于那个年代的文化中。[15]相反，它们导致了劳动力的反常现象。如果人们忽视了分析的这个方面——对正式法规的社会效应保持持

续的关注，那么对脱离社会进程中的法律效应以及将经济再次合
并到社会机制中所持有的看似自相矛盾的态度就仍然没有消逝。
在波兰尼对市场经济崛起过程的重审中，法律承担了双重功能：
既是将经济从社会分离的一种因素，又是一种社会自我防御的机
制。因此，它其实是经济再嵌入的一种机制。[16] 在波兰尼所做的
分析中，一个重要的元素就是圈地——曾经，土地是自由的，并
且开放于公共使用，却遭到贵族和其他富有土地拥有者的封闭。
圈地运动的初期阶段伴随着从耕作到田园主义的变迁，[17] 后来进
入了农业工业化时期，然而这个时期却降低了农民的生活质量。[18]
第二个变迁造成了社会的瓦解，不仅《大转型》对其进行了很详
细的描述，论文《未来民主英格兰的文化》也是一样[19]。与此并
行，社会阶层关系发生了根本的变化，随后，工业主义者们便成
功废除了君主为穷苦人民建立的支持系统。棉织物生产的发展便
是这个现象的主要案例，其中有一部法律扮演了主要的角色："就
像棉织物生产——主要的自由贸易工业——是在保护性关税、出
口奖励和间接工资补助的帮助下创造出来的，而放任制度本身是
由国家来实施的。"[20] 自我调节市场的创造也得到进一步的加强，
主要是通过 1834 年的伊丽莎白济贫法和 1846 年的谷物法的废除
以及 1844 年银行法的批准，银行法引进了金本位制。[21] 按照这
样的理解，法律是作为市场制度化的一种机制。它存在的目的是
为了确保这个系统自由运行，在这样的一个范围内，即"不允许
任何事物抑制市场的形成"。[22] 然而，同时，法律也能够给市场运
作设置很多的限制和约束。波兰尼引用了中世纪行业协会和重商

主义政策的例子，在这些条件下，这些土地和劳动力构成了军事、司法、行政和政治体系的基础；它们的用途受到法律和惯例的控制与保护，[23] 于是就从价格机制中剔除出来。正如波兰尼所定义的，法律的矛盾本质在这句俗语中得到了总结，即"放任主义是计划的；而计划却不是"。[24] 所以放任主义是通过各种各样的社会系统方式来实施的，而法律在其中扮演了尤其重要的角色，人们对它的反应也是自然流露出的。市场自我调节与人类自我保护的本能之间存在着冲突，导致了集体的社会反响，目标是中和一种机制的不稳定效应，这种机制主要是用来使土地和劳动力沦落为商品的地位。然而，人们的自然反应并没有突出法律的缺席；而是恰恰相反。论文《恐慌的消失与社会主义的前景》中清晰地表达了这种情绪：

> 一些干预是来自政府或立法机构的；其他则来源于志愿协会，比方说，贸易工会或合作社；还有一些是来自道德生活或公共舆论组织，比方说教堂、科学组织或者报社。至于劳动力，主要对工厂法、社会保险、教育和文化（作品）、市政贸易以及各种类型的贸易工会活动等进行干预。关于土地，保护主义者的干预形式主要是土地法、农业法、租赁和宅地法，包括一些形式的农业保护主义。[25]

在这类反向运动的自然本质中，波兰尼找到了一个法律空间，在这个空间里，社会可以尝试进行自我保护，并反对国家使用武力："市场一直是政府方面有意且常常是暴力干预的结果，为了非经济利益，政府把市场组织强加于社会之上。"[26] 在同一段里，含有一个关于经济与政治分离的有趣的观察："经济史解释了国有市场的出现绝不是来自政府控制的，经济势力的逐渐自然扩张的结果。"[27] 如果人们考虑到自由经济的盛衰荣辱，那么非嵌入与再嵌入的系统过程——波兰尼将其定义为双重运动——就必须被理解为同一现象的关联后果。在这个过程中，法律是保持中立的，其实用性根据某一特定冲突的作用而发生改变，即它是使用在声称权力的情况中还是在清算债务的境况中。我们可以在讲座《走向和谐社会的趋势》找到例子："工人阶级利用民主国家的制度来保护自己免受竞争系统带来的最严重后果；而就企业的领导者而言，他们则利用工业产权和金融来削弱政治民主。"[28] 然而，值得注意的是，波兰尼没有将这些反运动视为必要的"积极"现象，我们可以在他分析自我保护措施影响的文字中找到这些现象，措施有对于工厂和工会的法律、农业关税和货币管控："但是，恰恰是这些东西使得自我调节无法进行下去。自我调节涉及民族主义，这只是政体对由国际贸易系统引发的社会混乱做出的必然反应（世界各地都是这样，除了最强大的国家——英格兰）。"[29]

从这些观察中，我们可以得出结论，即在波兰尼将经济作为一个制度化进程进行论述的过程中，法律可以扮演一个重要的，但也许并不总是明显的角色。[30]

然而，为了更加清晰地了解波兰尼思想中的法律的功能，阅读一些他在 20 世纪 20 年代关于社会主义会计学的著作是大有帮助的，在这些著作中，法律和经济之间的关系，虽然被应用到纯抽象模型中，是从一个截然不同的视角去审视的。[31]

正是在这样的思考背景下，"社会法则"的概念出现了——指的是"我们说的这些原则为生产指明方向，朝着对集体有益的方向发展"[32]。换言之，在一个理想的过渡社会主义经济框架中（就像波兰尼描述的那样），社会法则设法去修补资本主义经济造成的错误，指导生产力去满足社会目的，同时保证一个公平的商品分配。对于作者来讲，社会法则的主要目标是生产力的最大化、社会生产的合理分配以及生产过程具有公共效用的导向。[33]

尤其是，论文《当下至关重要的问题：一个回答》可以比照波兰尼关于社会主义责任的著作再重读一遍。[34]按照他的说法，体现市场社会主义目标的联合法律形式是自愿的农业合作社，其中，每一位成员"都能够去**调查**与其环境相关的自身地位"。[35]这是一个更加人性化的经济景象，不同于市场经济制造的人际疏远。波兰尼想象了一种经济，管理和组织在生产者协会和消费者合作社之间协调，为了满足农业的需要，工业组织的方法将会是个好的例子。[36]因而波兰尼认为，断定法律框架——也就是所有制和管理系统——应该由农业合作社来定义，成为农业利益的相关事物。相反，一个具有推理性的所有制和管理立法系统，它们的运行并没有考虑到波兰尼眼中还离得太远的现实需要。[37]

以上回顾的调查促使我们去反思一种社会的、经济的以及政治的分析，它们把复杂性作为现实的一种尺度，并鼓励我们思考科学方法的适用性。在这个方面，很值得去引用包含在这一卷中

的两篇文章——《如何利用社会科学》和《关于政治理论》。在这
两篇文章中，波兰尼反思了社会科学的方法和特点。就如他在《怎
样利用社会科学》中写道，"每一门科学都必须将它的研究主体限
制在受其方法影响的特定条件中"。[38] 因此，科学是在选择性地
进行操作，目的是要创造一个可应用的抽象模式，它仅仅部分地
从借鉴天然的或内在兴趣，当然这些兴趣也引发了科学本身存在
的问题。当然，偶尔科学也会将其全部排除。按照波兰尼的说法，
知识并不是一个连续体，[39] 它只是一组多种多样的技巧。当人类
的"内在兴趣"面对其周围环境时，[40] 它绝不可能被社会科学的
方法论消耗殆尽，包括法律科学和政治科学。这一点在《关于政
治理论》一章中被明确地提到，波兰尼观察到政治科学的方法论
并没有决定对一个政体的认识[41]，恰恰相反，它促使人们发现其
中存在的潜在规则。[42] 而且，社会科学的影响力在评估领域也引
起了变化，于是，它可能会包括持续的分化过程，必将一步步地
使他们自己远离当初的内在兴趣。[43] 因此，波兰尼尝试以一种非
自我参考的姿态去分析意识的问题："各种兴趣也会以最多元的方
式相互交织在一起。每种独立的学科都会满足兴趣的某些需求，
但不会全部满足，即使全部学科也许也不会满足。"[44]

对政治理论的引用让我们进一步地思考，即波兰尼使用了一
定的西方现代性的司法—政治术语——包括政治、民主、战争与
和平以及"正是欧洲的那个思想"（the very idea of Europe）。

波兰尼深信在政治机制中一种经济必然存在并发展，同时，
他也相信，出现在自由主义这个黄金时代的自我调控市场，正是

那个时代的功能。每个社会系统的必要元素不是经济的，而是政治的。波兰尼所说的"政治的"是指——非常清楚——为一个特定领域做出选择的能力。他完全拥护现代法律的理论，在暴露了自己是个欧洲人的背景后，他使用了"民族国家"（nation-state）这个术语，甚至有时当他提到全球现象时，也使用这个术语。在1919 年的论文《当下至关重要的问题：一个回答》中，他仍然表达了对这种可能性的确信，即民族国家的边界被社会主义革命所废除了，在他后来的著作中，他好像又采取了不同的方式，在这些文章中展现的观点是从国家间的斗争到国家内部的斗争都仅仅是数量上的不同。谈到第二种斗争时，波兰尼使用了短语"内部的内战"。正如坎贾尼指出的，在施密特 1927 年出版的《政治的概念》中 [45]，施密特的朋友—敌人组合典故十分关键，即使这个短语使用在完全不同的场合中，并且同样是含有关于战争事件的描述性元素，它也并不是政治的组成部分。对于波兰尼而言，战争一直都是和个人无关的，并不体现敌对状态中的特定消极因素，他非常确认这一点，因此他举了一个不必要的战争的例子。[46] 相反，正当他在这卷中的第二部分的几个章节中进行论证时——《国际理解的本质》《和平的意义》《和平主义的根源》——战争却成了解决冲突的机制。为了消除战争，人们不得不去寻找一个新的机制来完成同样的任务。[47] 波兰尼的立场与本杰明·贡斯当截然不同，因为后者在《古代人的自由与现代人的自由》一书中这样阐述："战争完全是冲动、商业和深思熟虑。由此得出结论，商业替代战争的年代一定会来临。我们已经到达了这样的年代。"[48] 想来贡斯当不是在技术意义上来使用"商业"这个词，而更像是在指更普遍意义上的契约行动。相反，波兰尼认为战争只能由整治机制所替代。这样的一个机制是国际条约，其目的是在国际范围内防止内战问题的重写。那么，解决国家之间冲突的另一个机制便是国际条约或武装冲突。

关于"政治"的阐述，突出了人民政府与法律政府、管理者与被管理者之间的永恒矛盾。文章《公众舆论与政治才能》集中论述了一个好的统治者的责任。波兰尼认为，这样的一个人物将能够理解公众意见，并且在这样的情况中能够深层次地考虑问题——"对客观局势有一个本质上正确的评价：什么是目前的危险和未来即将来临的危险。"[49]统治力量必须面对这样的一个民族——它是他们所认定的真正的文化监护人，这个民族听从号召并承担社会责任。[50]波兰尼所说的文化是指根据生活条件现状，对文明产品的使用，因此也要与社会现实相适应，并塑造人们与社会现实相适应的生活方式。[51]在刚刚谈到的论文中，波兰尼认为罗斯福是一个伟大的政治家，在1929年的危机之后，他通过新政整治改革重新焕发了美国的生命力。事实上，他举这位伟大的政治家的例子是为了分析政治家的特点以及他与公众舆论的关系；后者是建立在知识和理解的基础之上，这两种能力都定义了什么是强大的管理才能。[52]关于管理特权，波兰尼意味深长地划了两条平行线：一条是新政时期的权力集中制，一条是在俄国与德国专制下出现的经济危机。[53]在1935年的一篇文章中，波兰尼为管理部门可能采用的紧急措施进行了辩护，展示了他对著名的谢克特统治的怀疑 [54]——认同违宪国会将重要权力授予总统罗斯福；禁止联邦做关于经济政策的决议，除了那些关于商业交换和国家间运输的政策；规定只要是违反了原则，法律和管理行为都同样是违宪的。[55] 那么，我们就不难想象，在著名的凯尔森 [56] 与施密特关于"宪法监护"之争事件（1930—1931）中，波兰尼将更愿意把那个角色分配给立宪法院，而不是德国总统（reichsprasident），即使自由立宪的概念仅仅是个假设。那么，在卡尔·波兰尼看来，"政治的"角色是什么呢？

一位政治家能够垄断舆论，且能够将大多数人的选择转化为他自己的决定，这样的做法虽然是有争议的，但必须被放置在一个更宽阔的宪法范围内进行讨论。这个讨论让我们回忆起波兰尼和米瑟斯，在20世纪20年代早期发生的一场争论，主要是基于功能主义原则的关于社会主义经济的实用性问题。[57] 米瑟斯主张工会组织主义和集体主义是不可能融合的，因为宪法形式是冲突的产品，而这种冲突只能是强者胜（for the stronger force）。此外，波兰尼认为在工会主义与集体主义之间是找不到替代品的，主要是因为，在宪法形式中，权利关系绝不能够独立于社会认同关系而存在；两者必将去寻找一个平衡。波兰尼认为，个人的经济行为是由两大根本不同的动机所决定的——一个是生产者，一个是消费者——两者在决策制定行为中汇集起来。

与这个大背景相反，政治合法性的问题及其各种形式出现了。波兰尼在概念上引用的是卢梭的观点，而不是霍布斯的观点 [58]，他研究的领域是机制维度。[59] 他所说的机制是指能够独立于法律

或者理性力量而存在的东西。然而，机制形式通常会和合法权利
结构相一致，就如同在法庭中的情形一样，是服务于保证社会和
平的目的：

> 个人从法庭存在中得到的益处（或损失）与社区（或社
> 区中的个人）从法庭存在中得到的益处（或损失）是截然不
> 同的。在这方面，个人获得了内部和平的好处，而作为一个
> 诉讼当事人，他可能会保证自己（或不得不遭受）各种各样
> 的益处（或最终的损失），这些都固有地存在于他与法律的联
> 系中。[60]

因此，波兰尼认为政治责任的目标是个人对于和平共存的追
求，人们正是在那些机制的帮助下认识到这一点的，在这些机制
中，人们是自由的，同时"无处不在枷锁中"。

波兰尼对法律和政治的思考也集中在领土的主题。除了在本
书中有三篇关于战争的文章，[61]他在1937年写了一篇关于这个主
题的文章《今日欧洲》。[62]那个作品主要是关于波兰尼对于1919
年国际联盟失败的醒悟，并聚焦于对公约中两个条款的批判：第
16条，在集体行动原则下，联盟中的任何成员都应该是侵略的对
象；第19条，对不适用的条约进行修订。他的主要控诉是在欧
洲大陆的民主国家中，目光短浅的国际法规是导致集权主义滋生
的原因之一。那些意见使他与他同时代的汉斯·凯尔森与卡尔·施
密特站在了同一队列中，这两位都批判凡尔赛条约，虽然是从不

同的角度进行批判。[63] 尤其是凯尔森，他批判了国际联盟条约中制裁体系的不足，相反，他提出创建国际法院。而施密特则批判了赔款系统，认为它与冒犯不成比例。[64] 同时，波兰尼从现代政治的传统思想中得到了启发：国家能够只在确定的边界线内存在，对这些边界的定义的分歧可以通过一两个决策制定过程得到解决：通过一条国际条约，或者，在紧要关头时，通过战争来解决。[65] 波兰尼的立场并不是简单排除哪一项——事实上，他提议了一条由国际联盟中民主与社会主义国家颁布的集体安全政策。

波兰尼认为，边界问题势必要求在国内空间与国际空间作出区分，事实上，两者是差不多的。如果没有定义边界，就不会存在任何政治形态。[66] "只要不同国家在冲突中没有共同效忠于一个更高的权力，战争就不可避免。"[67] 在此也许会有这样的想法出现，即在合理的法律权力面前，韦伯的服从纽带会把人们联合在一起。波兰尼称之为"忠诚"：[68] 由于社会是在国家中组织的，没有一些对国家的忠诚，社会功能也不可能让人满意。[69]

这个问题涉及西方的复杂问题，尤其是与布雷顿森林协定所创造的国际机会有关。如果波兰尼在 20 世纪 30 年代末关于政治的思想能够与卡尔·施密特在《政治的概念》[70] 中所表达的立场进行比较，那么他在 20 世纪 50 年代末对西方普世主义的批判则可以说与施密特的《地球的内部规则》很相像。[71] 波兰尼将西方普世的胜利归功于对政治权力的肯定。即使欧洲公法（ius publicum europaeum）的目标并不在波兰尼的思想范畴内，[72] 然而如果能为此去探索一些想法仍是很有意思的事情。卡尔·施密特的战后观点是：[73] 波兰尼把没有边界的空间定义为"空洞的"，并把英格兰的成功归因于两个因素，即国家内部的凝聚力及其外部同盟。然而，他对欧洲的民族国家与像美国这样的拥有有限权力的政治国家进行了政治区分。[74] 在这卷中关于美国的文章中，波兰尼入木三分地分析了美国的机构机制，他强调，与欧洲国家相比，美国的侵略性要小很多。波兰尼说："在美国，**政治国家**被宪法驱除到社会遥远的角落里。它只是在靠忍耐存活，而且它绝不会像欧洲国家那样尝试通过夺取政权与实力来获得生存。"[75] 因此美国社会的存在并没有政治国家的支持。事实上，美国系统与大陆模型在平等主义民主中都很重要，[76] 只要它的成果是"反对外国封建主义的**民族**革命"。[77] 美国社会中存在的社会差异——相比于英格兰——仅仅是成功的产物，而非阶级的产物。此外，由于每个人都可能遭受命运的剧烈变化，那么，统一将会通过民主手段来实现，[78] 同时排除了失去自由的风险。因此，波兰尼对欧洲是没有任何偏见的，事实上，他认为欧洲是全球危机的发源地。他的关于国家的思想也是源于对自由的思考，波兰尼是这样来描述的：

> 保障自由的具体制度，公民自由——**众多的自由**（复数）——指遵循个人良知和拥有个人信念的能力：能够辨别是非、坚持己见。虽然是属于一个社区的少数成员，但却是社区中的荣誉成员，扮演一个重要的组成部分的自由。[79]

我们所讨论的自由显然是在国家范畴内进行定义的，因为"没有地域特征的社会是不能够产生法律与秩序、安全与保障、教育与道德、文明与文化的，除非其边界是划定的，并且在划定时没有不合理的危险。"[80] 如果这是真的，那么国家就是宪法自由的担保人，然而却被理解为是一种负面的自由，同时，它也是平等形式中的社会自由担保人，当然，我们都很清楚，只有当社会能够"将劳动、生活和日常琐事的意义传达给大众时"，这样的自由才能够完全实现。[81]

波兰尼似乎既支持这样的一个景象，即欧洲国家是自由形式中的社会平等担保人，也支持一个平等主义的社会，在这里，政治国家的角色被边缘化，目的是允许个人自由地发展。对于波兰尼来说，基本的论点是关于宪法形式的活力问题，工业化以及阶级意识发展所产生的影响，也就是说，行使权力与社会觉醒的关系。在自我调控市场或价格系统的条件下，没有了国家的调控机制，自由思想即会消亡。波兰尼认为 19 世纪放任自由的资本主义导致了自由概念的腐蚀。[82] 这个猜想体现了民主这两个模型，即自由主义者与平等主义者都具有的缺陷，在 800 年到 1800 年的欧洲交替出现。[83] 虽然在谈到宪法民主形式时，两个模型是有重叠的，但是它们之间也存在很大的差异，足够使彼此相互区分："事实上，平等从来不是通过法律来实现的，而是以自由为代价，自由也不是在一个不平等的社会中得到保障的，而是以保持不平等为代价的。"[84]

波兰尼对于自由的限度的思考与他对经济决定论的批判有着交叉。[85] 波兰尼主张，自由的发展是独立于技术或者任何类型的经济组织的，因为"制度化的个人自由保障在原则上与任何经济体系都是一致的"[86]。因此，自我调控市场的现象是依情况而定的，同时，在工业民主化的进程中，整个社会政治民主的发展也是有可能的。[87]

然而，当讨论到一个社会国家的可能模型时，波兰尼更加强烈和激烈地呼吁现实主义。他坚持说：

> 人类物质存在的现实形式是在世界范围内相互依存的。人类存在的政治形式同样也是世界性的。无论是在一个世界帝国的边界内，还是在世界联盟中——或是通过征服与屈服，或是通过国际合作——如果我们的文明要继续存在，世界上的各个国家必须都进入到一个组织的怀抱中。[88]

这个论点看似是波兰尼思想的中心。实际上，战争和合作都是工具，在社会阶层的交往中、在胜利者与战败者中、在有产阶级与无产阶级中，都能够不加区分地进行使用。两者都是一种形式，通过它们，个人和社会之间可以变得相容或者发生矛盾。

资本主义与民主的联系，经济与政治之间的相容性，两者是相关的。放弃民主形式必然会影响人类关系的多样性，更为普遍的是，会影响到社会存在的表现形式。不可避免地，民主的范畴必须具有较强的包容性；民主不能只惠及一些人，而不惠及其他人。那么，政治就必须顺应物质存在的现实，[89]而非相反，就如同法西斯政权的抬头一样。[90]政治的角色不能只是允许风险去产生一些不可控制的影响。事实上，如果这种情况发生了，现代理性将不可避免地因为市场的无法预料而中立，而不是完成对付风险这个主要任务。[91]

在这个过程中，无论是在国家法，还是在国际法中，冲突[92]的概念都表现了宪法形式的中心内容。[93]借鉴波兰尼的观点，约格斯为一个三方观点进行辩论，他所谓的"冲突法则"——这个冲突的来源是，在一个多层次系统中制定机制决策的多样性——正如今后国家的事物——在十分不同的监管系统中仍可操作的规范；国际条约的实施；将非政府行动者包括其中。[94]

波兰尼在有生之年并没有亲眼见证权利（rights）的商品化，[95]这正是他假定的经济再整合工具的形式之一。他也没能看到 20 世纪 70 年代社会民主的衰败，在这个年代，国家开始将管理事务授权给非正式权力。[96]然而，他却见证了 1944 年布雷顿森林会议后，一种国际合作的发展。其目标是为了避免在世界大战中遭受毁灭，而为资本主义看不见的手的操作留下大量空间[97]——通过关税及贸易总协定，这个项目很快就在 1947 年得到了颁布。在同一时期，马歇尔计划之后，他看到欧洲创立了相似的体系，也促进了 1949 年欧洲煤钢联营的创建。正如波兰尼在《为了一个新西方》中所写到的一样，在这本书被命名之后，西方面临的挑战是去发起一个真正的文化革命——一个挑战堕落体系的革命，在这个体系中，科学、技术和经济组织有着不可控制的维度。这种现象的根源可以追溯到 19 世纪，当时，自由资本主义将其自身与代表性民主分离。[98]抑制一个不受约束的发展意味着以牺牲效率为代价，来换取人性，也就是民主的社会统一。[99] 波兰尼坚定地相信社会再统一的可能性；而他也同样意识到，哪怕仅仅是立法的干预，都存在其内在的限制。在他对市场经济的到来及其危机进行批判分析时，这种觉悟就很清晰地表现出来过。将他的思想与当前事件进行对比，我们可能会推断出，虽然法律可能很重要，但是它们并不能自动地通过自己去保障"一种对未来足够稳定的展望，如允许奠定人类性格的基础并且抚养新的一代"。[100] 那种保障必须是来自比法律更为强大的东西，波兰尼将其称之为我们共有文化中的内在价值，即在我们建立一个社群的行为过程中，作为一个集体共有的、包容性强的存在的项目。[101] 没有文化的法律可能会是无力的，但最重要的是，它们存在这样的一个风险，即在社会中并不能发挥一种综合的功能。

波兰尼的思想打开了人们思考的匣子，这也许会吸引法学教授，又或许会引起他们的疑惑。文化和金融危机牵涉到人类的生活，而并非"安排"了生活，在这样的情况下，这些作品让我们不会忘记"被遗忘的人"[102] 以及他在世界范围内的思想演变。

注释:

[1] 米歇尔·甘贾尼，杰罗姆·莫库朗，《引言》，《卡尔·波兰尼随笔》（巴黎：塞伊出版社，2008），9—46 页，9—11 页。

[2] 重建作者传记中的主要部分，见卡尔·波兰尼·莱维特和玛格丽特·门德尔，"引言"，卡尔·波兰尼，《一个复杂社会中的自由》，由阿尔弗雷德·佐佐野编辑（都灵：Bollati Boringhieri 出版社，1987），xix-xlix.

[3] 卡尔·波兰尼,《作为一个社会主义者的卡尔·波兰尼》《人性,社会与承诺: 关于卡尔·波兰尼》(蒙特利尔,加拿大:黑玫瑰书籍,1994),115—134 页。

[4] 关于嵌入性概念,见米歇尔·甘贾尼,《经济与民主:卡尔·波兰尼的观点》 (帕多瓦:Il Poligrafo 出版社),58 页。

[5] 波兰尼思想与涂尔干将社会事实看做"外部强迫"的概念不同,见爱米尔· 涂尔干,《社会学方法的准则》(纽约:自由出版社,1966),11 页;对于波 兰尼来说,社会事实由其效应的范围所证实:见卡尔·波兰尼,《关于我们 的理论和实践的新思考》,出自波兰尼,《复杂社会里的自由》,59 页。

[6] 布罗尼斯拉夫·马林诺夫斯基,《西太平洋上的航海者:关于美拉尼西亚 新几内亚群岛的本土企业和冒险的一个叙述》(伦敦:路特雷奇出版社, 1932),350 页,392—394 页。

[7] 马塞尔·莫斯,《礼物:古代社会交换的形式和原因》(伦敦:路特雷奇出版 社,2002;虽然波兰尼的作品中很少引用马塞尔·莫斯)。

[8] 见本书第 18 章,《消逝的恐慌和社会主义的前景》。

[9] 关于这一点,见阿曼达·佩里卡萨利斯,《通过一个社区镜头阅读法律与嵌入 的故事:一种波兰尼遇到科特雷尔式经济社会学的法律》,北爱尔兰法律半 月刊,62.4(2011),401—413 页,410 页。

[10] 见本书第 19 篇,《关于现代转型的五个讲座:19 世纪文明的消逝》。

[11] 卡尔·波兰尼,《论自由》《大转型》:文章与条款(1920—1945),由米歇 尔·甘贾尼 、卡尔·波兰尼·莱维特、克劳斯·托马斯伯格森编辑,第三卷, 马尔堡:大城市出版社,2005,137—164 页,145 页。

[12] 卡尔·波兰尼,《大转型》(波士顿,马萨诸塞州:灯塔出版社,1957), 77—85 页。

[13] 见加里斯·戴尔、卡尔·波兰尼,《市场的限制》(剑桥:政治出版社, 2010),85 页。

[14] 众所周知,它是由一个针对穷人的资助体系组成的,旨在补贴他们的工资, 它建立在按面包价格的变化而进行增减的基础上,它的目标是确保一个最 低工资,见波兰尼,《大转型》,78 页。

[15] 关于这一点,见亚历山大·埃布内,《转型市场和波兰尼问题》,由克里斯 坦·约格斯与约瑟夫·法尔克编辑,《卡尔·波兰尼》《全球化与跨国市场法律

的潜力》（牛津：哈特出版社，2011），19—41页。

[16] 在这个方面，很有必要考虑萨比娜·费雷里奇提出的观点，《再次嵌入新自由立宪主义：法律经济社会学的波兰尼式案例》，约格斯和法尔克编辑，《卡尔·波兰尼》，65—84，81页："首先，批判的波兰尼视角必须解构哈耶克式的、将法律嵌入经济合理性的做法，其次，必须重建作为一种社会制度的法律，它同时反映其他社会领域的合理性和价值。"

[17] 波兰尼，《大转型》，33—42页，关于这个主题，参照亚历山大·埃布内的仔细分析，《波兰尼的关于福利国家的公共政策嵌入、商品化以及制度性动力主义》（大学授课资格论文，政治经济研究院，埃尔富特大学，2008），44页。

[18] 波兰尼，《大转型》，92页："伴随着农业方法的大跃进，无论是普通人的圈入还是紧凑股权的固化，都十分让人感到不安。关于村舍的战争、村舍花园及土地的吸收以及对普通人权利的没收剥夺了村庄产业的大量主要支柱：家庭收入和农业背景。"

[19] 见本书第9篇，《未来民主英格兰的文化》。

[20] 波兰尼，《大转型》，139页。

[21] 关于这一点，见埃布内，《跨国市场和波兰尼问题》，23页。

[22] 波兰尼，《大转型》，69页。

[23] 波兰尼，《大转型》，69—71页。

[24] 波兰尼，《大转型》，141页。

[25] 见本书第18篇，《恐慌的消逝和社会主义的前景》。

[26] 波兰尼，《大转型》，250页。

[27] 同上，250页。

[28] 见本书第20篇，《关于当今转型时代的五个讲座：走向和谐社会的趋势》。

[29] 见本书第14篇，《经济通史》。

[30] 卡尔·波兰尼，《经济作为制度性过程》，卡尔·波兰尼，康莱德·M.阿伦伯格和哈里W.皮尔逊编辑，《早期帝国格伦科的贸易和市场》，IL：自由出版社，1957，243—269页。

[31] 在这些作品中，波兰尼面对着变迁的社会主义经济的持续性问题，这种经济是自由资本主义的另外一个选择。从法律对生产成本造成的影响出发，再经由他所定义的"干扰效应"和"框架效应"，波兰尼尝试去展示在一

个社会主义经济的功能模型中，社会生产分配具有将"干扰效应"抵消的优势，相反，在资本主义经济中，它将使成本原则无效，因为在那种情况下，成本将是由社会本身制造的产物，它们只是影响生产过程。因此，社会主义经济将不会否定成本原则，并为生产和社会成本确保独立的运算。这种类型的经济在功能上是一种有组织的社会主义经济，生产和社会成本在负责生产的社群和协会中达成了一致，它们能够以同盟或者生产合作社的形式呈现。见卡尔·波兰尼，《社会主义的会计》，26 页，28 页，《社会与社会主义会计的功能理论》44 页，在波兰尼，《复杂社会里的自由》 10—41 页，42—51 页。同样见波兰尼，《论自由》，141 页，这里他讨论了由卡尔·马克思在《政治经济学批判大纲》中所表达的立场，卷 1.1 与卷 2 第一章，Book Ⅰ。想要更加深入地学习波兰尼和马克思之间复杂的关系，见坎贾尼，《民主经济》，71—78 页。

[32] 波兰尼，《社会主义的会计》，22 页。

[33] 詹多米尼克·贝齐奥，《波兰尼和奥地利市场愿景》，工作论文，2002 年 3 月，经济系，都灵大学，6 页，网址：http://www.cesmep.unito.it/WP/3_WP_Cesmep.pdf（2014 年 4 月 1 日获取）。

[34] 关于这个主题，见波兰尼，《社会主义的会计》，《社会与社会主义会计的功能理论》，《关于我们的理论和实践的新思考》，都出自于波兰尼《复杂社会里的自由》。联系到他 1919 年的论文，值得我们深入研究的是，理想的社会主义劳动产品再分配模型将通过市场建立起来，其基础是需求。而 1922 年关于社会主义职责的文章讲到了共产主义的一个替代物，它预测了以工人生产力为基础的商品再分配，由"社会法"所更正，并连接到最小需求。

[35] 见本书第 16 篇，《当下至关重要的问题：一个回答》。关于所谓的经济"内部视野"，参照波兰尼，《关于我们的理论和实践的新思考》，56 页。

[36] 关于由资本主义和农业关系所产生的复杂问题，这是波兰尼也明确意识到的，见保罗·曼托斯，《十八世纪的工业革命：英格兰现代工厂系统开端的概述》（伦敦：乔纳森海角出版社，1951），217 页。

[37] 见本书第 16 篇，《当下至关重要的问题：一个回答》。

[38] 见本书第 11 篇，《如何利用社会科学》。

[39] 关于这一点，波兰尼明确指的是罗伯特·林德，《知识是为了什么? 社会科

学在美国文化中的地位》（普林斯顿，新泽西州：普林斯顿大学出版社，1939，21 页。

[40] 关于"与生俱来的兴趣"的概念，见本书第 11 篇。

[41] 这篇论文大部分都是出自爱米尔·涂尔干，《社会学作为一门科学的领域》，《社会力量》，59.4（1981），1054—1070 页，1062 页："当把所有元素结合起来时，聚合物中出现了一种新的现实，展现了完全崭新的品质，有时这些品质与那些在它们的构成元素中所观察到的截然不同。"

[42] 见本书中的第 12 篇，《关于政治理论》。

[43] 这里浮现的可能是格奥尔格·齐美尔造成的文化影响，1980 年，他对社会差异化这个观点进行了详细的论述（格奥尔格·齐美尔，《论社会差异》《社会学及心理学研究》，莱比锡：邓克和洪堡，1890）。事实上，当波兰尼遇见格奥尔格·卢卡奇后，也就是齐美尔的学生，同时也是匈牙利伽利略圈的一员，他希望对差异化的概念进行详述；见加里斯·戴尔，《在布达佩斯的卡尔·波兰尼：关于他的政治与智力形成》，欧洲社会学档案，50.1（2009），97—130 页，97 页。差异化概念在波兰尼的思想中扮演着十分重要的角色，导致今天甚至是在法律文章中，也经常会被提及：见莫里兹·伦纳，《跨国经济宪政》，约格斯与法尔克编辑，《卡尔·波兰尼》，419—433 页，421 页。

[44] 见本书第 12 篇，《关于政治理论》。考虑到科学与知识之间的关系，如果去细致研究与凡勃伦的关系将会是很有意思的事情，波兰尼经常引用他；见托斯丹·凡勃伦《科学在现代文明中和其他论文中的地位》（纽约：B.W.Hübsch，1919），10 页："在知识系统思维中制定决策的思维习惯是由生活中令人印象深刻的事件所培育的，是由居住社区的制度化结构所培育的。"

[45] 卡尔·施密特，《政治的概念》（芝加哥：芝加哥大学出版社，2007），27—29 页，33 页，其中，他讲道："（战争）是敌意最极端的后果。"同样，见米歇尔·甘贾尼，《公民与对外政策·前言》，卡尔·波兰尼，《欧罗巴 37》，米歇尔·甘贾尼编辑，（罗马：唐泽利出版社，1995），ix–xxii, at pp. xvii–xix.

[46] 见本书第 6 篇，《国际性理解的本质》。

[47] 见本书第 6 篇，《国际性理解的本质》。

[48] 本雅明·康斯坦特，《远古人与现代人的自由之比较 》[1819]，见

网　页 http://firstsearch.oclc.org.ezproxy.lib.indiana.edu/WebZ/
FSPage?pagetype=return_frameset:sessionid=fsapp7-48372-
hp6zr25u-nzafqe:entitypagenum=5:0:entityframedurl=http%3A%2
F%2Foll.libertyfund.org%2Ftitle%2F2251:entityframedtitle=Worl
dCat:entityframedtimeout=20:entityopenTitle=:entityopenAuthor=:
entityopenNumber=:（accessed December 14, 2013）.

[49] 见本书第 13 篇，《公共舆论与政治才能》。

[50] 波兰尼关于文明的理念与爱米尔·涂尔干的相互呼应，《社会中劳动力的分
界》（纽约 / 伦敦：自由出版社 / 考利尔·麦克米兰出版社，1933）。

[51] 见本书第 9 篇，《未来民主英格兰的文化》。

[52] 想要内省式地观察公共舆论，见卡尔·波兰尼，《存在与思考》，《大转型》：
文章与条款（1920—1945），米歇尔·甘贾尼和克劳斯·托马斯伯杰编辑，第
一卷，马尔堡：大都市出版社，2002，203 页。

[53] 见本书第 14 篇和第 17 篇，《经济通史》和《现代社会中的冲突哲学》。

[54] 在 1935 年 7 月 20 日的一篇文章中，波兰尼公开宣称美国宪法的本质并不
仅仅是权力的分离，而是总统与议会的真正宪法分离，它们在宪法中的替
代物处于相互监督的地位：总统将一直被怀疑想要得到绝对的权力，而相
反，议会将被怀疑要得到特殊的利益，或是怀疑选民（如果他们本身不是
议会成员）损害集体利益。宪法保证了两者将牢牢处在一个相互监督的位
置。宪法的每一行字都表达了对国家、对任何一种宪法权利的深厚厌恶，
这些都表明了制宪之父们在本质上都是无政府主义者。禁止国家元首和立
法的一致意在保护个人的自由。正是这个目的解释了类似执法与立法部门分
离这样的截然不同的措施。卡尔·波兰尼，《宪法斗争中的罗斯福》，《大转
型》，卷 1，264—270 页。

[55] 见卡尔·波兰尼，《多元文化熔炉中的美国》，《大转型》，卷 1，271 页。

[56] 见汉斯·凯尔森，《谁是宪法的保障者？》，司法机构，6（1931），576—
628 页。

[57] "只有当最后的决议是依赖于宪法承认的制度时，这种宪法形式才是切实
可行的"（波兰尼，《社会的功能理论》45 页）；若要更深入地观察，见波
兰尼与米泽斯之间的辩论，对于宪法形式的参考，见贝奥奇，《波兰尼和
奥地利市场愿景》，8 页。

[58] 卡尔·波兰尼，《让 - 雅克·卢梭，有可能存在一个自由的市场？》，在他的《复杂社会里的自由》，68 页；波兰尼，《论自由》，146 页。

[59] 如从全球视野来看，见马尔科姆·卢瑟福，《战争之间的制度主义》，经济问题的杂志，34.2（2000），291—303 页，298—301 页；格伦·摩根和西格丽德·夸克，《作为管理制度的法律》，格林·摩根、约翰·L、坎贝尔、科林·克劳奇、理查德·惠特利编辑，《制度化对比分析手册》（牛津：牛津大学出版社，2011），275—308 页，279 页；艾伦·G·格鲁希，《制度化经济的现状：运动对传统科学产生的有限影响归因于对一般理论的不统一和冷漠》，美国经济学与社会学期刊，41.3（1982），225—241 页，228 页。

[60] 见本书第 7 篇，《和平的意义》。

[61] 见本书中的第 6 至第 8 篇，《国际性理解的本质》、《和平的意义》、《和平主义的根源》。

[62] 卡尔·波兰尼，《欧罗巴 37》，米歇尔·甘贾尼编辑（罗马：唐泽利出版社，1995）。

[63] 汉斯·凯尔森，《凭借法律寻求和平》（查珀尔希尔：北卡罗来纳大学出版社，1944）。

[64] 卡尔·施密特，《欧洲公法中之国际法的大地之法》（纽约：泰勒斯出版社，2003）。

[65] 见本书第 7 篇，《和平的意义》。

[66] 见菲力普·迪力巴尔，《对开明资本主义的检查》，科林·克劳奇和沃尔夫冈·斯特里克编辑，《现代资本主义的政治经济：映射收敛性和多样性》（伦敦：赛吉出版社，1997），161—173 页。

[67] 见本书第 7 篇，《和平的意义》。

[68] 波兰尼没有排除那种自愿主义的可能性，在理想化的条件下，这种自愿主义应该来源于社会合作的动机；见他的《论自由》，146 页。

[69] 见本书第 6 篇，《国际性理解的本质》。

[70] 同注释 [45]。

[71] 施密特，《欧洲公法中之国际法的大地之法》。

[72] 卡洛·加利，《政治图谱：卡尔·施密特和现代政治思想的危机》（博洛尼亚：il Mulino 出版社，1996），927—936 页。

[73] 卡尔·施密特，《陆地和海洋》（华盛顿：普鲁塔克出版社，1977）。

[74] 见本书第 10 篇,《维也纳和美国的经验:美国》。

[75] 同上。

[76] 见本书第 17 篇,《现代社会中的冲突哲学》。

[77] 同上。

[78] 见本书第 10 篇,《维也纳和美国的经验:美国》。

[79] 见本书第 3 篇,《经济史与自由问题》。

[80] 见本书第 6 篇,《国际性理解的本质》。

[81] 卡尔·波兰尼,《民主经济》(1932),在他的《复杂社会里的自由》, 65—
    69 页。

[82] 见本书第 2 篇,《经济学与塑造我们社会命运的自由》。

[83] 见本书第 17 篇,《现代社会中的冲突哲学》。

[84] 同上, 146 页。

[85] 卡尔·波兰尼,《谈经济决定论信仰》(1947),在他的《大转型》,卷 3,
    325—334 页。

[86] 见本书第 14 篇,《经济通史》。

[87] 见本书第 17 篇,《现代社会中的冲突哲学》。

[88] 见本书第 8 篇,《和平主义的根源》。

[89] 波兰尼,《论自由》, 141 页:"'资本'和'价格'看起来只是主宰了人类;
    真实发生的情况是一些群体的人们正在主宰其他群体。"

[90] 见本书第 17 篇,《现代社会中的冲突哲学》。

[91] 见卡洛·加利,《政治空间:当今时代与当今世界》(博洛尼亚:Il Mulino
    出版社, 2001), 165 页。

[92] 为了与齐美尔的冲突概念进行对比,见格奥尔格·齐美尔,《争执》,在他的
    《社会学:社会化形式研究 》(莱比锡:邓克和洪堡, 1908), 186—205
    页。

[93] 多样化的主题在法律和经济中出现;关于这一点,见科林·克劳奇和沃尔夫
    冈·斯特里克,《现代资本主义中的政治经济导论:资本主义多样化的未来》,
    16 页。

[94] 克里斯坦·约格斯,《作为后国家集群法律范式的新型冲突法律》,约格斯
    和法尔克编辑,《卡尔·波兰尼》, 465—501 页, 501 页。

[95] 为了能够更加精确地分析法律"对于市场霸权"的影响,见斯坦方诺·洛

多塔，《享有权利的权力》（罗马 - 巴里：La terza 出版社，2012），也见萨瓦多雷·塞迪，《人民行动：公民的共同利益》（都灵：Einaudi 出版社，2012），3—228 页。

[96] 尤尔根·哈贝马斯，《后国家集群和民主的未来》，在他的《后国家集群：政治论文》（剑桥，马萨诸塞州：麻省理工出版社，2001），58—112 页。

[97] 露奇安娜·卡斯塔琳娜，《欧洲五十年：一种反英雄的阅读》（都灵：Utet 出版社，2007），29 页。

[98] 见本书第 19 篇，《关于当今转型的五个讲座：19 世纪文明的消逝》。

[99] 想要了解关于东德这个例子中的视角，见克劳斯·奥菲，《由民主设计而来的资本主义？民主理论在中欧东部面临着三重转型：东欧和东德的经历》（剑桥，马萨诸塞州：麻省理工出版社，1997），35 页。

[100] 见本书第 20 篇，《走向和谐社会的趋势》，同样见涂尔干，《社会中劳动力的区分》。

[101] 关于文化和宪政主义的关系，见彼特·哈埃伯勒，《宪法理论的学术研究》（柏林：邓克和洪堡，1998），117 页，584 页，1066 页。

[102] 富兰克林·德拉诺·罗斯福，《被遗忘的人的演讲》，1932 年 4 月 7 日在纽约奥尔巴尼的广播讨论，在《富兰克林·德拉诺·罗斯福的公共报纸和演讲》，卷一：《新政的起源》（纽约：兰登书屋集团公司，1928—1932），624 页。

译后记

　　卡尔·波兰尼（Karl Polanyi，1886—1964）作为出生于奥匈帝国维也纳的政治经济学家、社会科学家，一直被公认为 20 世纪最具原创性和辨识力的学者。这本书收集的 20 篇论文，既有散见于不同语种报刊上的论文，也包括不少他生前从未发表过的大学授课提纲和在不同场合演讲的手写讲稿。这些尘封多年的档案和部分残缺不全，甚至难以辨认的纸质手稿，与他最著名的专著《大转型》和后期作品《早期帝国的贸易与市场》相比，也被称作"亚文本"。包括书信、手稿、传记和自传在内的"亚文本"研究是近期学术界越来越重视和着力发掘的研究对象。因为对于一位像卡尔·波兰尼这样特立独行、跨界多学科的学者而言，能够阅读这些"亚文本"，就如同被允许走进他的私人书房和隐秘心房，获得一种前人未能有过的特权，去更细致深入地观察审视他的思绪轨迹和灵感曲线，尤其是他的主要视野所及区域和思想火花的不同源发点、伸展方向和持续递进的不同思考路径。

　　卡尔·波兰尼的学科背景是极其丰富的，他对政治、经济、法律、历史、伦理、文化、考古、教育、科学技术、自然科学和社会科学的研究方法等等，都具有浓厚的兴趣和独到的见解，而且更重要的是，他不拘一格、贯通学科的才气和学术特征更是让后人常读常新、感慨惊叹。所以，这本书中的文章，一是有同是经济学家的波兰尼的女儿和两位意大利著名学者极为精彩的引荐和导读，二是只能用问题式而不是学科式的方法进行择取和归类。由于本书入选的很多文章仍带有即兴发挥和匆忙记录的作者"自用"特点和"现场"气息，相信热情的读者一定会在这些论文、讲义和手稿中读出卡尔·波兰尼奋笔疾书时的兴致勃勃和思绪喷涌，同时也就更易被带动起自身对波兰尼所涉广泛议题的更多思考和灵感触动。

关于波兰尼的生平和家族背景，现代管理学之父彼得·德鲁克（Peter F. Drucker，1909—2005）的自传《旁观者》（1979）[1]有过精彩描述。同样出生于维也纳，之后移居美国的彼得·德鲁克家族与波兰尼家族有着深厚情谊，他和卡尔·波兰尼更是生活和思想上相互支持和经常切磋的"密友"。在《旁观者》中德鲁克写到他们1927年因为《奥地利经济学家》的一次编辑会议第一次相遇时，波兰尼作为副总编辑的工资收入相当可观，但是他们一家却住在一栋孤零零的出租旧公寓的顶楼，虽然那天波兰尼热情邀请德鲁克共进"圣诞大餐"，但是"这真是我这一生吃过的最难以下咽的食物"。当德鲁克询问为何不用波兰尼的工资补贴一下家用时，那食之泰然的一家四口，包括丈母娘（一位上了年纪，守寡的匈牙利女伯爵）和他们尚且年幼的独生女，都说"这种事我们可没

干过"。波兰尼夫人还严正地说："我们可不属于'大部分的人'，
我们是头脑清楚的人。维也纳到处都是匈牙利难民，不是为了逃
离迫害，就是躲避其后的白色恐怖。好多人都无法赚钱谋生。我
先生有能力赚钱，因此把他的支票全数捐出，帮助其他贫苦的匈
牙利人，这是理所当然的事。至于我们所需的生活费，只要他再
设法赚一点就可以了。"

　　德鲁克随后写道："卡尔·波兰尼在家里五个孩子中排行第四，
父母一样不是等闲之辈。这一家人是我所见所闻中最了不起而且
成就最为惊人的，每一个都非常成功而且深具影响力。但是，最
叫人叹为观止的，还是他们全家人，起自维多利亚时期的父亲，
乃至卡尔和他的小弟迈克尔，也就是 19 世纪 60 年代的那一辈，
都致力于超越 19 世纪，找寻自由的新社会：一个既非中产阶级，
也非属于自由派的，欣欣向荣而不为经济所操控的，公有共享且
不是马克思集体主义的社会。他们一家人，包括做母亲的，虽然
都有自己的一条路，目标却是一致的——让我想到朝着不同方向
行进，追寻同一个圣杯的圆桌武士。每个人都找到了'答案'，也
明白这并不是惟一的解答。从世俗的标准来看，我的确没见过比
他们更为成功的一家人（虽然他们因没能达到自身的期许，而自
认是彻底的失败者）。我也没见过有谁像他们一家人那样充满着生
命力，有趣，而且精力充沛。在我和他们一家四五个人接触之后，
发现卡尔尤为其中的佼佼者，他不但最让人好奇，而且是家中最
有活力的人。"

　　正如德鲁克所言，卡尔·波兰尼家族的大人和孩子都是"最特

别和最富有才华的"。父亲老波兰尼不仅年轻时就是匈牙利的游击队指挥官，而且后来在土木工程和铁路修筑方面享有盛名。比他年轻20岁的妻子塞西莉亚是一位信奉无政府主义、敢做敢说的俄国女伯爵，两人对子女的教育都不仅极其严格、定向定位，而且方法奇绝、不吝财力。大哥奥托·波兰尼和父亲一样成了工程师，后来在意大利接手一家几近倒闭的机械制造厂，让其起死回生，并成为日后著名汽车公司菲亚特（Fiat）的主要供应商之一。作为企业家的奥托也是非常忠贞的马克思主义者，曾梦想在未来建立一个所有阶级都能和解的理想社会。老二阿道夫·波兰尼后来是巴西顶尖的工程顾问，并想在巴西建立一个不同于欧洲"堕落资本主义"，而且多种族都能真正融合的新社会。老三是女儿穆希·波兰尼，20岁时曾是匈牙利民族运动之星，撰写的政论文章影响甚远，遍及多瑙河盆地，直至巴尔干半岛和克罗地亚。她倡导的民族运动和农业合作运动，据德鲁克说，为世人所知的铁托、以色列集体居民组织"基布兹"、德国社会学和经济学家奥本海默等都是受到了她的思想影响。

老波兰尼家中最小的是迈克尔，与老大奥托相差近20岁。然而他也是波兰尼家中极出名的一个，因为他不到30岁时就在柏林当爱因斯坦的助手，在20世纪20年代还一度是诺贝尔奖的候选人。在第二次世界大战期间，他突然从物理和化学转向科学哲学。如同他所有的家人，迈克尔也特别关心社会和社会化的过程，并创立了意会认知（默会知识）理论和人文科学观。他的学说颠覆了传统客观主义科学观，把"人"作为科学参与的主体，使科学具有更全面完整的形象，在近代西方科学观的转型中起着至关重要的作用。他最著名的作品是《超越虚无》（*Beyond Nihilism*）。而他的儿子约翰·波兰尼，出生于柏林的犹太裔加拿大化学家，于1986 年获得了诺贝尔化学奖。

排行老四的卡尔·波兰尼生前并未得到太多赞誉，反而如那个时代很多杰出的东欧知识分子一样，命运多舛。他从小受到良好的教育，曾拥有布达佩斯大学哲学和法学博士学位并取得过律师资格。1924—1933 年，波兰尼在维也纳任著名的《奥地利经济学家》杂志社副总编辑和专题分析编辑，发表过很多不同专题的政治和经济论文，包括知名的《论法西斯主义的本质》。后因希特勒法西斯主义势力渐起，他被迫移居到伦敦，靠执教谋生；并继续从欧洲动身去加拿大和美国，作一些关于国际形势和国际关系的巡回演讲。后在"密友"德鲁克的推荐下，他获得了洛克菲勒基金会的资助，于 58 岁之际完成了巨著《大转型》（*The Great Transformation—The Political and Economic Origins of Our Times*，1944）。同一年，英国经济学家和政治哲学家哈耶克也出版了其划时代的作品《通往奴役之路》（*The Road to Serfdom*）；差不多也是同一时期，德鲁克完成了他最得意的代表作《工业人的未来》（*The Future of Industrial Man*，1942）。不过对波兰尼而言，即便出版了个人专著，也仅获得哥伦比亚大学非全职的经济学教员（adjunct professor）的职位，讲授经济史课程并主持经济增长制度因素的跨学科研究课题。波兰尼晚年出版了《早期帝国的贸易与市场》（与 A. 罗特施泰因合作，1957），并创办了经济学和政治学比较研究的跨学科杂志《共生》，专注于研究文化差异、改善人类生活状况和促进世界和平。波兰尼夫人后来对人们回忆说："直到死神来临的前夜，卡尔还一直在伏案工作着。"

在更加现实主义和更认同工业社会的德鲁克看来，写作《大转型》的中年波兰尼，与写作《早期帝国的贸易与市场》的晚年波兰尼，已经是两个人了。60 岁之后，"他还是喜欢预测新闻背后的'真相'，聪敏和思绪的错综复杂，一如往昔。然而，在政治方面，他现在感兴趣的，并非世界强权之争，而是哥伦比亚大学教授之间深层的权力斗争与权谋。他还是常常谈到寻找'另一个选择'，以及人类自由和经济发展如何取得和谐。每一次，在对原始文化或古文化进行新的研究计划时，他还是期待能从中找到心目中的那'另一个选择'。然后，差不多有几个星期，他又充满青春的活力与热忱。但接着又转向古物研究、细枝末节、文本批评和版本修订等'学究'工作。以前，他可能过于大而化之，但是慢慢地，他变得只会追逐注脚。"

虽然德鲁克和波兰尼是生活和思想上的"密友"，但是波兰尼在人类社会设想上的追求的理想主义精神和在学术上渴望的独立性和原创性，显然是不能只由德鲁克来评价的。不过德鲁克把波兰尼个人前后思想的"大转型"，看成是整个西方知识分子的一类集体宿命，是值得后人沉思的。德鲁克在自传中写道："重要的并不是他们的生平事迹，而是他们的理想和挫败。他们家每一个人都极有成就，却没有达成理想。他们都相信经由社会得到的救赎，最后却放弃了社会，而深深失望。波兰尼这一家，尽管天赋过人，却只是些有趣的小角色。重要的是，他们的挫败象征着近 200 年来，自从法国大革命以来（即使不是从更早 100 年的霍布斯和洛克算起），西方人追寻的落空，亦即追寻一种完美的'公民宗教'，或是追寻一个十全十美的，或是完善的社会，却不得其果。我则愿意以一个充裕、能让人忍受且自由的社会取而代之，也就是我在《工业人的未来》一书中提到的。卡尔从前批评这是一种懦弱的妥协，嗤之以鼻。然而，这么一个社会也许是我们所能希冀的最好的一个。我们可以借着付出一点代价，亦即借由市场的分裂、分隔和疏离来维系自由。为了个人，冲突、冒险以及走向多元化等代价也是我们可以付出的。在这样一个社会或许我们可以小恶，而不以大善为主要的考虑。这可能指社会以及人间善恶诸神已成为次要，社会组织也不再重要，正如'完美的宗教'在日渐凋零的社会时代里一样，已不再引起争议。在'完美的社会'这种观念仍主宰一切的今天，要追寻这种社会，可能会使我们的世界陷于无法容忍，完全失去自由，或是引发自我毁灭的战争——这些听来可能还很遥远。鉴往知来，在 16 世纪末期与 17 世纪初，整个世代最杰出的思想家无法在天主教和新教间找到合成的可能性，他们的失败预示了 50 年后'完美的宗教时代'的结束。因此，波兰尼这一门英杰寻觅的超越资本主义和共产主义的另一个选择，最后遭到失败，也许就是预示了'完美的社会时代'（the Age of the Infallible Society）的结束。"

由此可见，波兰尼的主要经济思想，一方面与哈耶克、德鲁克是有重大分歧的，另一方面，他们的思想和关注其实也有诸多共同性；更重要的是，正如本书书名《新西方论》所标明的，他们都不仅关心眼前欧洲经济危机或旨在解决当下急迫问题，而且都还特别关心西方未来文化的健康正常和自由平等的西方理想如何能够维护与保障，他们都对世界发展有着和平共享前景，共同承担着强烈的社会责任感和鲜明的人文精神，这在本书第一部分的前两篇和第四部分的五个篇章中都有激情论述。在这些篇章中，细心的中国读者一定会发现，一方面波兰尼被广泛认可为"马克思主义者"或"社会主义者"，另一方面，在他的具体问题论辩中，他自认与马克思本人一样，只追求真理、不承认"主义"。针对那些复杂尖锐、众说纷纭的重大命题，波兰尼总是渴望超越一切"主义"和"本本"，单刀直入问题的实质，由此，他也被学术界誉为社会科学研究模式"大转型"的杰出代表。

其实，卡尔·波兰尼和迈克尔·波兰尼两兄弟在生活中是交谈很多，观点和方法都互鉴和分享的学者，他们都学跨文理"两种文化"，都是怀揣理想主义的西方著名社会活动家。在本书第三部分的前两篇文章中，波兰尼专门讨论了自然科学与社会科学的差异和共性，并对如何利用社会科学来改革人类社会和建设理想未来，进行了研究方法的研究和思考。他强调了每一种方法的有效范围和局限性，从而强调社会科学研究一方面要强调科学方法和社会建设实践上的可利用性，另一方面又一定要警惕方法的局限性，要追求科研思路和方法的开放性和兼容性，尤其是围绕个人主观兴趣来自然而然地混融不同学科方法。这与迈克尔·波兰尼的意会认知（默会知识）理论明显是相通的。迈克尔·波兰尼认为：

"人类的知识有两类。"通常被描述为知识的，即以书面文字、地图和数学公式加以表述的，而未被表述的知识，是我们在做某事的行动中所拥有的知识。前一种为明确知识，后一种为默会知识。默会知识相对于明确知识而言具有原则上的优先性。教育和科研都应该鼓励人们意识到两种知识的存在方式及相互影响，尤其是要关注默会知识的显性化和掌握默会知识的获得方式。从这个视角看，卡尔·波兰尼之所以强调经济不仅是物质供需的市场机制，经济也是一个制度化的过程，正是因为他看到包括"经济"在内的人类社会活动长期积累了很多共同经验和"默会知识"，它们一直在逐渐分头并进地"制度化"——包括外在的体制和政策，也包括"隐性"制度和社会共同价值的模式化、礼仪化和社会化（内化于心）。所以经济研究不能过分强调科技逻辑和数据分析，更要加上对漫长人类文明历史和缓慢社会规范变迁的深度细致认识和对多元文化传统的尊重和传承。

　　关于古代文明史上的经济信息认知，卡尔·波兰尼是做出过超前一步的突出贡献的。他在本书第三部分的《经济通史》和《古代的市场因素和经济计划》中，都尖锐而又敏感地点出了现代经济学对历史学、人类学、文化研究的傲慢与无知，批评现代标准经济学教材对人类文明史上各种传统经济信息的忽视与冷漠。在他看来，诸如古代经济史上以不同文化差异为背景的社会统治和人际关系协调方式，都充满了家族、族群、城邦和社区间的人际互惠、产品再分配和大家庭经济自营的丰富经验和智慧，它们向我们现代人展示了"市场经济"不过是整个社会文明中的一个有机环节，人类的政治、经济、社会、文化等各方面的密不可分、彼此配合，理念开放、追求和谐，应该是现代文明发展的必要参照和未来希望所在。

对于波兰尼思想的研究，国内目前是成果非常丰硕的。尤其是经济学和社会学以及少量政治学领域的学者，已经出版和发表了多本译著、论著和论文。波兰尼揭穿自由市场的神话，强调不存在所谓"自我调节"的市场体系等核心观点，他构建的诸多理论分析概念如"嵌入""双向运动"等，在中国学界已经相当普及。但也有中外学者认为波兰尼对经济学基本原理缺乏深刻理解，或者他对于欧洲 19 世纪商业性虚幻的"百年和平"、其间欧洲市场体系兴衰原因的解释，在很多重要方面是"不完整的和误导性的"，正如赵鼎新教授的文章《奥地利"阴谋"——在波兰尼和哈耶克间摇摆的世界》[2] 所说，波兰尼的《大转型》和哈耶克的《通往奴役之路》中的许多观点其实都失之偏颇；至于为什么这两本观点偏颇的书籍能成为永远的经典？"要弄清楚这一点，我们必须回到西方近代学术的发展逻辑（和）……一个传统，即控制实验方法。所谓控制实验方法，就是在实验室中通过对其他条件进行控制从而来考察两个'变量'之间的相关关系，并通过演绎和归纳来推出两个变量之间的相关关系背后的'机制'……从这个意义上说，波兰尼和哈耶克都做到了这一点。为了把自己的逻辑推到极致，波兰尼和哈耶克都不惜对他们书中的一些关键词汇做各种模糊化处理。"这篇专门写给中国读者的纪念文章还特别提醒："可是，这世界在波兰尼和哈耶克之间来回摇摆的时间也许也不会太久了。当今世界在思想层面上所面临的危机要比 18 世纪以来的任何时候都要来得深刻。……今天，大众对文艺复兴以来兴起的世俗意识形态已经越来越没有信心，知识分子对社会的影响力也大大不如从前，取而代之的则是宗教领袖的强势和宗教意识形态在全球范围的复兴（在这方面中国的发展略为滞后，但却也不是一个例外）。"这也同时说明了波兰尼思想逻辑为何会历久弥坚。

在本书的第二和第三部分，有多篇波兰尼关于政治学和国际政治问题的论文，他对如何"利用"政治理论、政客与政治家的区别、政治家才能与公众舆论的关系，国内政治与国际政治的相似和关联性以及他对未来和谐世界如何可能实现等重大问题，都有视角独特的精彩论述。波兰尼之所以是一位不会"过时"的"启蒙"式思想家，也在于他特别具有今天这个时代普遍缺失的一种坦诚无畏的理想主义精神。

在本书第二部分的两篇关于"和平"的论文中，波兰尼通过人类文明必然会追求"更高形式的生活"，以及这种各自有"国境""族界"的追求必然会导致国家间"不必要的战争"的逻辑推理，提出了未来的人类文明必须是全球、全人类精诚合作的文明，其基础必须是经济上实现的全球性互利互惠。他写道："在国家范畴内，我们目前的经济体系必须由一个真正的经济联合体所取代，恰恰是因为，只有这样的联盟，才能够并且愿意支付沉重的代价，去建立一个世界性的经济合作体。……尝试发展合作的解决方案，将是一种旷日持久和痛苦的努力，目前经济体系的固有弱点，必须承担其致命的后果。因为没有任何一种国际体系能被证明是可行的，如果它在国际范围内的紧急情况下，不提供真正的经济合作。因此，没有任何一种人类苦难的程度，会给我们带来任何所需的国际政治新秩序，除非所有国家——由于众多战争、多次痛苦的失败、毫无意义的胜利——已被改造成为一个真正的经济共同体。"也正是从这种经济与社会文化的整体性思维和理想主义情怀出发，波兰尼认为西方的危机不仅是经济体系和政治制度上的缺陷，而且更根本地，是西方文化应对未来人类更高形式生活需求上的思想道德"荒芜"。

本书第一篇《对于一个新西方》曾是一本波兰尼未能完成的书的题目，在这篇开头，波兰尼就尖锐而又坦诚地写道："有迹象表明，当西方与整个世界相遇时便出现文化荒芜。重要的并不是它在科学或艺术领域的成就，这些仅仅繁荣过一时，而是它被所有人类所评估的思想和生命价值的权重。西方的物质和科技产品已经被新兴的民族国家贪婪地消耗掉了，但我们从不掩饰对他们自我设定解释的鄙夷。西方，这个文化实体，其思想家和作家们就像传统的交通工具一样，不再有人听它的话；然而这并不是因为存在一个不友好的大众，就像我们说服自己相信的那样，而是因为它已经没有什么可以对大众说的了。我们也必须直面这个事实，即使它一语道破了我们文明的本质和突变的局面，就如它现在这样揭示自己，在这样的局面下，我们的终极信念必将再次证明自己的存在，并且不会中断。"显然，这样一种雄心万丈的伟大梦想不只是"对于一个新西方"，更是对于一个未来新型全球化人类文明的梦想和追求，这样的伟大理想永远不会过时，也永远不会失去其对全人类，特别是年轻人的感染力和影响力！

最后，从翻译的角度讲，本书的两位译者分别负责了四个部分的前后各两个部分。由于波兰尼的很多手稿都是原为自己讲课或讲座的私人提醒所用，跳跃和省略常有出现。正如第四部分第一篇《当下至关重要的问题：一个回答》的德译英译者所说：我们既有感谢更有忐忑。首先是特别感谢海天出版社给予我们这样一个非常荣幸的机会，波兰尼的很多见解都让我们觉得对于出版这本译著的必要性拥有强大的信心。其次是关于这次翻译中遇到的各种困难，我们也坦然承认，虽然我们反复相互校对，有时让中文礼让，有时让英文屈尊，但对很多地方仍缺乏把握和信心不足。在此也特别恳求各路专家能给予我们不吝指教和各种批评。

潘一禾（执笔）、刘岩

2016 年 5 月于浙江大学西溪校区

注释：

[1] 参考德鲁克自传《旁观者》，引自独立网站"观察家"，并深表谢意。http：//www.guancha.cn/Pete-Drucker/2013-11-12。
[2] 见《东方早报》2014 年 2 月 24 日《上海书评》栏目。